Kerstin Bachtler und Heinz Moosmann

111 GRÜNDE,
DIE PFALZ ZU LIEBEN

Eine Liebeserklärung
an die schönste Region der Welt

SCHWARZKOPF & SCHWARZKOPF

Inhalt

schönsten Stimme ein Pfälzer war – Weil in Kaiserslautern immer noch die (philharmonische) Musik spielt – Weil die Liselotte aus der Pfalz war – Weil für Pfälzer der Südpol ganz nah ist – Weil ein Pfälzer das Farbfernsehen erfunden hat – Weil wir extrem hilfsbereit sind – Weil der Weihnachtsmann aus der Pfalz stammt

Weil in Ludwigshafen die größte Chemiefabrik der Welt steht – Weil die Schlabbeflicker Schlabbe flicke, aber nicht schlapp machen – Weil Hauenstein das größte Schuhdorf Deutschlands ist – Weil die Pfalz das Maß aller Dinge hat – Weil in der Pfalz die Zukunft schon heute gemacht wird – Weil die Pfälzer Ackerknolle die dickste ist – Weil unsere Ackerknollen so vielfältig sind – Weil die Pfalz aus grünen Blättern blauen Dunst macht – Weil die Pest bei uns keine Chance hat

Weil der »Kran von Schifferstadt« der stärkste Mensch der Welt war – Weil man von der Kalmit runter mit dem Fahrrad bis nach Neustadt rollen kann – Weil wir die eingefleischtesten Skifahrer haben – Weil die Pfälzer nicht nur hoch hinauswollen, sondern das manchmal auch schaffen – Weil »die Klub« fast so berühmt geworden wäre wie der FCK – Weil der Alte Fritz bei uns sogar kicken konnte – Weil der FCK gefühlt immer 1. Liga spielt – Weil es 111 Gründe gibt, den FCK zu lieben

Weil Elvis ein Pfälzer war – Weil bei uns viele Bills leben – Weil die USA ohne die Pfälzer ganz anders aussähen – Weil die Pfälzer Wandermusikanten die USA gerockt haben – Weil man noch heute Spuren der Römer bei uns findet – Weil wir die schönsten Saarländerwitze machen

Bassemoluff

Eigentlich sollte »Vorwort« über diesem einleitenden Kapitel stehen, aber das ist ein Wort, das dem Pfälzer und der Pfälzerin erstens zu gestelzt und zu vornehm klingt, und außerdem kann eine pfälzische Zunge dieses Wort auch gar nicht aussprechen, ohne fast einen Knoten in dieselbe zu kriegen. Natürlich kennt die pfälzische Sprache geschlossene und offene Vokale, aber sie färbt sie ein bisschen anders. Apropos färben: Die pfälzische Kultur ist bunt, an manchen Stellen geradezu schillernd. Und genau diese Glanzlichter der pfälzischen Sprache, Kunst, Musik, Geschichte, Politik, ja sogar des Sports und was uns sonst noch zur pfälzischen Kultur einfällt, möchten wir Ihnen in 111 Gründen zeigen. Den Pfälzerinnen und Pfälzern, die sie lesen, werden wir aus der Seele sprechen, vermuten wir mal, wir sind ja selbst waschechte Gewächse dieser schönsten Region der Welt. Und denen, die eben keine Pfälzerinnen und Pfälzer sind – dafür können die Ärmsten ja nichts –, möchten wir Lust auf die Pfalz machen. Kurz gesagt: Wir möchten die Pfalz feiern mit allen, die dabei sein wollen!

Dabei versprechen wir: Auch wenn Sie selbst aus der Pfalz kommen oder wenn Sie Geschichtslehrer, Sprachforscher oder Sternekoch sind, hier werden Sie Dinge über die Pfalz und die Pfälzer entdecken, die Sie so noch nie gehört haben. Wir waren selbst total überrascht, wie viel Neues wir über die Pfalz gelernt haben, als wir die Gründe für dieses Buch zusammengetragen und recherchiert haben. Natürlich haben wir gründlich nachgeschaut, dass auch alles stimmt, was wir hier behaupten. Wir haben es nur immer wieder gern mit eigenen Erfahrungen und Sichtweisen gewürzt, und wir hoffen mal, Sie verzeihen uns das bzw. haben daran genauso eine diebische Freude wie wir selbst.

Ein großes Manko geben wir gleich am Anfang offen zu und sind uns dessen auch voll bewusst. Man kann der Pfalz in 111 Gründen nicht gerecht werden. Sie hat so viel mehr Schönes, Kurioses, Interessantes, Liebenswertes, Leckeres, Verehrungswürdiges, Merkwürdiges und Spannendes zu bieten, dass Sie uns nicht übel nehmen dürfen, wenn wir Ihrer Meinung nach etwas Wichtiges vergessen haben. Sie haben sicher recht! Aber das Buch muss nun einmal nach 111 Gründen aufhören. Aus Platzgründen und auch weil es so umständlich ist, verzichten wir übrigens darauf, jedes Mal den Pfälzer und die Pfälzerin als solche anzusprechen, wenn wir beide Geschlechter meinen. Bei dem Wort »Pfälzer« ist für uns die Pfälzerin mit drin. Das passt schon: Schließlich beweisen die Pfälzerinnen seit Langem, dass sie durchaus ihren Mann stehen können. Deshalb dürfen sie sich bei »Pfälzer« völlig gleichberechtigt mit angesprochen fühlen. Ebenfalls aus Platzgründen entschuldigen wir uns jetzt schon bei all denen, die wir nicht mit Namen nennen, obwohl sie es verdienen würden, und deren Produkte, Kunstwerke, Bücher, Ideen oder was auch immer wir zwar wahrscheinlich kennengelernt, aber nicht untergekriegt haben.

Und wir können Sie nur ermutigen: Machen Sie sich selbst auf die Suche nach schönen Dingen und netten Menschen in der Pfalz. Wir sind sicher, Sie werden sie finden, auch wenn sie nicht in diesem Buch erwähnt werden.

Damit Sie aber schon mal auf ein paar Ideen kommen, welches Pfälzer Thema Sie in Zukunft vertiefen möchten, haben wir hier schon mal 111 Anregungen für Sie. Passen Sie auf! Oder, wie der Pfälzer sagt: *Bassemoluff!*

KAPITEL 1

Reim disch odder isch fress disch!

Pfälzer Sprache und Pfälzer Sprüche

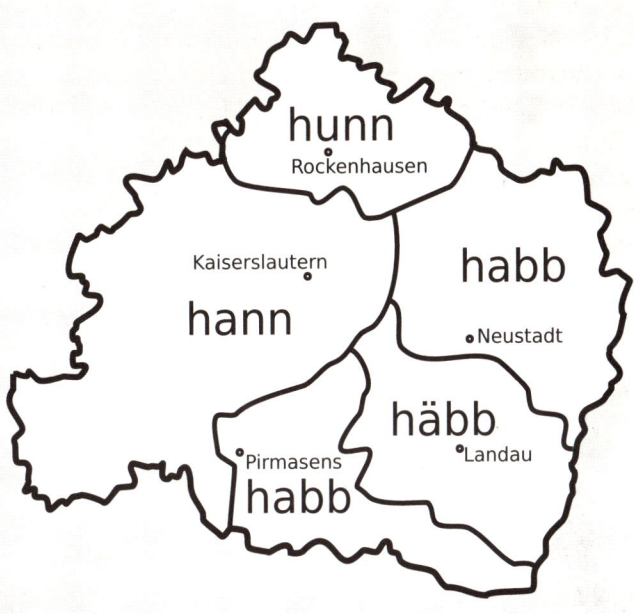

hunn
Rockenhausen

Kaiserslautern

habb

hann

Neustadt

häbb

Pirmasens
Landau

habb

Weil der Pfälzer Dialekt so beliebt ist

... aber nur bei Pfälzern, muss man ehrlicherweise hinzufügen. Das hat vielleicht mit einer Katze zu tun. Und vielleicht mit Helmut Kohl, unserem Altkanzler und überzeugten Europäer, Vater der deutschen Einheit, einem Pfälzer durch und durch, der im Zuge der Parteispendenaffäre leider zum Bimbes-Bruder mutierte. Im Zuge seiner 200-jährigen Herrschaft (gefühlt) empfing Kohl in seinem Privathaus im Ludwigshafener Stadtteil Oggersheim (*Oggersch'm*) immer mal wieder illustre Staatsgäste. Vor allem wenn US-Präsidenten wie George Bush senior oder Bill Clinton kamen, litten die Oggersheimer doch arg unter ihrem staatstragenden Mitbürger. Oggersheim war eine Art Area 51 – jenes militärische Sperrgebiet in der Wüste Nevadas, wo bekanntermaßen kleine grüne Männchen leben (oder zumindest obduziert wurden).

Und obwohl der 11. September in den Zeiten der Kohl-Regierung noch ein ganz normales Datum war, frönten die Amerikaner schon damals ihrem fast manischen Sicherheitsdenken. Sogar Gullideckel wurden zugeschweißt, um möglichen Attacken aus dem Untergrund vorzubeugen. Welche dunklen Kreaturen aus den Oggersheimer Abwasserkanälen ans Tageslicht hätten kriechen können, um US-Präsidenten zu attackieren, ist eine bis heute offene Frage. Offen blieb ebenso die Frage, ob die amerikanischen Sicherheitskräfte im Falle eines Angriffs auch Kohl beschützt hätten oder im Zweifelsfall dann doch nur den eigenen Präsidenten. Man kann es sich aber denken.

Zurück zu Kohl und Oggersheim. In dem größten Ludwigshafener Stadtteil soll Friedrich Schiller sein Sturm-und-Drang-Werk *Kabale und Liebe* geschrieben haben. *Oggersch'm* ist auch der Geburtsort des Malers Eduard von Heuss. Vor allem aber bereitete sich in Oggersheim ein Kind namens Daniela Katzenberger auf eine blonde Karriere als vielfaches Antitalent vor. Leider, leider vergaß sie zu unser aller Nachteil das Sprechtraining, sodass sich »Katze« anhört, als wäre sie Helmut Kohls weibliche Synchronstimme.

Wie alle Pfälzer haben Kohl und »Katze« ein Ce-Ha-Problem – oder ein Es-Ce-Ha-Problem, wie man's nimmt. Kohl, Katzenberger und Co. können nicht »nicht« sagen, und auch nicht »ich«, sondern nur »nischt« und »isch«. Also zum Beispiel: *Isch darf nischt die weiße Nischdel mit schwarzer Schuhwichs wichse.* (»Ich darf nicht die weißen Schnürsenkel mit schwarzer Schuhcreme eincremen.«)

Während Daniela Katzenberger das Problem schlichtweg ignoriert, handelte Kohl im Stil eines Pragmatikers und drehte den Spieß einfach um. Anstatt »ch« als »sch« auszusprechen, wie es der genetische Code des Pfälzers vorschreibt, verbannte er alle »sch« aus seinem Wortschatz und ersetzte sie durch ein antrainiertes, etwas gekünstelt wirkendes »ch« – eine Mischung von Zischlaut und gehustetem Röcheln. Fortan sprach Kohl von der »Gechichte« und den »Chichten« der Gesellschaft, die die Gnade der späten Geburt erleben durften. Für fremde Ohren – und das sind nun mal alle Ohren von Nichtpfälzern – doch gewöhnungsbedürftig.

Kein Wunder also, dass das Pfälzische im innerdeutschen Dialekt-Ranking in schöner Regelmäßigkeit einen der hinteren Plätze einnimmt. Nur Sächsisch und Schwäbisch kommen bei den Deutschen ähnlich unsympathisch rüber. Ein Ergebnis diverser Umfragen von diversen Meinungsforschern über diverse Jahre hinweg. Für Pfälzer völlig unverständlich. Vor allem ärgert uns, dass sogar Saarländisch besser bewertet wird.

Weil nur bei uns die Butter männlich ist

Ein Pfälzer öffnet den Kühlschrank, sucht die Butter und fragt dann seine Mitbewohnerin, als wäre es das Selbstverständlichste von der Welt (was es auch ist): »*Wo is'n der Butter?*« Was jeden Philologen an den Rand des Wahnsinns treibt, hat in der Pfalz Methode. Bei uns ist die Butter männlich: »*der* Butter« ist korrektes Pälzisch. Dafür ist der Bach aber auch weiblich. Man fällt in *die* Bach. Hat bei Philologen denselben Effekt wie die männliche Butter, ist aber ebenfalls korrektes Pälzisch.

In dieselbe Kategorie fallen pfälzische Pronomen. Insbesondere Personalpronomen für junge Damen. Wir fragen uns nicht etwa, wenn wir bemerken, dass das liebe Töchterlein am Samstagabend wieder mal aus dem häuslichen Umfeld und dem elterlichen Sichtfeld entschwunden ist: »Wo ist sie denn hin?« Nein, wir fragen: »*Wo ist es denn?*« Die Antwort könnte dann lauten: »*Es ist bei Peter.*« Was uns zur nächsten Frage führt, wer denn in aller Welt Peter sei. »*Ei*«, könnte es weiter lauten, Peter sei »*es sein Freund*«. Aha! Sprachlich völlig folgerichtig heißt das Possessivpronomen bezogen auf »*es*« natürlich »*sein*« und nicht »ihr« Freund. Die Tochter bleibt trotzdem weiblich, und wie! Deswegen hat Peter ja auch ein Auge auf sie geworfen. Und deswegen ist *es* jetzt bei Peter, *seinem* Freund, und Peter sollte es ja nicht wagen, *es* anzurühren. Freund hin oder her.

Der Pfälzer ist auch relativ leicht an den Relativsätzen zu erkennen, *die wo er meist mit »die wo« beginnt*. Das »wo« könnte man ersatzlos streichen (siehe eben angeführtes Beispiel) oder durch einen bestimmten Artikel ersetzen. *Wonn der wo grad vor mir laaft, e Schritt langsamer laafe würd, dann würd er rickwärts laafe.* Das »wo« ersetzt hierbei ein weiteres »der«: »Wenn der, der vor mir läuft, einen Schritt langsamer liefe, liefe er rückwärts.« Wie Sie an der Übersetzung bemerken, ist der Konjunktiv »liefe« für Pfälzer

Zungen indiskutabel bzw. unaussprechlich. Möglichkeitsformen werden im Pfälzischen generell mit »würde« und »hätte« gebildet oder mit »täte«, also »deet«. Etwa, wenn Karl meint, er müsse seinen Kopf aus dem fahrenden Zug halten: *Deet der Dollbohrer besser de Deez inziehe.* (»Täte dieser Verrückte besser den Kopf einziehen.«) Oder als Frage: *Deetsche mer mol moi Schobbe gäwwe?* (»Tätest du mir meinen Schoppen reichen?«)

Ein Manko des Pfälzischen scheint zu sein, dass uns eine ganze Vergangenheitsform fehlt: das Imperfekt oder auch Präteritum. Es wird bei uns einfach unterschlagen, fällt weg, *in die Bach vielleicht* oder sonst wohin, wo's niemand vermisst. Jedenfalls kein Pfälzer. Wir ersetzen das Imperfekt durch das Perfekt. Stets und ohne Ausnahme. »Ich meinte, ich hätte dich gestern in der City gesehen«, heißt bei uns: *Ich hab gemännt, ich hätt dich geschdern durch die Stadt schlappe g'sieh.* Nix von wegen »ging und fing«, »lief und rief«, »las und aß«, »putzte und wutzte«. Immer schön mit den Hilfsverben »haben« und »sein«: *Ich bin geloff un ich hab gebutzt.*

Warum nur fehlt den Pfälzern das Imperfekt? Oder andersrum: Warum kennen wir nur das Perfekt? Sie werden's schon ahnen. Uns fehlt nur das »Im«, so perfekt wie wir sind …

Weil bei uns ein Teppich kein Teppich und ein Frack kein Frack ist

Dialektforschung ist eine Wissenschaft für sich. Eine ausgesprochen spannende. Der Pfälzer Linguist Ernst Christmann war der Erste, der mit dem Sammeln pfälzischer Wörter offiziell angefangen hat, das war 1925. Erst rund 70 Jahre später hat der Pfälzer Sprachforscher Rudolf Post die sechsbändige Gesamtausgabe des *Pfälzischen Wörterbuchs* abgeschlossen. Im Pfälzischen-Wörterbuch-Archiv in

Kaiserslautern können Sie gern mal reinschauen. Auch für Pfälzer gibt es da immer wieder interessante Geschichten zu entdecken, immerhin haben die Forscher 50 (!) verschiedene Pfälzisch-Varianten entdeckt und dokumentiert. Da sind Sachen dabei, die sich vom Jiddischen oder von der Gaunersprache des Rotwelschen ableiten, bei denen verstehen selbst wir Pfälzer nur Bahnhof. Da können wir dann ausnahmsweise mal verstehen, wie es den Hochdeutschen mit uns immer geht. Hier sind ein paar Beispiele aus dem Alltag:

Gespräch bei einem bilingualen Paar. Er (Pfälzer) und sie (hochdeutsch assimiliert) sitzen auf dem Sofa. Sie: »Ich friere.« Darauf er: »*Isch hol der en Debbisch und deck disch zu.*« Hä? Komplettes Unverständnis aufseiten der Hochdeutschen. Warum will der pfälzische Freund einen Teppich statt einen Arm um sie legen? Die Lösung lautet: Auf Pälzisch ist ein Teppich zunächst mal kein Teppich, sondern in erster Linie eine Wolldecke. Mit dem Arm kann er die Decke ja dann an den Schultern der Dame festhalten.

Ähnliche Verwirrung kann es stiften, wenn der oder die Pfälzerin einen Menschen warnt, der ins Freie gehen will: »*Zieh en Frack aa!*« Der so Angesprochene hat sicherlich nicht vor, zur Oscar-Verleihung zu gehen oder die Berliner Philharmoniker zu dirigieren, er besitzt vielleicht auch gar keinen schwarzen Frack. Braucht er auch nicht, eine normale warme Jacke reicht, das ist es nämlich, was der Pfälzer mit *Frack* meint. In der gleichen Situation könnte er auch sagen: »*Zieh dein Kittel aa!*«, und meint damit ebenfalls nur ein warmes Jöppchen. Will er wirklich einen Kittel anziehen, was der Pfälzer Natur ein bisschen näher liegt als ein Frack, dann sagt er *Kittelschorz*.

Wenn die Fürsorge mit der Jacke noch nicht reicht und der Pfälzer dem ins Freie Tretenden noch eine Kopfbedeckung empfehlen will, dann redet er selten von »Hut« und noch seltener von »*Mitz*«, also Mütze. Nein, für den Pfälzer ist so ziemlich alles, was auf den Kopf kommt, *e Kapp*. Sieht die so aus, wie der Hochdeutsche sich eine Kappe vorstellt, also eine Schirmmütze, dann spezifiziert sie der Pfälzer, indem er das Ganze *Schneppekapp* nennt, in der Vorderpfalz auch *Batschkapp*. Will ein Pfälzer einen modernen Jugendlichen beschreiben, der die Schirmmütze mit dem Schirm nach hinten aufgesetzt hat, dann ist das einer mit einer *letzrumene Schneppekapp*, wobei »*letz rum*« verkehrt herum bedeutet.

Für den Pfälzer gibt es nur vier Tageszeiten, die reichen auch vollkommen: *Morschens*, das kann auch mal bis zwölf Uhr mittags dauern, während mit *middaachs* durchaus auch 17 Uhr gemeint sein kann, der Pfälzer sagt dann *middaachs um fimfe*. Dann haben wir noch *oowens* und *in de Nachd*. Wenn es richtig spät wird, fügt der Pfälzer vielleicht noch erklärend hinzu *midde in de Nachd*, dann ist die Geisterstunde aber schon lange durch.

Auch in der Beschreibung der Tierwelt macht sich's der Pfälzer gern einfach: Fliegen kennt er nicht. Alles, was durchs Zimmer fliegt und brummt, ist *e Mick*, obwohl der Zoologe zwischen Mücken und Fliegen deutlich unterscheidet. Wenn der fliegende Brummer auch noch sticht und Blut saugt, ist es *e Schnook*, auch wenn Schnaken bevorzugt in den Rheinauen oder in der Nähe anderer Gewässer anzutreffen sind. Aber wozu lange reden, her mit *de Miggepletsch*, also der Fliegenklatsche, und Schluss mit der Diskussion.

Sitzt der Pfälzer lahm beim Orthopäden und wartet auf die Ischiasbehandlung, redet er nicht umständlich vom Lenden-Wirbel-Syndrom, er sagt »*Kreizweh*«, und man spürt schon fast an der eigenen Rückseite, was gemeint ist. Und dass es schmerzt.

Bei Krankheiten und Gemütszuständen ist der Pfälzer besonders erfinderisch. Ich will mich hier nur auf einen Zustand beschränken, der in der Pfalz jeden einmal ereilen kann. Der Hochdeutsche sagt, er sei alkoholisiert. In der Umgangssprache vielleicht auch beschwipst. Oder auch mal betrunken. Das klingt dem Pfälzer alles zu vornehm und zu harmlos. Wenn einer ordentlich einen im Tee hat, dann ist er *vollgsoffe*, das braucht man gar nicht schönzureden. Bei richtig heftigem Pegel macht's der Pfälzer kurz: *Der is zu*. Was in dem Fall mit der Bedeutung »geschlossen« wenig gemein hat, da der so Beschriebene sich meistens gerade öffnet, sowohl psychisch als auch körperlich …

Aber die Pfälzer wissen sehr wohl, dass das kein erstrebenswerter Zustand ist. Und dass Weintrinken ein Genuss ist und sein sollte, also in Maßen gehandhabt werden muss. In ihrer unnachahmlichen Pfälzer Sichtweise beschreiben sie das mit Worten, die ebenfalls im Pfälzischen ganz eigene Bedeutungen kriegen: *In de Palz muschd ganz schää saufe, bis ääner saacht, der trinkt!* (»In der Pfalz musst du ganz schön saufen, bis einer sagt, der trinkt!«)

4. GRUND

Weil die Pfälzer keine romantischen Liebeserklärungen machen können

»Moment mal«, werden Sie jetzt vielleicht empört ausrufen, »das soll ein Grund sein, die Pfalz zu lieben???« Ja, sagen wir, und zwar deshalb, weil das ja nicht heißt, dass die Pfälzer überhaupt keine Liebeserklärungen machen können. Können sie, machen sie auch, und wie! Nur eben nicht so schmalzig schnulzig weich gespült romantisch, wie das die einschlägig schmachtenden Herren und Damen vom guten Goethe über seinen werten Werther bis hin zur dramatischen Droste und vielen anderen so weltliterarisch wertvoll getan und bedichtet haben. Nix gegen ein gutes Liebesgedicht, aber ein Pfälzer und eine Pfälzerin sind da in der Bewertung schon sehr eigen, ob sie sagen, es ist gut oder es ist Kitsch.

Der milliardenfach gesäuselte, gestöhnte, gerufene oder einfach nur gesagte Satz »Ich liebe dich« kommt einem echten Pfälzer und einer echten Pfälzerin einfach nicht über die Lippen. Darin kommt zweimal ein »ch« vor! Der Laut, den Pfälzer Zungen so gar nicht gut können, deshalb verabscheuen und nach Möglichkeit vermeiden. Würde eine verliebte Pfälzer Seele diesen Satz zu seiner/seinem/

ihrer/ihrem Angebeteten sagen, wäre die Gefahr, sich lächerlich zu machen, viel zu groß und natürlich – träte dieser Fall tatsächlich ein – extrem kontraproduktiv. Selbst wenn die diese Zeile aussprechende Person die schönste Geigenmusik zur Untermalung und Intensivierung des Gesagten dazu bestellt hätte: Sobald der Adressat/die Adressatin bei der Liebeserklärung kichern muss, hat man's mit ziemlicher Sicherheit vergeigt. Komplett. Und das ist für beide nicht schön. Und romantisch erst recht nicht.

Jetzt haben Pfälzer und Pfälzerinnen aber natürlich romantische Gefühle, was machen sie nun damit? Wie drücken sie sie aus? Wie nennen sie denn allein schon das alles umfassende Gefühl? Liebe etwa? Nein, ein Wort mit kraftlos ausklingendem »e« am Ende – Abschwächung des vollen Endsilbenvokals nennt es der Sprachwissenschaftler, der das Phänomen schon aus dem Mittelhochdeutschen kennt, als die ganze Geschichte noch »Minne« hieß –, so ein Wort gibt es im Pfälzischen gar nicht! Ein »e« am Ende lässt der Pfälzer einfach weg, immer! Egal ob es um die Suppe, die Kirche, die Straße, die Glocke oder die Tanne geht. Die nennt er stattdessen konsequent die *Supp*, die *Kersch*, die *Strooß*, die *Glock* und – nein, nicht die *Tann* oder *Dann*, wie Sie jetzt vielleicht schlussfolgern. Nein, aus der Tanne wird auf Pälzisch *de Dannebaam*. Da ist das »e« zwar noch drin, aber eben nicht mehr am Ende, sondern als sogenanntes Fugen-e. Das ist Pfälzer Sprachlogik für Fortgeschrittene.

So, zurück zur Liebe. Die *Lieb* also? Nein, das geht irgendwie auch nicht, klingt wie hochdeutsch gewollt und nicht gekonnt. Das können Pfälzer und Pfälzerin besser. Sie sind ja gewitzt und schlagfertig, und deshalb umschreiben sie das Gefühl gern gefühlvoll. Zum Beispiel mit *Säääänsucht*, was für ein wunderbares Wort, aus tiefster Pfälzer Seele. Da hört man doch schon am Wort, dass das Pfälzer Herz zu viel leidenschaftlicherem Sehnen in der Lage ist, als so manches hochdeutsche, das sich der Kontrolle durch Grammatik und Aussprache unterwerfen muss.

Oder *Luschd*. Das klingt so sinnlich, da stellen sich das Glänzen in den Augen, die vor Aufregung trockene Kehle und das erregt klopfende Herz schon ein, wenn man nur das Wort ausspricht. Probieren Sie es mal aus, Sie werden zugeben, dagegen hört sich Lust ganz schön dünn und distanziert an, oder?

Gehen wir jetzt mal davon aus, Sehnsucht, Lust und ein dazu passendes Objekt der Verehrung, Anbetung, Begierde oder in welchem Stadium sich der Grad der Zuneigung gerade befindet, sind vorhanden, was sagt der/die Pfälzer Liebende denn nun zu ihm oder ihr? Vielleicht »Ich hab dich lieb«, das könnte klappen, da sind immerhin keine e-Auslaute drin. Dennoch fühlt sich mancher und manche derart Betextete möglicherweise nicht ernsthaft genug geliebt. Weil es einfach nur nett klingt, harmlos, sehr angenehm warm, aber nicht wirklich leidenschaftlich. Und deshalb wählen die kreativen Pfälzer Liebhaber und Liebhaberinnen gern drastischere Worte, sogar aus lexikalischen Bereichen, bei denen man zunächst keine Liebesschwüre vermuten würde. Da kann es schon mal vorkommen, dass ein Pfälzer seiner Liebsten – oder sie ihm – inbrünstig und ganz liebevoll ins Ohr flüstert: »*Isch hab disch brutal gern.*« Das darf einem dann schon mal den Atem nehmen. Und was sagt die andere Person darauf? »*Isch disch ach*«? Kann sie. Muss sie aber nicht. Eigentlich müssen beide gar nichts mehr sagen. Den Mund können sie ruhig noch aufmachen. Aber nicht zum Reden. Und das ist dann manchmal romantischer als jede wörtliche Liebeserklärung.

Weil sich bei uns die Weltachse dreht

… behauptet der Heimatdichter Paul Münch (1879–1951) in seinem Hauptwerk *Die Pälzisch Weltgeschicht*. Darin listet er 20 Geschehnisse von historischer, weltweiter Bedeutung auf, die natürlich alle in der Pfalz spielen, denn nicht nur für Paul Münch ist die Pfalz das naturgegebene Zentrum der Welt. Und genau in der Mitte des Zentrums durchsticht die Weltachse den pfälzischen Globus. Paul Münch hat dieses Axiom in Verse gegossen, die allen ordentlichen Pfälzern als Pflichtlektüre gelten.

Das humoristische Gedicht hatte einen geschichtlichen Hintergrund. Schuld waren wieder mal die Bayern. Um den tiefen Pfälzerwald südöstlich von Kaiserslautern besser vermessen zu lassen, ließ im 19. Jahrhundert die damalige bayerische Verwaltung zwischen Waldleiningen und Johanniskreuz auf dem Roßrück (459 Meter) einen Sandstein-Pfeiler setzen, der als Landmarke diente. Paul Münch machte aus der Landmarke in dichterischer Freiheit kurzerhand die Pälzer Weltachs:

Wann jemand uf de Infall käm,
Die Achs vun unserem Weltsyschtem
Genaa un dipplich auszurechne
Un in die Landkart inzuzeechne,
Do käms eraus, daß akkurat
Im Mittelpunkt vum Pälzer Staat
Der Punkt leit, der wo ganz gewiß
Die Hauptsach uf'em Weltall is
Der Punkt, wo alles sich drum dreht,
Was uf der weite Welt besteht.[1]

So beginnt Münch sein Gedicht. Aber mit einem Gedicht, und mag es noch so schön und so wahrhaftig sein, belassen es wir Pfälzer nicht. Einem Forstbeamten aus Waldleiningen ließ die Pälzer Weltachs keine Ruhe. Er fand – und nicht nur er –, einem so gewichtigen Aspekt pfälzischen Selbstverständnisses müsse auch ein gewichtiges Denkmal gesetzt werden. Also schuf er dort, wo die Bayern nur eine einfallslose Landmarke gesetzt hatten, ein Sandsteinmonument, das dem Heimatdichter Paul Münch zum Ruhme und seinem Gedicht zur höchst verdienten öffentlichen Anerkennung gereichen sollte. Seit 1964 können Wanderer (man kommt nur per pedes dorthin) das Kunstwerk bestaunen und sich in seinem Schatten etwas vom Aufstieg auf den Roßrück erholen.

Der Sandsteinblock sieht aus, als hätte Obelix einen Hinkelstein nach den Bajuwaren geworfen (Römer waren ja keine mehr da), sie leider verfehlt und den Hinkelstein einfach liegen lassen. Rechter Hand ist der Name Paul Münchs eingemeißelt. In der Mitte ist ein Globus von der Pfalz zu sehen, aus dem oben die Pälzer Weltachs herausragt. Daneben kniet ein Mann und schmiert sie mit einem Ölkännchen. Links vom Pälzer Globus steht der Satz:

Do werd die Weltachs ingeschmeert und ufgebasst, dass nix passeert.

Genau das ist auch der erste Reim, mit dem Münchs Weltachs-Gedicht weitergeht. Fast genau. Im dichterischen Original beginnt der Vers mit »Dort«, aber offensichtlich hat der gute alte Münch an der Stelle etwas schludrig gedichtet, denn im Pfälzischen gibt es kein »Dort«, sondern nur ein »Do«. Folgerichtig wurde der Lapsus posthum auf dem Weltachs-Denkmal richtiggestellt. Hier die zweite Strophe (im dichterischen Original mit Lapsus):

Dort werd die Weltachs ingeschmeert
Un ufgebaßt, daß nix passeert,
Was in de Weltelaaf am End
E kleeni Steerung bringe kennt.

Im Weiteren sorgt sich Paul Münch, was passieren würde, wenn einmal die Weltachse nicht mehr geschmiert würde:

Do gäb's ee Riesekuddelmuddel,
Die Milchstroß gäb e Mordsgeschnuddel

Un all des scheene Schöpfungs-Sach
Hätt alles rutzebutz die Krach.

Diesen Super-GAU des pfälzischen Universums gilt es natürlich zu verhindern. Das Ölen (oder auf Pälzisch: *das Schmeere*) der Weltachs bei Waldleiningen ist unabdingbare Pflicht des Pfälzers und wird daher jährlich mit großem Brimborium vollzogen – von einem offiziellen Weltachs-Schmierer in vollem Ornat, also mit Frack, Zylinder und Ölkännchen, direkt an der Pälzer Weltachs bei Waldleiningen. Vor versammeltem Publikum. Das darf dem Schmieren beiwohnen, und bekommt obendrein das Gedicht auf die Ohren. Dort heißt es am Schluss in der den Pfälzern eigenen Demut und Bescheidenheit:

Un was nit in der Palz bassiert,
Is Newesach un hat kee Wert.

Weil nur bei uns der Pfälzer Wind bläst

Liebst du auch den rauhen Wind, heißt ein Lied von Dirk Busch. Er besingt damit den ach so dollen Wind an den Küsten in Deutschlands Norden. Das mit dem Norden wird zwar so nicht ausdrücklich erwähnt, lässt sich aber aus zwei Tatsachen ableiten: Erstens stammt Dirk Busch aus Brunsbüttelkoog bei Dithmarschen, also aus Schleswig-Holstein. Brunsbüttelkoog liegt direkt dort, wo die Elbe in die Nordsee fließt und damit eben im Norden (von der Pfalz aus gesehen). Zweitens wird darin behauptet, dass der rauhe Wind »das Meer nach vorne treibt«. Wäre für Hessen oder fürs Alpenvorland irgendwie daneben.

Entscheidend ist aber die Zeile: »wenn er schön von vorne bläst«. An dieser Stelle des Schlagers von Dirk Busch kann der Pfälzer nur mitleidig lächeln. Schön von vorne – von wegen! Bei uns bläst der Pfälzer Wind von allen Seiten – und wie! Wenn man auf dem Donnersberg in der Nordpfalz oder auf der etwas kleineren Schwester des Donnnersbergs, der Kalmit, bei Maikammer steht (beide sind immerhin einige hundert Meter höher sind als der Nordseestrand bei Brunsbüttelkoog!), ja dann kann man ein Lied davon singen, wie der Pfälzerwind bläst. Und genau das tun die Pfälzer auch. Sie singen nämlich ein Lied über den Pfälzer Wind, das auch genau so heißt. Pfälzer sind sehr pragmatisch, also warum einem Lied über den Pfälzer Wind einen anderen Namen geben? Es ist ein Lied zum Mitschunkeln, dass man immer mal wieder auf Pfälzerwaldhütten hört, geschmettert von Wanderbrüdern und -schwestern, die sich schon bei den ersten Gitarrenklängen ohne Rücksicht auf Verluste beim Sitznachbarn einhaken und losschunkeln. Wer da nicht mitmacht, ist sofort als Nicht-Pfälzer geoutet und wird mit Blicken bestraft, die unmissverständlich klarmachen: *Du letzohrischer Simpel, mach dass de fortkommsch.* (Übersetzung unmöglich).

Für alle Nicht-Pfälzer hier nochmal der »Pfälzer Wind« zum Auswendiglernen, Mitsingen und Mitschunkeln.

Der Pfälzer Wind

1. Seit vielen, vielen Jahren erzählt man hier im Land.
Wo Pfälzer Bürger weilen, ist's immer interessant.
Denn diesen Originalen ist eigen der Humor.
Sie machen große Sprüche, und alles singt im Chor:
Refrain: Das ist der Wind, Wind, Wind, der Pfälzer Wind.
Der wird noch wehen, wenn wir längst nicht mehr sind

2. Die Sonne und die Reben, im Glas der gold'ne Wein,
hier lässt es sich gut leben, hier kann man fröhlich sein.
Wenn über grüne Hügel weht sanft der Pfälzer Wind,
dann fühlen alle Menschen, dass sie hier glücklich sind.

Refrain: Das ist der Wind, Wind, Wind, der Pfälzer Wind.
Der wird noch wehen, wenn wir längst nicht mehr sind

3. Die Berge und die Täler, der Wald, o Pfälzer Land.
Es grüßen deine Burgen des Rheines Silberband.
Du schönes Fleckchen Erde, so lang noch weht der Wind,
wirst du nicht untergehen, wenn wir auch nicht mehr sind.
Refrain: Das ist der Wind, Wind, Wind, der Pfälzer Wind.
Der wird noch wehen, wenn wir längst nicht mehr sind

4. Und dieses Fleckchen Erde, hier zwischen Saar und Rhein,
ja das ist meine Heimat und soll's für immer sein.
Hier bin ich einst geboren, hier geh ich auch zur Ruh,
dann deckt mich, liebe Freunde, mit Pfälzer Erde zu.²

7. GRUND

Weil es nur bei uns eine Pfälzer Hymne gibt

Diese Hymne ist das *Pfälzerlied* (nicht zu verwechseln mit dem Lied *Pfälzer Wind*, von dem wir es gerade eben hatten). Verfasst hat die Krönung pfälzischer Liedkunst ein gewisser Eduard Jost, ein wahres Multitalent. Er war Sänger und Schauspieler, Schriftsteller und Zeitungsredakteur. Beispielsweise leitete er die Redaktion der Neustädter Zeitung und schrieb auch einen (eher kurzen) Roman mit dem Titel *Die Patriotin von Lautern*, dem unerklärlicherweise und wahrscheinlich völlig zu Unrecht internationaler Ruhm versagt blieb.

Noch heute erinnert eine Plakette an der Ruine des Abteiklosters Limburg an Eduard Jost. Bei einem Ausflug dorthin überkam ihn nach eigenen Angaben die Inspiration zum *Pfälzerlied*. Er drückte es so aus: »auf des Berges Gipfel« stehend und »in süßer Ruh« auf die Ebene hinabblickend. Er war halt ein Dichter, und so dichtete er den Text zum *Pfälzerlied*.

Das Kuriose daran: Das Lied existierte in jenem Jahre 1869 noch gar nicht. Die Melodie dazu entstand erst acht Jahre später, aus der Feder des Harmoniumvirtuosen und Musiklehrers Jean Baptiste Sauvlet. Der kam – wie der Name Sauvlet schon vermuten lässt – aus Schweden! Und eher zufällig an den Text von Eduard Jost. Bei einem Konzert in Landau spielte Sauvlet erstmals das *Pfälzerlied*. Am Ende erhielt er stehende Ovationen, und weil das Lied so gut gefiel, wurde es schon bald überall in der Pfalz, vor allem von Gesangsvereinen und Chören, mit Inbrunst intoniert. Nach der Erfindung der Pfälzerwald-Hütten fand es dann auch seinen Weg in dieselbigen.

Das Lied ist, zugegeben, sehr pfälzisch und auch etwas pathetisch. Eine Zeit lang – nach dem Zweiten Weltkrieg – war es deshalb verpönt, inzwischen aber gehört es wieder als unverrückbares Element zum pfälzischen Liedgut. Folgend steht die erste Strophe als kleine Kostprobe – in dieser Art geht es dann noch drei Strophen weiter. Und keine ist gelogen.

Am deutschen Strom, am grünen Rheine
ziehst du dich hin, o Pfälzerland!
Wie lächelst du im Frühlingsschmucke,
wie winkt des Stromes Silberband!
Da steh ich auf des Berges Gipfel
und schau auf dich in süßer Ruh',
und jubelnd ruft's in meinem Herzen:
O Pfälzerland, wie schön bist du!
O Pfälzerland, wie schön bist du![3]

Weil in der Pfalz sogar Kröten besungen werden

Der Pfälzer gilt gemeinhin als sangesfreudig. So gibt es eine Reihe von Liedern, die sich mit der Pfalz in all ihren klanglichen Facetten beschäftigen. Von *Ja so en gude Palzwoi* über *Auf ihr Brieder in die Palz* bis hin zu *Pälzer Buwe*. Und wo so viel gesungen wird, existiert natürlich auch ein Verband der Sangesbrüder und -schwestern. Der hieß einst Pfälzischer Sängerbund, heißt jetzt aber Chorverband der Pfalz (CVdP). Das muss man nicht schöner finden, aber akzeptieren.

Dem CVdP gehören nach eigenen Angaben etwa 600 Mitgliedsvereine an. Diese wiederum stellen zusammen mehr als 300 Männerchöre und noch mal so viele gemischte Chöre. Reine Frauenchöre gibt es laut Verband rund 100. Dazu kommt dieselbe Anzahl an Jugend- bzw. Kinderchören. Alles in allem wird das Pfälzer Liedgut von 800 Chören gesungen, gespielt gesummt und getanzt – denn neben den Chören gehören auch Instrumental- und Tanzgruppen dem CVdP an. Nicht verschwiegen werden soll, dass die Zahl der aktiven Sängerinnen und Sänger und damit auch die Zahl der Chöre in den vergangenen Jahrzehnten stetig abgenommen hat. Kein reines Pfälzer Phänomen, aber mit denselben Folgen. Aus vielen Männerchören sind – der Männernot gehorchend – gemischte Chöre geworden. So mancher Verfechter des reinen Männersingens musste wohl oder übel die holde Weiblichkeit neben sich dulden oder aber damit aufhören – was denn auch manch Gegner der gesanglichen Emanzipation tatsächlich tat.

Der Chorverband hat heute noch seinen Sitz dort, wo er als Pfälzischer Sängerbund gegründet wurde: in Kaiserslautern. Als offizielles Gründungsdatum gilt das Jahr 1860. Vom 25. bis 27. August jenes Jahres stieg in Kaiserslautern das erste große pfälzische Sängerfest. Zwei Jahre später halfen die Pfälzer Sänger in Coburg mit, den Deutschen Chorverband aus der Taufe zu heben. Der Chorverband der Pfalz bezeichnet sich selbst als »eine politisch und konfessionell neutrale Vereinigung«. Sie will »durch die Pflege und Erhaltung des mehrstimmigen Chorsingens eine wichtige kulturelle Gemeinschaftsaufgabe erfüllen und auf diese Weise Kunst und Kultur fördern«. Verstärkt halten deshalb Schlager und Popmusik oder auch ausländische Folklore ihren Einzug in die Chorstunden.

Nicht ganz so neumodisch ist der Pfälzer Mundart-Song *Die Krott*. Dazu ist zu sagen, dass mit *Krott* ein Mädchen gemeint sein kann, und wenn es ein liebes Mädchen noch dazu ist, dann wird sie als *gudi Krott* bezeichnet. Anni Becker aus Kaiserslautern, von der das Lied stammt, wurde selbst als »*Pälzer Krott*« bezeichnet. In ihrem Lied besingt sie jedoch eigentlich ein Mitglied der Familie Bufonidae innerhalb der Ordnung der Froschlurche – also eine Kröte. Das Lied ist eines der originellsten und schönsten innerhalb der Pfälzer Liedgutsammlung und darf bei den 111 Gründen, die Pfalz zu lieben, daher keinesfalls fehlen. (Für Nichtpfälzer steht in Klammern die bestmögliche Übersetzung.)

Es gehbt kää schänner Dierche
  (Es gibt kein schöneres Tierchen)
als wie e Krott
  (als eine Kröte)
weil se kää Gehängebembels
  (weil sie kein – Zutreffendes bitte auswählen
  a) Schwanz b) Federn c) Gehänge mit einem Bembel
  d) halt was Unscheerisches)
hinne henke hott.
  (hinten hänken hat, Verzeihung: hängen hat.)
Spitz, kumm raus!
  (Spitz, komm raus!)
Beiß rer in die Bää!
  (Fass!)
Sie freßt de ganze Salat ab
  (Sie frisst den ganzen Salat)
loßt nor die Storze steh.
  (und lässt nur den
  a) Sturz b) Stumpf c) Rest stehen.)[4]

KAPITEL 2

Sellemols

Pfälzer Geschichte

Weil Pfälzer die ungekrönten Weltmeister
im Burgenbauen waren

Im Mittelalter waren die Pfälzer extrem fleißig, wenn's ums Burgen-
bauen ging. Nicht alle haben freiwillig dabei geholfen, eigentlich waren es sogar die wenigsten, die mit einem frohen Lied auf den Lippen
ihren ebenso harten wie unbezahlten Frondienst im Auftrag ihrer
Grundherren verrichteten. Ungeachtet dessen brachten die Pfälzer
Erstaunliches zustande: Zum Ende des Mittelalters hin zählte die
Pfalz um die 500 Höhenburgen, Tiefburgen, Wasserburgen und was
sonst noch an Wehrbauten in dieser kriegerischen Epoche erforder-
lich war. Chapeau bzw. (Ritter-)Helm ab vor dieser Leistung!

Bis heute überdauert haben allerdings die wenigsten dieser einst
stolzen Ritterbehausungen. An vielen hat der Zahn der Zeit dermaßen genagt, dass sie nur noch als rudimentäre Überreste ein küm-
merliches Dasein fristen. Einige haben jedoch den Stürmen und
Erstürmungen getrotzt oder sind mittlerweile so hergerichtet worden, dass man sich ihre ursprüngliche Größe und Pracht halbwegs
vorstellen kann. Burgen wie die Rietburg, die Burg Lichtenberg, die
Burg Landeck, das Hambacher Schloss oder der Trifels werden in
diesem Buch gewürdigt. Es gibt kaum einen Ort in der Pfalz, der
nicht eine alte Burg, ein Schlösschen oder sonst ein Mittelalter-
Bauwerk in seiner Gemarkung weiß. Und so gibt es noch Dutzende
weitere, relativ gut erhaltene Burgen, über die der Pfälzer viel erzählen könnte. Von zwei besonderen Exemplaren soll jetzt tatsächlich
die Rede sein. Die Auswahl dieser beiden Burgen ist – wie alles in
diesem Buch – sehr subjektiv, aber begründet.

Eine Burg wie aus dem Märchenbuch. Dornröschen könnte man sich gut auf dem Berwartstein vorstellen. Die Anlage hat ein bisschen was von Neuschwanstein – nur weitgehend ohne Kitsch und ohne fotografierende Japaner. Die Anlage liegt lang gestreckt auf einem schmalen Felsen oberhalb von Erlenbach in der Südwestpfalz. Ein spitzes Türmchen ziert die mächtigen Aufbauten, es gibt noch einen Torbogen und einen Bergfried, einen großen Rittersaal, eine Waffenkammer, dazu Kasematten und einen über 100 Meter tiefen Brunnen und – so was darf in einer richtigen Burg nun mal nicht fehlen – eine Folterkammer. All das bekommt man auf Führungen durch die einzige noch bewohnte Felsenburg der Pfalz auch zu sehen. Für Große und Kleine ein Erlebnis. Besonders, wenn das Schlossgespenst erscheint: die weiße Frau. Sie soll sich zu Lebzeiten als Schlossherrin Barbara zusammen mit ihrem Kind bei einem Feuer in der Burg vom Turm in den Tod gestürzt haben und noch heute in den unterirdischen Gängen wandeln …

Als Erbauer des Berwartsteins gilt Kaiser Friedrich Barbarossa (12. Jahrhundert). Prominentester Hausherr war drei Jahrhunderte später Hans von Trotha, im Volksmund Hans Trapp genannt. Er war Marschall und Heerführer der kurpfälzischen Streitkräfte, was ja ganz ehrenwert klingt. Dennoch war Hans Trapp – wie viele Hausherren der Burg Berwartstein zuvor auch – ein gefürchteter Raubritter, der sogar vom Papst mit einem Bann belegt wurde, was aber unserem Ritter Trapp ziemlich am Allerwertesten vorbeiging. Am meisten litten die Einwohner Weißenburgs im nahen Frankreich unter dem Raubritter. Trapp lag nämlich in Dauerfehde mit dem dortigen Kloster. Der Streit drehte sich um Weide- und Besitzrechte. Jedenfalls führte der Streit dazu, dass Trapp kurzerhand das kleine Flüsschen Wieslauter staute, was in Weißenburg zu Wasserknappheit führte. Als sich der Abt darüber beschwerte, hob Trapp die Sperrung auf. Aber nicht, weil er so ein guter Mensch war. In der Zwischenzeit war nämlich die Wieslauter zu einem kleinen Stausee angeschwollen, der sich nach Öffnen der Schleusen in einem Schwall über Weißenburg ergoss und die französische Stadt überflutete. Ja, so war er, der Hans Trapp.

Unter ihm wurde die Burg derart gesichert und ausgebaut, dass sie als uneinnehmbar galt. Und das war sie wohl auch, denn erstürmt wurde der Berwartstein nie. Ein Blitzschlag und ein Brand machten der Burg Ende des 16. Jahrhunderts den Garaus. Erst Ende des 19. Jahrhunderts kaufte Theodor von Baginski, ein reicher Bergwerksbesitzer, die Ruine. Er ließ die Burg Berwartstein so aufbauen, wie wir sie weitgehend heute noch bewundern können. Baginski liegt am Fuße »seines« Berwartsteins begraben.

DIE BURG NANSTEIN

Ein Film mit Hollywoodstar Richard Gere heißt *Der erste Ritter.* Auf der Burg Nanstein bei Landstuhl könnte man einen Film drehen mit dem Titel: *Der letzte Ritter.* Die Hauptrolle würde Franz von Sickingen spielen. Der ist zwar seit knapp einem halben Jahrtausend tot, aber vielleicht würde ja Richard Gere einspringen. Wie es dazu kam, dass Franz von Sickingen diesen Ehrentitel erhielt, ist eine Geschichte, die eng mit der Geschichte der Burg Nanstein verknüpft ist.

Besonders imposant an der Burg ist das große Rondell des früheren Batterieturmes. Es zählte zu Zeiten des berühmten Reichsritters Franz von Sickingen zu den mächtigsten Geschütztürmen überhaupt, weil jener Franz von Sickingen, kaum dass er 1504 die Burg Nanstein von seinem Vater geerbt hatte, unverzüglich damit begann, sie in großem Stil um- und auszubauen, um sich gegen Angriffe mit den damals neu entwickelten Feuerwaffen zu wappnen. Der Burgherr hatte auch allen Grund dazu. Als Ritter setzte er sich für die Ritterschaft ein. Klar. Allerdings war die Zeit der Ritter fast schon abgelaufen, denn gegen Gewehre und Kanonen konnten Lanze und Schild kaum noch etwas ausrichten. Der Einfluss der Ritter schwand. Außerdem lehnte Franz von Sickingen das nun geltende römische Recht ab, weil es den Einfluss der Ritter beschnitt. Das Deutsche

Reich sollte gefälligst von deutschen Rittern beherrscht werden. Auch war Franz von Sickingen nicht gerade ein Ritter, wie wir ihn durch Richard Gere kennen – edelmütig und stets in Diensten des Guten. Franz von Sickingen befehligte ein Söldnerheer, das er dort einsetzte, wo das meiste Geld winkte. Das brachte ihm zahlreiche Feinde ein: den Kaiser, Kurfürsten und Erzbischöfe, die aufblühenden deutschen Städte wie Trier und, und, und. Was wiederum dazu führte, dass sich der Kurfürst von Trier, Landgraf Philipp von Hessen und der Kurfürst Ludwig von der Pfalz verbündeten und gegen den aufrührerischen und sturköpfigen Ritter ins Feld zogen. Im Jahr 1523 belagerten die Truppen der Koalitionäre die Burg Nanstein, um die gegen Franz von Sickingen verhängte Reichsacht (schon die zweite gegen ihn!) durchzusetzen. Es muss eine spektakuläre Belagerung gewesen sein – nur zwei Tage lang, aber umso heftiger. Allein an einem Tag sollen 600 Kanonenkugeln abgefeuert worden sein. Dem Beschuss hielt die Burg nicht stand, trotz des meterdicken Batterieturms. Franz von Sickingen wurde von herabstürzenden Trümmern getroffen und starb an seinen Verletzungen.

Den Ehrentitel »Letzter Ritter«, den man Franz von Sickingen nach seinem Tode zubilligte, hat er insofern verdient, dass er unbeugsam für seinen Stand eintrat. Ob seine Absichten alle so hehr waren, wie es ordentlichen Rittern gebührte, steht auf einem anderen Blatt. Aber sicherlich stand Franz von Sickingen für den letztlich gescheiterten Versuch, das Rittertum zu restaurieren. Dumm nur, dass der Zug der Zeit für Ritter und Co. halt abgefahren war.

In der Region Landstuhl ist man dennoch stolz auf Franz von Sickingen und bewahrt sein Erbe. Dazu zählt die Burg Nanstein, die heute bewirtschaftet ist und auf der jedes Jahr Burgfestspiele stattfinden. Die Anlage präsentiert sich nicht so verwunschen wie der Berwartstein, aber immer noch in weiten Teilen der Vor- und Hauptburg relativ gut erhalten. Den Namen des ebenso berühmten wie unbeugsamen Ritters tragen Straßen, Vereine und Schulen in der Region, und eine Hochfläche bei Landstuhl wird Sickinger Höhe genannt.

Weil wir die Burg Trifels haben

Über dem kleinen Städtchen Annweiler auf dem 500 Meter hohen Sonnenberg thront die Burg Trifels. Thront ist keineswegs übertrieben und trifft den Kern. Die Burg Trifels war Reichsburg, ein architektonisches Zeichen herrschaftlicher Macht. Rund 250 Jahre lang (11. bis 14. Jahrhundert) galt sie als mächtigste Burg der salischen und staufischen Kaiser und Könige, die das Heilige Römische Reich deutscher Nation regierten. Dass die Wahl als Reichsburg auf den Trifels (so heißt die Burg abgekürzt) fiel, war kein Zufall: Die Pfalz gehörte zu den blühenden Landschaften des Reiches. Dieser wollte Kanzler Kohl später weitere hinzufügen, aber das ist eine andere, weniger erfolgreiche Geschichte.

Der wuchtige Bau sticht schon von Weitem ins Auge und zählt zu den imposantesten Burganlagen Deutschlands. Aus der Staufer-Zeit ist auch noch der Hauptturm erhalten. Die Aussicht von dort ist überragend, war aber ursprünglich natürlich nicht für die vielen Touristen gedacht, die heutzutage dorthin strömen (nach dem Hambacher Schloss ist die Burg Trifels die meistbesuchte Burg der Pfalz). Außer einem tollen Ausblick über das Queichtal, an das sich der Pfälzerwald im Westen und die Rheinebene im Osten anschließen, bekommen Besucher in einer Dauerausstellung auch die Reichskleinodien (oder Reichsinsignien) zu Gesicht. Es sind zwar nur Nachbildungen der Krone, des Zepters und des Reichsapfels, aber immerhin. Die Originale waren von 1125 bis 1298 auf der Burg Trifels sicher aufgehoben.

Der klotzige Palas als repräsentativer Saalbau wurde erst nach dem Zweiten Weltkrieg vollendet. Die Pläne dafür stammen aber aus dem Dritten Reich. Der Trifels sollte eine nationale Weihestätte werden. Diesen Plänen kam die Kapitulation dazwischen. Darüber und über alles andere Wissenswerte zur Geschichte der Burg klärt die ständige Ausstellung *Macht und Mythos* auf.

Die Herren vom Trifels nutzten die Burg auch gerne als Staatsgefängnis. Prominentester Insasse war zweifellos der englische König Richard Löwenherz. Der war gerade auf dem Heimweg von einem Kreuzzug, als ihn Kaiser Heinrich VI. gefangen nehmen und ihn zur Burg Trifels bringen ließ (1193). Das Warum dieser Gefangennahme würde den Rahmen sprengen. Das Wie ist relativ unspektakulär. Das Wozu ist aber überraschend profan: Heinrich VI. brauchte das nötige Kleingeld für einen Sizilien-Feldzug, und ein englischer König versprach reichlich Lösegeld. So kam es denn auch. Richard Löwenherz kam frei und der Kaiser in den Besitz von 23 Tonnen Silber. Der Gegenwert des Silbers entsprach in etwa dem Doppelten der Jahreseinkünfte der englischen Krone. Die Sache hat sich für Heinrich VI. absolut rentiert, während die Engländer unter dem hohen Tribut für ihren König in der Folgezeit zu leiden hatten. Zahlen musste den Preis letzten Endes – wie könnte es anders sein – Otto Normalverbraucher oder in diesem Fall: Mr. und Mrs. Smith. Die Legende von Robin Hood entstand in dieser Phase, als die englische Wirtschaft am Boden lag.

Zurück in die Pfalz. Zum Trifels und noch mal zu Richard Löwenherz. Seine Gefangenschaft entsprach nicht ganz dem, was man gemeinhin unter einer Gefangenschaft versteht. Der König war ja schließlich ein Prominenter, einer mit VIP-Bonus. So einen steckt man nicht einfach in einen Kerker und lässt ihn versauern. So einen steckt man überhaupt nicht in einen Kerker, sondern lässt ihn zumindest innerhalb der Burgmauern frei herumspazieren, ja, sogar Gäste empfangen und in gewissem Umfang sogar Staatsgeschäfte erledigen. Angeblich verspottete er seine Bewacher und forderte sie zu Wettkämpfen heraus: wer am stärksten zuschlagen konnte – mit Fäusten oder beim Verzehren von alkoholischen Getränken. Von wegen Wasser und Brot. Richard Löwenherz fiel am Ende seiner Gefangenschaft nicht etwa vom Fleisch. Nein, er war gut genährt, als er im Jahre 1194 die Heimreise antreten durfte. Wie lange er bis dahin tatsächlich auf der Burg Trifels weilte, ist nicht belegt. Es waren mindestens drei Wochen, vielleicht auch drei Monate oder etwas mehr. Aber Hauptsache, er war überhaupt da. Und das ist mal sicher.

Rund 1.000 Jahre hat die Burg Trifels auf dem Buckel. Währenddessen wurde die Anlage teilweise zerstört und wie andere Burgen auch von der Bevölkerung als Steinbruch genutzt, um die eigenen Häuser wieder aufzubauen, 1602 schlug der Blitz ein und der Trifels brannte komplett ab, und so weiter und so fort. Zur Abwechslung wurde von den verschiedenen Burgherren wieder fleißig an-, aus- und umgebaut. Das Resultat ist ein sehr ansehnliches Monument des pfälzischen Mittelalters.

11. GRUND

Weil die Sage von der ledernen Brücke so schön grausig ist

Sonntagsausflug ins Elmsteiner Tal. Als Kind stand das ziemlich oft auf dem von meinen Eltern diktierten Wochenendunterhaltungsprogramm. Das Wandern, das ja Ziel und Zweck der Fahrt war, hat mich damals weniger gereizt, gefreut habe ich mich aber immer, wenn wir durch Erfenstein gefahren sind. Enges Tal, die Straße mitten durch den Wald, rechts oben die Burg Erfenstein, links oben die Burg Spangenberg, direkt gegenüber. Jedes Mal musste ich mit wohligem Schaudern an die schlimme Geschichte denken, die mir meine Großtante erzählt hatte, die Sage von der ledernen Brücke.

Es waren einmal zwei Brüder. Oder zwei enge Freunde, da ist die Sage ein wenig ungenau. Jedenfalls wohnte der eine auf der einen Burg, der andere auf der anderen. Es war überhaupt nichts los in der Kante, also hatten die beiden nur sich, um ein bisschen Spaß in netter Gesellschaft zu haben. Sie besuchten sich oft. Das war allerdings ausgesprochen unbequem und dauerte auch, denn die Hänge unterhalb der beiden Burgen sind steil und zwischen ihnen fließt der Speyerbach (historisches Zitat: »der damals ungezähmte

Speyerbach«. Klingt ganz schön gefährlich. Und schwer passierbar). Luftlinie sind die beiden Burgen dagegen quasi in Spuckweite. Die schlauen Burgherren hatten eine prima Idee: »Wir bauen eine Brücke!« Das Abstruse dabei war aber: Die Brücke soll aus Leder gewesen sein. Was mitten im Wald, wo das Holz einem sozusagen direkt vor die Axt fällt, ein vollkommen abwegiger Gedanke ist. Es sei denn, man ist besoffen. Das scheint bei den beiden Herren in der Tat ein Zustand gewesen zu sein, in dem sie sich häufig befanden. Nun ja, was tun zwei einsame Männer, wenn sie einen Abend miteinander verbringen, bevor Fußball und *Sportschau* erfunden waren? Sie saufen, genau. Und das taten die beiden. Ausgiebig. Und wankten danach über die Lederbrücke rüber nach Hause. (Vielleicht kam ihnen die Brücke im Suff ja auch nur vor wie aus Leder, weil sie das Gefühl hatten, alles wanke …) Wie auch immer, nach ein paar Jahren einvernehmlichen Saufens bekam die Freundschaft einen Knacks. Den Grund nennt die Sage nicht, weist aber darauf hin, dass die beiden Kumpane zu üppig gezecht hätten. Und deshalb in Streit gerieten. Der Erfensteiner stand wutentbrannt auf, schrie: »Niemals werde ich zurückkommen!«, und lief über die Lederbrücke zurück. Der Spangenberger rastete genauso aus und brüllte zurück: »Das brauchst du auch nicht, dafür werde ich schon sorgen!« Und dann schnitt er mit seinem Schwert die Brücke durch, gerade als der Erfensteiner in der Mitte war. Der stürzte in die Tiefe und brach sich das Genick.

Seit diesem Mord herrschte angeblich auch später immer bittere Feindschaft zwischen den jeweiligen Burgbesitzern. Da ist was Wahres dran. Die beiden Burgen gehörten immer verschiedenen Herren. Spangenberg war im Besitz des Speyerer Fürstbischofs und Erfenstein unterstand den Leininger Grafen. Die konnten schon nicht gut miteinander. Völlig eskaliert ist die Geschichte um 1470; was da passiert ist, ist als Weißenburger Fehde in die Geschichtsbücher eingegangen. Kurfürst Friedrich I. von der Pfalz und sein Vetter, Herzog Ludwig I. von Pfalz-Zweibrücken – jedem gehörte eine der Burgen –, hassten sich und machten sich deshalb gegenseitig die Burgen kaputt, erst Erfenstein, dann Spangenberg.

Von einer Lederbrücke war da längst nicht mehr die Rede. Die Historiker waren von der Legende aber trotzdem fasziniert, haben noch ein paar Sprachforscher zu Rate gezogen und sich folgenden Reim auf die Sache gemacht: Wahrscheinlich haben die Leute früher das Wort falsch verstanden. Es ging gar nicht um eine lederne, sondern um eine »laternene« Brücke. Gemeint ist, dass die Verbindung zwischen den Burgen nur durch Lichtzeichen gehalten wurde, dass es also gar keine Brücke gab, sondern einfach auf jeder Burg eine Laterne, die man von der anderen Burg aus sehen konnte. Feuerzeichen, quasi. Technisch hätte eine Lederbrücke auch gar nicht funktioniert. Die Burgen sind 500 Meter auseinander, der Höhenunterschied zum Boden beträgt aber nur 100 Meter. Bei der Entfernung hätte eine Lederbrücke bis zur Erde durchgehangen, sagen die Experten.

Sie und die beiden Burgherren aus der Sage kannten offensichtlich die Pirmasenser *Schlabbeflicker* nicht. Den Lederexperten aus der Schuhstadt wäre für das Problem mit der Lederbrücke bestimmt eine kreative Lösung eingefallen.

12. GRUND

Weil der Speyerer Dom nicht nur sehr groß und sehr alt, sondern auch sehr schön und sehr bedeutend ist

Speyer ist eine hübsche Stadt. Mit rund 50.000 Einwohnern überschaubar nett, hat sie viele malerische Straßen, Gassen und Plätze. Und sie hat den schönen Rhein, der durch die Stadt fließt und ihr am Ufer eine Strandatmosphäre mit Badepromenade, Biergärten und Beachvolleyballfeldern beschert, von der flusslose Städte nur neidisch träumen können. Der Rhein allein macht Speyer schon zu etwas Besonderem, aber dieses markante Merkmal wird durch ein Baudenkmal locker in den Schatten gestellt: den Speyerer Dom. Er ist die größte noch erhaltene romanische Kirche der Welt, seit Jahrzehnten UNESCO-Welterbe. Da steht er, mitten in der Innenstadt, und strahlt in seiner Höhe und Breite eine behäbige Ruhe und zugleich kompromisslose Würde aus, die man nur entwickeln kann, wenn man eben fast 1.000 Jahre auf dem Buckel hat.

Der Salier-Kaiser Konrad II., ein Monarch, der offensichtlich nicht gerade durch sein bescheidenes Wesen aufgefallen ist, wollte ein anständiges Machtsymbol. Hat er gut hingekriegt, auch wenn er nicht mehr mitbekommen hat, wie der Bau fertig wurde. Geweiht wurde der Dom nämlich erst mehr als 30 Jahre nach der Grundsteinlegung, da hatte längst Konrads Sohn Heinrich III. das Zepter in der Hand. Aber der fand den Dom auch toll, kein Wunder, er war damals nach dem Kloster im französischen Cluny die größte Kirche des Abendlandes.

Was konnte man dort für großartige Sachen anstellen!, sagten sich die einflussreichsten Theologen und verkündeten ihre bahnbrechenden Weisheiten gern in Speyer. 1146 zum Beispiel. Da kam der Superstar unter den Geistlichen des Mittelalters, der heilige Bernhard von Clairvaux – der damals natürlich noch nicht heilig war –, nach Speyer und rief im Dom zum Zweiten Kreuzzug auf. Bernhard wäre mal lieber in seinem Zisterzienser-Kloster in Frankreich geblieben und hätte seinen Mund gehalten. Der Zweite Kreuzzug wurde ein Fiasko, ein Großteil der Kreuzfahrer wurde überfallen, ermordet oder starb einfach so auf der strapaziösen Reise. Der Staufer-König Konrad III. war auch dabei, hatte aber Glück und kam lebend zurück. Richtig Glück hatte er dann aber doch nicht, denn er hatte sich auf dem Kreuzzug Malaria eingefangen und starb später daran. Insgesamt war Konrad III. wirklich ein bisschen vom Pech verfolgt, denn er hatte es auch nie geschafft, deutscher Kaiser zu werden, und ist also logischerweise nicht in der Kaisergruft im Keller des Speyerer Doms begraben worden.

Diese Gruft ist ein spannendes Who-Is-Who des deutschen Mittelalters, da liegt ein epochemachender Herrscher am anderen, insgesamt sind es acht deutsche Kaiser und Könige, vier Königinnen und eine Reihe von Bischöfen. Der mit dem höchsten Gesprächswert, damals wie heute, ist sicherlich Kaiser Heinrich der Vierte. Das ist der mit dem Gang nach Canossa. Kurz zusammengefasst ging die Geschichte so: Heinrich hatte Zoff mit dem Papst, es ging mal wieder darum, wer der Mächtigere war. Der Papst fand das ziemlich aufmüpfig und belegte Heinrich mit dem Kirchenbann, was den wiederum ziemlich ärgerte, er hatte damit nämlich den Kürzeren gezogen. Um nicht komplett kalt gestellt zu werden, zog Heini halt ein Büßerhemd an und wanderte zähneknirschend und in bemitleidenswerter Verfassung zum Papst, der da gerade in Canossa war. Als der das Häufchen Elend sah, konnte er nicht anders, er musste den Bann wieder aufheben. Neben dem vierten Heinrich (und dem fünften, der liegt nämlich auch dort) ruhen in der Speyerer Krypta noch zwei andere Streithähne, die im Mittelalter für Gesprächsstoff gesorgt haben: Die Könige Adolf von Nassau und Albrecht von Habsburg. Aber dazu gibt's ein eigenes Kapitel.

Neben den ganzen toten Königen wollen wir lieber noch ein bisschen die lebendige Architektur des zeitlos schönen Doms bewundern. Obwohl, auch das haben andere Generationen nicht ganz so gesehen. Canossa-König Heinrich war der Dom zu popelig. Er wollte einen größeren haben und den vorhandenen Dom abreißen lassen. Er hat's dann doch nicht gemacht, das haben später unter anderem französische Revolutionstruppen zumindest zum Teil erledigt. Als die Franzosen in der Pfalz das Sagen hatten, hat der Dom Napoleon nicht in den Kram gepasst. Er wollte ihn auch abreißen lassen. Dafür hätte er dann an der Stelle gern einen Viehmarkt eingerichtet.

Aber als Napoleon Geschichte war, kam der bayerische König Ludwig I., und dem gefiel der Dom nicht nur, er wollte ihn auch wieder ein bisschen aufpeppen, vor allem innen. Dafür ließ er den

Maler Johann Schraudolph kommen und der durfte sich dann an den langen Wänden des Mittelschiffs austoben. Das Ergebnis waren monumentale Heiligenbilder, die den Betrachter heutzutage ziemlich erschlagen, schon allein deshalb, weil sie in ihrem fürs 19. Jahrhundert typischen schwülstigen Ausdruck eigenartig fremd in dem sonst so klaren Dom wirken. Da finde ich die zur gleichen Zeit renovierte Außenfassade doch gelungener: Schön gestreift, immer eine Lage roter, eine Lage gelber Sandstein. Wie Kalter Hund, hat mal ein Architekturkritiker gesagt.

Geschmackssache. Und über den wollen wir Pfälzer gar nicht streiten, sondern über den Geschmack lassen wir uns gern von den Äußerlichkeiten ablenken. Vor dem Dom steht nämlich der Domnapf. Klingt klein, ist er aber überhaupt nicht: Mehr als 1500 Liter passen rein, und das ist selbst für einen trinkfesten Pfälzer eine ganze Menge. Der Domnapf wird an besonderen Gelegenheiten tatsächlich mit Wein gefüllt, und davon gab es seit es seit dem 13. Jahrhundert einige, so lange steht der Napf aus Sandstein und Bronze nämlich schon da. Früher hieß es, immer wenn ein neuer Bischof gewählt würde, solle der Napf mit Wein gefüllt werden, das ist nicht mehr so. Aber immerhin, als Papst Johannes Paul II. 1987 in Speyer zu Besuch war, kriegten er und alle, die sonst noch auf dem Platz standen, Wein aus dem Napf.

So richtig groß ist zuletzt das Jubiläum der Domweihe vor 950 im Salierjahr 2011 gefeiert worden. Das 2000-Seelen Dorf Kirrweiler an der Südlichen Weinstraße hatte damals die ehrenvolle Aufgabe, den Wein für den Napf zu stiften, das war immerhin beinahe ein Liter pro Einwohner, alle Achtung. Wären wir noch im Mittelalter, hätte sich die Kirche ja wenigstens mit ein paar Ablässen für die Kirrweilerer Katholiken revanchieren können. Aber da diese Zeiten vorbei sind, bleibt es eben nur bei der Ehre fürs Dorf. Ach nein, in der Sprache der Geistlichkeit heißt das natürlich Segen. Und der tut doch auch fast 1000 Jahre nach der Gründung des Speyerer Doms immer noch gut.

Weil am Donnersberg ein deutscher König
in der Schlacht gefallen ist

Das ist natürlich auf den ersten Blick zunächst mal kein Grund, die Pfalz zu lieben, auf den zweiten aber doch. Und auf den dritten auch. Aber schön der Reihe nach.

Es geht um Adolf von Nassau. Kennen Sie Nassau? Genau, das liegt gar nicht in der Pfalz, sondern an der Lahn. Die Nassauer waren aber jahrhundertelang ein deutsches Adelsgeschlecht, das in ganz Europa bekannt wie ein bunter Hund war. Ein paar Könige und Herzöge, die heute noch regieren, sind mit den Nassauern verwandt, nämlich die Niederländer und die Luxemburger. Gut, nach denen kräht heute kein Hahn mehr, das war früher anders.

Adolf kam irgendwann um 1250 auf die Welt, so ganz genau weiß das heute keiner, ist ja auch schon lange her. Ganz klar dagegen ist, wo und wann er gestorben ist: Das war am 2. Juli 1298 in der Pfalz, und zwar bei Göllheim am Fuß des Donnersbergs.

Die Zeit dazwischen hat er entscheidend mitbestimmt: Erst mal ist er Herzog geworden, dann hat ihn sein Onkel an den Hof des römisch-deutschen Königs Rudolf I. von Habsburg geschickt. Keine schlechte Ausgangsbasis für einen politisch Ehrgeizigen mit klugem Köpfchen wie Adolf. Er wollte auch gern König werden. Dummerweise stand ihm da erst mal Albrecht im Weg, der war der Sohn von König Rudolf. Adolf mochte ihn nicht, logisch. Gegen Albrechts Gene bzw. sein Blut konnte er nichts ausrichten, also versuchte er es – wie modern! – mit Wahlversprechen. Er versprach seinen Wählern, das waren damals die Kurfürsten, das Blaue vom Himmel. Sagte, sie würden das bekommen, was sie sich wünschten, also vor allem Land, Macht und Beistand gegen bestimmte Feinde. Und versprach, dass er ganz brav und bescheiden immer auf den Rat der Kurfürsten hören würde. Die Kurfürsten haben ihm geglaubt und ihn gewählt. Gehalten hat er seine Versprechen nicht. Kaum war er König, schloss er Bündnisse mit den Feinden der einzelnen Kurfürsten. Schrieb Urkunden mit Formulierungen, die so geschickt waren, dass sie zwar mit dem ehemaligen Wahlversprechen nichts mehr zu tun hatten, aber trotzdem nicht als Vertragsbruch ausgelegt werden konnten. Er herrschte selbstbewusst und machtgierig, und er brauchte mehr Geld. In der Riege der Politiker von heute wäre er nicht aufgefallen: Er dachte sich einfach neue Steuern aus. Die hießen damals nur anders. Jedenfalls wollte er, dass die geistlichen Reichsfürsten für die Hoheitsrechte, die sie haben wollten, bezahlten. Da scheint es um saftige Preise gegangen zu sein, denn es gab schnell Krach. Die Herren wollten nicht bezahlen, kann man verstehen, vor allem, weil Adolf ihnen ja versprochen hatte, dass sie die Macht umsonst kriegen würden, wenn sie ihn wählten. Aber Adolf zitierte ganz modern Politiker, die erst Jahrhunderte nach ihm kamen: Was interessiert mich mein Geschwätz von gestern …

Dazu kamen noch ein paar andere Sachen, die den adligen Herren nicht passten, und es wurde allmählich eng für Adolf. Und da trat Albrecht wieder auf den Plan. Der wollte immer noch König werden, er war ja schließlich der Sohn von König Rudolf, und deshalb zettelte er Streit mit Adolf an. Die Kurfürsten, die immer schön ihr Fähnchen in den Wind hängten, unterstützten jetzt Albrecht und sagten hässliche Dinge über Adolf: dass er Hostien geschändet hätte, zum Beispiel. Das war schon ein starkes Stück, aber nötig, um seinen Ruf zu ruinieren. Denn wer König war, galt als von Gott gewählt, den konnte nur einer absetzen, und das war der Papst. Den haben sie aber gar nicht gefragt, das war damals ungeheuerlich. Sie haben Adolf einfach abgesetzt.

Das konnte der natürlich nicht auf sich sitzen lassen. Er schickte ein Heer los, Albrechts Truppen entgegen. Sie trafen sich auf dem Feld mit dem putzigen Namen Hasenbühl, bei Göllheim in der Nordpfalz, mit schönem Blick auf den Donnersberg. Die Aussicht konnte Adolf Anfang Juli 1298 wohl nicht so recht genießen, denn die Schlacht entwickelte sich zäh. Stundenlang prügelten sich die Soldaten, Adolf und Albrecht mittendrin. Adolf soll ein ungestümer und angriffslustiger Kämpfer gewesen sein, erzählen die Chroniken. Das ging so lange gut, bis er auf einen Grafen namens Georg traf. Der hatte eine Waffe in der Hand, welche, weiß heute keiner mehr, und der hat Adolf erschlagen. Einfach so. Die meisten seiner Soldaten haben das zuerst gar nicht bemerkt. Und die, die es bemerkt haben, sind gleich mal abgehauen. Die anderen haben weitergekämpft, bis sie auch irgendwann mitkriegten, dass Adolf tot war. Und nicht nur Adolf war tot. 6.000 Schlachtpferde sollen auf dem Hasenbühl umgekommen sein.

Albrecht wurde endlich König und verbot als erste Amtshandlung, dass Adolf im Speyerer Dom begraben wurde, was ihm als deutschem König eigentlich zugestanden hätte. Seine Knochen lagen dann erst mal elf Jahre lang im Zisterzienserinnenkloster Rosenthaler Hof bei Göllheim. Passender Ort, dort hatte Adolfs Gattin während der ganzen Schlacht gekniet und gebetet, bis das reiterlose Pferd des Gatten an die Klosterpforte kam. Imagina, so hieß Adolfs Frau, ging dann aufs Schlachtfeld und fand den toten Gatten. Christlich wie sie war, hat sie genau an der Stelle ein großes steinernes Kreuz errichten lassen. Das gibt's heute noch. Es gilt als das älteste erhaltene Steinkruzifix der Pfalz und hat auch der Göllheimer Apotheke zum Königskreuz ihren Namen gegeben. Seit 1853 steht das Kreuz in einer kleinen Kapelle in der Königkreuzstraße am westlichen Ortsrand von Göllheim.

Imagina ist übrigens im Kloster Rosenthal geblieben und hat dort als Nonne gelebt. Und sie war dabei, als Adolfs Leichnam nach Albrechts Tod dann doch noch nach Speyer in die Kaisergruft überführt wurde. Da liegt er jetzt, direkt neben seinem Erzfeind Albrecht.

Und wieso ist diese Geschichte ein Grund, die Pfalz zu lieben? Na, erst mal macht es ganz schön was her, dass so eine bedeutende Schlacht auf pfälzischem Boden stattgefunden hat. Und darüber hinaus war der fiese verlogene Politiker Adolf ja kein Pfälzer. Schleimer, die erst große Töne spucken und dann ihr Wort nicht halten, mögen wir Pfälzer nämlich nicht. Den sind wir schon mal los.

Weil wir sogar den Pfälzischen Erbfolgekrieg überlebt haben

Wenn Sie die Burgen in der Pfalz besuchen, dann fallen Ihnen zwei Sachen auf: Meistens sind sie kaputt, nur noch Ruinen. Und fast immer hängt da ein Schild, auf dem steht: *Zerstört im Erbfolgekrieg.* In den alten Geschichtsbüchern heißt er Pfälzischer Erbfolgekrieg, moderne Historiker nennen ihn Orléansschen Krieg. Klingt französisch, ist es auch. Frankreich fängt ja da an, wo die Pfalz aufhört. Aber so klar wie heute waren die Grenzen nicht immer. Und sie haben vor allem den Herrschenden nicht immer gepasst. Der Oberherrscher Ende des 17. Jahrhunderts war Frankreichs Sonnenkönig Ludwig XIV. Er war es, der den Pfälzischen Erbfolgekrieg angezettelt hat und damit ganz Europa für neun Jahre, von 1688 bis 1697, in einen Krieg gerissen hat, bei dem am Ende kein Stein mehr auf dem andern blieb.

Ludwig aus Frankreich brach einen Streit mit Karl II. von der Pfalz vom Zaun, das war der ältere Bruder von Liselotte von der Pfalz und außerdem Pfalzgraf und Kurfürst. Sein Herrschaftsgebiet war die Kurpfalz und er residierte im schönen Heidelberger Schloss. Das war zumindest schön, bis Ludwig kam und es angezündet hat.

Ludwig behauptete nach Karls Tod, er habe ein Anrecht auf die Pfalz. Karl II. hatte schon zu Lebzeiten Ärger mit seinem Schwippschwager Ludwig. Der war schon früher mit einem Heer in Germersheim eingefallen und hatte dort großen Schaden angerichtet. Karl war klar, er brauchte Hilfe gegen die Franzosen. Er suchte sie in England, der englische König hieß sympathischerweise auch gerade

Karl II. Helfen konnte der ihm aber nicht. Stattdessen nahm der englische Karl den pfälzischen Karl in den Hosenbandorden auf, den höchsten und exklusivsten Orden des United Kingdom, und ernannte ihn außerdem zum Doktor der Medizin, bzw. die Universität in Oxford übernahm das. Das half der Kurpfalz ein paar Jahre später leider überhaupt nicht.

Nach Karls Tod wurde Ludwig richtig brutal. 30.000 Mann stark war seine Armee, die er an den Rhein schickte und die dann systematisch alles zerstörte, brandschatzte und plünderte, was den grausamen Soldaten in die Quere kam. Nicht nur Dörfer, Burgen, Kirchen und ganze Städte wie Speyer, Frankenthal, Mannheim und Heidelberg, die zur Kurpfalz gehörten, wurden dem Erdboden gleichgemacht. Einer der französischen Generäle war ein besonders fieser Sadist: Joseph de Montclar besichtigte erst die Befestigungsanlagen einer Stadt, dann gab er den Befehl, mit den Abbrucharbeiten zu beginnen, und zwang die Bürger, mitzuhelfen, ihre eigene Stadt erst niederzureißen und anschließend Feuer zu legen. Auf diese Weise wurden auch Gebiete in Württemberg, um Trier und am Niederrhein verwüstet. Schließlich hingen auch noch die Niederlande, Italien und Spanien mit drin. Europa war im Krieg. Das hatte Ludwig so nicht geplant, er wollte eigentlich nur eine kurze heftige Fehde, er wollte die Pfalz, und gut wär's. Nein, es wurde gar nichts gut, es wurde eine mörderische Zeit, von der sich nicht nur die Pfalz lange nicht erholte.

Frankreich war nach dem Pfälzischen Erbfolgekrieg so gut wie bankrott. Und die gute Nachbarschaft mit den Pfälzern war für Jahrhunderte gegessen. Jetzt waren die Franzosen und die Pfälzer Erzfeinde. Die Nationalisten im 19. und 20. Jahrhundert weiteten das noch aus und sprachen von der deutsch-französischen Erbfeindschaft.

Und dabei gab es nach den neun Jahren Erbfolgekrieg noch nicht mal einen eindeutigen Sieger. Jede Partei musste Zugeständnisse machen, jeder hatte etwas verloren und etwas bekommen. Für den erfolgsverwöhnten Strahlemann Ludwig war das eine neue Erfahrung, aber auch ein König lernt nicht aus.

Die Pfälzer haben bitter dafür bezahlt, und die Folgen dieses Krieges sieht man den Burgruinen in der Pfalz heute noch an. Die Erbfeindschaft ist aber mittlerweile Schnee von gestern und begraben. Viele Pfälzer wissen neben ihren eigenen guten Tropfen auch einen französischen Rotwein sehr zu schätzen. Und in manchen elsässischen Weinstuben wird sogar ab und zu mal ein Pfälzer Riesling ausgeschenkt. Wenn das keine Versöhnung ist.

15. GRUND

Weil Pfälzer Frauen große Krieger besänftigt haben

Pfälzer Frauen sind schön, das wird gegen Ende des Buches noch in einem eigenen Kapitel belegt. Und Pfälzer Frauen sind klug, das muss an dieser Stelle unbedingt erwähnt werden. Die Kombination beider Eigenschaften hat sogar die Geschichte der Pfalz maßgeblich beeinflusst.

Die erste Dame, die ich hier ehren und hochleben lassen will, ist die Gräfin Eva von Neuleiningen. Sie lebte zu Luthers Zeiten auf der Burg Neuleiningen, die heute zum Kreis Bad Dürkheim gehört. Keine schöne Zeit, es war Bauernkrieg. Die Bauern hatten es satt, von den Adligen ausgebeutet und gegängelt zu werden, und probten den Aufstand. Im 16. Jahrhundert gab es eine ganze Menge Bauern, dementsprechend umfassend wurden die Aufstände. Die Bauern gingen brutal gegen alles vor, was irgendwie nach Adel roch, Plattmachen war die Devise. Das Plattmachen der Burgen ging schneller, wenn man es mit Anzünden verband, also zogen die Bauern in wilden Horden durchs Land und brandschatzten und plünderten alle Burgen, die auf ihrem Weg lagen. Bis sie in die Pfalz kamen, genauer gesagt, nach Neuleiningen. Gerade hatten sie die benachbarte Burg

Altleiningen in Brand gesetzt und ausgeraubt und wollten jetzt so weitermachen. Aber sie hatten nicht mit Eva gerechnet. Die schlug die kriegerische Meute nicht mit Waffengewalt, sondern mit gutem Essen und Trinken. Was für eine angenehme Art, Frieden zu schaffen! Gräfin Eva ließ das Burgtor öffnen, lächelte charmant und lud die Bauernkrieger an den Tisch, den sie für sie üppig gedeckt hatte. Dieser Einladung konnten die Bauern nicht widerstehen, schließlich waren sie echte Pfälzer. Und sie hatten Hunger und Durst. Brot, Würste, Pfälzer Wein – die Bauern fühlten sich wie im Himmel. Sie ließen sich verwöhnen, bis sie satt waren, und dann zogen sie zufrieden und in Frieden wieder ab. Die Burg ließen sie heil. Und als sie gingen, lächelte die schlaue Eva noch breiter als vorher und schloss das Burgtor genauso zufrieden wieder zu.

So weit die Legende. Leider haben die Historiker in den alten Gemeindeakten andere Fakten gefunden. Danach hat sich das Ganze wohl eher so zugetragen: Die Bauernhorden hatten gerade Altleiningen verwüstet und kamen nach Neuleiningen. Sie waren wirklich hungrig und durstig, schließlich hatten sie gerade eine Burg plattgemacht. Sie brachen das Tor auf, fanden Eva und zwangen sie, ihnen zu bringen, was Küche und Keller hergaben. Eva blieb gar nichts anderes übrig, als die Bauern zu bewirten, aber freiwillig hat sie es bestimmt nicht getan. Für ein hochadliges Fräulein wie sie war das damals eine ungeheuerliche Demütigung. Aber Tatsache ist, die Burg Neuleiningen blieb heil.

Das Happy End in der ersten Version finde ich aber schöner. Und es passt auch viel besser zu den patenten, einfallsreichen, gewitzten schlauen Pfälzerinnen, wie ich sie kenne. Ich übertreibe nicht, rund 150 Jahre nach Eva kam nämlich Kunigunde, die bestätigt das.

Kunigunde Barbara Kirchner war, so steht es in einem alten vergilbten Schinken, die holdselige und edle Tochter des kurpfälzischen Kanzlers in Neustadt. Es war schon wieder Krieg. Dieses Mal waren es nicht die Bauern, die alles anzündeten und plünderten, sondern die Franzosen. »*Brûlez le Palatinat*«, legt die Pfalz in Schutt und Asche, lautete der Befehl, den der französische König Ludwig XIV. im Pfälzischen Erbfolgekrieg seinen Truppen gab. Auch Neustadt hätte dran glauben sollen, aber die Soldaten haben das Städtchen an der Haardt verschont. Wegen Kunigunde. Die war damals, also 1688, süße 17 und wohnte noch zu Hause beim Herrn Papa. Der war dazu verdonnert worden, den französischen Kriegskommissär Peter de Werth bei sich einzuquartieren, damit der dann in Ruhe planen konnte, wie die Stadt zerstört werden sollte. Aber so weit kam's gar nicht. Monsieur de Werths Auge fiel nämlich auf Kunigundchen, die echt ein Hingucker gewesen sein muss. Er verliebte sich auf der Stelle in sie. Und sie sich in ihn, wie praktisch. Peter de Werth wollte sie auch gleich heiraten, aber die patriotische Kunigunde sagte nur unter der Bedingung Ja, dass er Neustadt unversehrt ließe. Er hat es feierlich versprochen, seine französischen Generäle auch davon überzeugt, und die beiden Verliebten haben tatsächlich geheiratet. Und Neustadt hat seine schönen Fachwerkhäuser aus der Zeit ohne Brandspuren behalten dürfen. In dem alten Schinken, aus dem ich vorhin schon zitiert habe, steht noch, dass Peter und Kunigunde »in beglückter Ehe zahlreiche Kinder zeugten«. Klingt nach einem echten Happy End.

Apropos Schinken: Bekanntlich geht die Liebe ja durch den Magen – das hat Eva von Neuleiningen schon bewiesen – und davon kriegen wir heutzutage auch noch ein bisschen was ab. Auf dem Kunigundenmarkt in der Neustadter Altstadt können Sie in der Adventszeit die Liaison der Genüsse erleben. Bäcker, Metzger, Trüffelfinder, Pralinenkonditoren und viele andere Schlemmerspezialisten aus Neustadts Partnerregionen in Europa sind dann ein paar Wochen lang in Neustadt zu Gast und lassen Sie an ihren Ständen auf dem Markt gern mal kosten. Kunigunde lebe hoch!

Weil die Harthäuser Bauern den Krautstreit gewonnen haben

Pfälzer sind schlau, ich habe es schon erwähnt. Waren sie immer schon. Die Pfälzer Bauernschläue ist als »Krautstreit von Harthausen« sogar in die Geschichtsbücher eingegangen. 1768 hat er angefangen und dann fünf Jahre gedauert (Pfälzer haben ja Ausdauer).

Für uns Steuerzahler von heute waren das goldene Zeiten, gerade mal zehn Prozent ihres Gewinns mussten die Bauern damals an die Kirche und die Obrigkeit abgeben. Den Bauern war das allerdings entschieden zu viel, zumindest denen in Harthausen in der Nähe von Speyer. Und sie ließen sich etwas einfallen, um Steuern zu hinterziehen. Ihr Geld verdienten sie ja hauptsächlich mit dem Anbau und Verkauf von Gemüse, das ist in der Vorderpfalz schon immer in Eins-a-Qualität gediehen. Dafür war der Zehnte fällig, Tabakanbau dagegen war steuerfrei. Die Harthäuser Bauern pflanzten deshalb heimlich immer mal wieder ein paar Kohlköpfe, Kohlrabi oder Dickrüben zwischen die Tabakreihen, in der Hoffnung, dass das keiner merkt. Einer hat's aber gemerkt, und das war der Pfarrer Muth von Harthausen.

Pfarrer Muth war wütend, er hätte nämlich den Zehnten kassieren sollen. Er krallte sich ein paar Tagelöhner und gab ihnen den Auftrag, alle Tabakfelder nach Fremdgewächs zu durchsuchen und die seiner Meinung nach illegal angebauten Kohlköpfe zu zählen. Als sie fertig waren und Meldung gemacht hatten, hat er kurz nachgerechnet und sie dann noch mal auf die Felder geschickt. Dieses Mal sollten sie so viele Kohlköpfe ernten, wie ihm korrekterweise zustanden. Außerdem verpetzte er die Harthäuser Bauern in einem Beschwerdebrief beim Vikariat in Bruchsal. Sie seien hinterlistig, klagte er da, und sie bereicherten sich auf seine Kosten, die Betrüger. Das ließen die Harthäuser nicht auf sich sitzen. Sie schrieben ebenfalls einen Beschwerdebrief, diesmal schwärzten sie den Pfarrer an und unterstellten ihm üble Nachrede. Die Kohlköpfe zwischen dem Tabak konnten sie nicht leugnen, aber ihnen fiel ein wunderbares Alibi dafür ein: Sie brauchten den Kohl, um zu verhindern, dass zu viel Gras im Tabakfeld wüchse. Außerdem könnten sie auf diese Weise solche Ackerstellen sinnvoll nutzen, die die Würmer kahl gefressen hatten.

1769 kam es zur offiziellen Gerichtsverhandlung. Sechs Harthäuser Bauern waren als Zeugen geladen. Leider sind ihre Plädoyers nicht überliefert, aber sie müssen großen Eindruck hinterlassen haben. Der Richter gab den Harthäusern recht. Er begründete sein Urteil damit, dass es »gänzlich unmöglich wäre, aus dem kümmerlich Kraut, aus übrig gebliebenen Pflänzlein gezogen und nur aus Not in die Erde gesteckt, Gewinn zu erzielen«[5]. Und damit nicht genug: Er verurteilte den Pfarrer Muth dazu, den zu Unrecht erhobenen Zehnten zurückzuzahlen – in Bargeld. Und die Anwaltskosten bekam er auch noch aufgedrückt.

Der Pfarrer stellte sich erst mal stur und bezahlte gar nichts, weder die Wiedergutmachung noch den Anwalt. Aber wie gesagt, Pfälzer haben Ausdauer. Sie ließen nicht locker und blieben auch stur. Fünf Jahre später erst, nach einer neuen Verhandlung, gab der Pfarrer endlich nach und zahlte alles, was ihm aufgebrummt worden war. Das hätte er einfacher haben können, der Kohlkopf.

17. GRUND

Weil General Blücher seinen Ruhm der Südpfalz verdankt

Die Gemeinde Kirrweiler an der Südlichen Weinstraße geht ran wie Blücher – und sie hat auch allen Grund dazu. Fürst Blücher, der alte preußische Haudegen, hat in Kirrweiler eine ganz entscheidende Schlacht geschlagen, die als einer der pfiffigsten Husarenstreiche in die Geschichte eingegangen ist.

Ohne Blücher sähe es wahrscheinlich heute in Europa anders aus. Und die Pfalz würde möglicherweise sogar zu Frankreich gehören, hätte nicht Gebhard Leberecht von Blücher geholfen, Napoleon vernichtend zu schlagen. Was Blücher für ein militärisches Talent hatte, das hat er 1794 im südpfälzischen Kirrweiler bewiesen. Er hatte Wind davon bekommen, dass die Franzosen die Stadt Neustadt einnehmen wollten. Blücher konterte sofort mit seiner eigenen Truppe: Die erste Kolonne ließ er die Franzosen schon in Edesheim angreifen, wo er sie in Straßenkämpfe verwickelte. Währenddessen ließ er die zweite Kolonne fröhlich über Fischlingen und Venningen nach Kirrweiler marschieren, die Franzosen kamen hinterher. Und jetzt kommt der Clou: Kirrweiler war eine Festung. Während die französischen Truppen innerhalb von Kirrweiler zwischen den Mauern umherliefen, ließ Blücher das schwere Kriegsgerät beschlagnahmen, das sie draußen um den Ort herum stehen gelassen hatten.

Als die französischen Soldaten dann nichts ahnend aus der Festung Kirrweiler herauskamen, war ihre Artillerie einfach weg. In dem Moment hat Blücher seine Husaren angreifen lassen. Die Franzosen sollen daraufhin so geschockt gewesen sein, dass sie kopflos in alle Richtungen davongerannt sind. Kirrweiler wurde also nicht Schauplatz einer blutigen Schlacht, sondern ein Beispiel dafür, dass man statt mit Gewalt auch mit einem super Trick einen Krieg gewinnen kann. Blücher hat folglich groß Karriere gemacht und wurde vom Oberst zum General befördert.

Als General hat er dann zusammen mit dem englischen General Wellington in der berühmten Schlacht bei Waterloo Napoleon besiegt und Europa befreit. Die Engländer verehren Blücher dafür noch heute. Sie lädt Kirrweiler jetzt ganz besonders zu einem Besuch ein. Bei den zehn Info-Stationen auf dem Blücher-Rundweg können Sie, wenn Sie ein Smartphone haben, QR-Codes abrufen, das sind die kleinen schwarz-weißen Vierecke. Ein Klick, und Sie kriegen die Blücher-Geschichte auf Englisch erzählt. Netter Service, trotzdem rechnet in Kirrweiler jetzt keiner mit einer Touristen-Invasion aus England. Und ob sie aus England oder von woanders herkommen: Die Besucher auf dem Blücher-Rundweg in Kirrweiler sollen nicht nur mit Geschichte gefüttert werden. Auf dem Blücher-Rundweg liegen ein paar Restaurants und Weingüter, die zu einem Päuschen einladen. »Marschall Vorwärts« haben seine Zeitgenossen Blücher genannt, immer auf dem Sprung zum nächsten Schlachtfeld. Aber in Kirrweiler ist es heutzutage total friedlich. Sie dürfen also gern ein bisschen länger bleiben und die Ruhe und Erholung genießen. Blücher würde es Ihnen gönnen. Oder, um es mit den Worten des alten Preußen zu sagen: »Gott mit dich.«

18. GRUND

Weil in Zweibrücken die deutsche Einheit mitbegründet wurde

Das Hambacher Fest (1832) auf dem Hambacher Schloss bei Neustadt ist weithin bekannt als Fanal für die Einheit Deutschlands und für bürgerliche Freiheit. Weniger bekannt ist die Tatsache, dass einige der Wurzeln dieser historisch bedeutsamen südpfälzischen Demonstration in der Westpfalz gründen – in Zweibrücken – und zugegebenermaßen auch ein bisschen im heute saarländischen Homburg. (Zum Hambacher Fest siehe auch *Grund 97: Weil in Hambach die Wiege der Demokratie steht.*)

Dazu muss ich etwas über unsere bajuwarischen Freunde sagen. Das Königreich Bayern war an und für sich eher reaktionär – früher, nach dem Wiener Kongress (1814/15), wo so gut wie gar nicht getanzt wurde (wie es ein UFA-Musikfilm weismachen will). Dafür wurden dort die europäischen Grenzen neu gezogen. Die rheinpfälzischen Städte Zweibrücken und Homburg kamen so zu Bayern. Napoleon aber hatte in der Rheinpfalz eine für damalige Verhältnisse freiheitliche Rechtsordnung hinterlassen, den Code civil, inklusive der Pressefreiheit. Weil die Rheinpfälzer darauf bestanden, garantierte der bayerische König diese Rechte weiterhin. Das führte dazu, dass Journalisten und andere liberal denkende Menschen in Zweibrücken und Homburg eine Heimstatt suchten und fanden. Vor allem Journalisten nutzten die Pressefreiheit aus, um gegen das reaktionäre Regime in München anzuschreiben.

Einer dieser Journalisten war Philipp Jakob Siebenpfeiffer, ein anderer Johann Georg August Wirth. In Paris war gerade die Juli-Revolution (1830) vorbei, im Zuge derer der französische König abgesetzt worden war. Das fanden die Rheinpfälzer super, auch Siebenpfeiffer und Wirth. Siebenpfeiffer war von Beruf Landkommissär von Homburg. Weil er als Beamter im Solde Bayerns ja nicht gegen seinen eigenen Dienstherr agitieren durfte (gilt unverändert auch heute noch), wurde er zwangsversetzt, was Siebenpfeiffer jedoch nicht mitmachte, seinen Dienst quittierte und stattdessen noch mehr gegen die reaktionäre bayerische Regierung eiferte. Er fand in Wirth einen adäquaten Mitstreiter.

Als Dritter im Bunde ist Friedrich Schüler zu erwähnen. Der Pfälzer aus Bad Bergzabern saß im bayerischen Landtag und machte dort Opposition gegen die bayerische Regierung. Was in etwa dem Kampf Don Quijotes gegen die Windmühlen gleichkam. Daher rief Schüler zur außerparlamentarischen Opposition auf. Ihm zu Ehren fand am 29. Januar in Zweibrücken-Bubenhausen ein Festbankett statt. Die 102 Mörserschüsse zum Salut waren gleichzeitig der Startschuss für den »Deutschen Vaterlandsverein zur Unterstützung der freien Presse«, gemeinhin als Preß- und Vaterlandsverein bezeichnet. Der Verein hatte zum Ziel, die freie Presse zu unterstützen und die deutsche Einheit herzustellen. Er traf offenbar den Nerv der Zeit, denn einen Monat später hatte er schon allein in Zweibrücken 1.000 Mitglieder. Der Preß- und Vaterlandsverein sollte noch im selben Jahr das Hambacher Fest organisieren.

Das blieb den Bayern natürlich nicht verborgen. Die Publikationen Siebenpfeiffers – der *Westbote* und *Rheinbayern* – wurden verboten, ebenso die *Deutsche Tribüne* seines Mitstreiters Wirth. Der wurde sogar in Zweibrücken ins Gefängnis gesteckt. Das in der Stadt ansässige Appellationsgericht sprach ihn aber frei, was vielleicht auch an dem Eindruck lag, den eine couragierte (und bewaffnete) Menge hinterlassen hatte, die vor dem Gefängnis aufgezogen war, um die Freilassung Wirths durchzusetzen.

Das alles geschah im Jahr 1832, kurz vor dem Hambacher Fest. Es gab in Zweibrücken sogar eine Art Generalprobe für das Hambacher Fest. Wieder wurde Friedrich Schüler zu Ehren eine Feier abgehalten, auf der Siebenpfeiffer und andere gegen Unterdrückung und soziale Missstände wetterten.

Auf dem Hambacher Fest selbst traten Siebenpfeiffer, Wirth und Schüler als Redner an. Danach aber schlug die Staatsmacht zu und machte den Verantwortlichen des Hambacher Festes in Landau den Prozess. Die meisten der wegen Hochverrats Angeklagten wurden überraschenderweise freigesprochen. Siebenpfeiffer und Wirth auch. Beide bekamen aber in weiteren Prozessen jeweils zwei Jahre Haft aufgebrummt – wegen Beamtenbeleidigung. Siebenpfeiffer konnte mithilfe Zweibrücker Bürger aus dem Gefängnis ausbüxen und in die Schweiz flüchten. Wirth saß seine Strafe im Zuchthaus von Kaiserslautern ab. Später ging auch er ins Ausland. Friedrich Schüler wurde dagegen verurteilt. In Abwesenheit. Er hatte sich vorsorglich nach Frankreich abgesetzt.

Welche bedeutende Rolle Zweibrücken für die Demokratiebewegung in Deutschland damals spielte, zeigt ein Ausspruch des Schriftstellers Heinrich Heine: »Man glaubte ganz sicher, daß die deutsche Revolution in Zweibrücken beginnen würde, und alles war dort reif zum Ausbruch.«[6] Heine schrieb dies im Jahre 1840, acht Jahre nach dem Hambacher Fest. Auch Heine war als Verfolgter nach Frankreich ausgewandert. Der Preß- und Vaterlandsverein hatte sich zu diesem Zeitpunkt bereits aufgelöst.

Weil wir Ahnung von funkelnden Klunkern haben

Wir schreiben das Jahr 1963, der Beginn der Beatlemania, jener kurzen Hysterie-Epoche, in der kreischende Beatles-Fans jedes Konzert ruinierten und sich bei der bloßen Vorstellung an die vier Pilzköpfe einen handfesten Kehlkopf-Katarrh zuzogen. Die Jungs aus Liverpool stehen an jenem 4. November auf der Bühne des Prince of Wales Theatre in London. In der königlichen Loge sitzen Queen Mum Elisabeth und Prinzessin Margret. Das Konzert ist fast zu Ende, als Ober-Beatle John Lennon ans Mikrofon tritt und in der ihm eigenen Respektlosigkeit um Unterstützung für den letzten nun folgenden Song bittet: »Die Leute auf den billigen Plätzen – klatscht in die Hände. Der Rest von euch klimpert einfach mit den Juwelen.« Queen Mum ist trotzdem *amused* und lächelt die Anspielung weg, während das Publikum lauthals lacht.

Die Chancen, dass sich unter den königlichen Juwelen von Elisabeth welche aus Rheinland-Pfalz oder sogar aus der Pfalz befanden, standen damals gar nicht schlecht. Denn die Londoner Diamantenhändler ließen ihre Rohdiamanten gerne dort schleifen, wo Lohnarbeit relativ billig, die Fachkompetenz vorhanden und die Qualität der geschliffenen Diamanten – der Brillanten – ausgezeichnet war: zum Beispiel in Idar-Oberstein, einem Städtchen, das noch heute ein internationales Zentrum der Edelsteinindustrie ist, aber leider knapp außerhalb der Pfalz im südlichen Hunsrück liegt. Deswegen wollen wir uns mit diesen Edelfedern auch gar nicht schmücken. Aber der kleine Ort Brücken, der liegt in der Pfalz. Und auch in Brücken wurden Edelsteine aus aller Welt geschliffen, insbesondere Diamanten.

Alles fing mit Isidor Triefus an. Der eröffnete 1888 im Gehöft Neumühle, das zu Brücken gehört, die erste Diamantschleiferei auf pfälzischem Boden. Zu Triefus' Auftraggebern gehörten ebenfalls Londoner Diamantenhändler. Die Diamantschleiferei sah glänzenden Zeiten entgegen. Zu ihren Hochzeiten gab es in Brücken und den umliegenden Orten bis zu 200 Betriebe mit gut 3.500 Beschäftigten.

Es gibt sogar ein pfälzisches Patent, das das Diamantschleifen geradezu revolutionierte. Der sogenannte Pfälzer Doppen oder Amann-Doppen, weil ihn der Brückener Philipp Amann erfand. Der Doppen ist eine spezielle Halterung, mit der die Rohdiamanten viel passgenauer eingespannt und präziser geschliffen werden konnten. Der mechanische Doppen vereinfachte die Herstellung von Brillanten wesentlich und war weltweit im Einsatz – bis Kollege Computer kam, der noch präziser und effizienter arbeitete.

Sehen kann man den Pfälzer Doppen aber auch heute noch, und zwar im Diamantschleifer-Museum von Brücken. Darin sind zehn Original-Arbeitsplätze eingerichtet, aus den verschiedenen Entwicklungsstadien der Diamantschleiferei. Man kann sich durch das Museum führen und vorführen lassen, wie aus Rohdiamanten funkelnde Klunker werden. Der größte je gefundene Diamant ist der Cullinan aus der gleichnamigen Mine in Südafrika. Im Rohzustand wog er mehr als ein Pfund und wurde – weil er vermutlich auf keine Schleifapparatur passte – in neun große und 96 kleine Teile aufgespalten. Die beiden größten Fragmente – der »Große Stern von Afrika« und der »Kleinere Stern von Afrika« – sind in Brücken als originalgetreue Nachschliffe zu bestaunen: dazu weitere 33 Nachschliffe von besonders bedeutenden Brillanten.

Aber auch das Gegenteil ist zu sehen: der kleinste geschliffene Diamant der Welt, der es sogar zu einem Eintrag im *Guinness Buch der Rekorde* gebracht hat. Man braucht schon eine Lupe, um den Diamanten überhaupt sehen zu können. Aber an Lupen mangelt es weder im Museum noch in der großen Welt der Diamanten, denn die Qualität eines Diamanten hängt von seiner Lupenreinheit ab. Wenn der Experte die Augenlupe aufsetzt und den Diamanten begutachtet, dann untersucht er, ob im edelsten und härtesten aller Steine möglicherweise Einschlüsse sind, wie Luft oder (meist)

Silikate aus der Umgebung des Fundortes. Hat er keine Einschlüsse, ist der Diamant lupenrein und damit besonders wertvoll. Ob lupenreine Demokraten wie Wladimir Putin auch besonders wertvoll sind, liegt wohl ganz im Auge des Betrachters ...

20. GRUND

Weil der deutsche Kaiser ein bisschen pfälzisches Blut hätte

Wenn es ihn heute noch gäbe. Seit Wilhelm II. 1918 abgedankt hat, ist es ja vorbei mit der Monarchie in Deutschland, deshalb ist alles, was jetzt kommt, Spekulation. Der Bund Aufrechter Monarchisten, den gibt's wirklich, ist der Meinung, der deutsche Kaiser müsste laut Erbfolge aus dem Hause Hohenzollern-Brandenburg-Preußen kommen, weil Wilhelm II. ja auch Preuße war. Herzog Franz von Bayern ist da aber anderer Meinung.

Herzog Franz, Jahrgang 1933, gehört zum absoluten Hochadel, stammt aus dem Hause Wittelsbach, einem der einflussreichsten Adelsgeschlechter Europas. Dieses Geschlecht ist mit dem Herzogtum Pfalz-Zweibrücken verwandt. Die komplizierten weitverzweigten Stammbaumgeschichten lasse ich jetzt mal weg, es ist so, fertig. Können Sie in jedem Königslexikon nachlesen. Aus dem durchaus einflussreichen Herzogtum Pfalz-Zweibrücken ist das bayerische Königshaus hervorgegangen, und damit auch so berühmte Persönlichkeiten wie Sissi und der Märchenkönig Ludwig II. Und eben Herzog Franz von Bayern. Und deshalb ist der zu Besuch gekommen, als die Stadt Zweibrücken am 3. Oktober 2010 Jubiläum gefeiert hat: 600 Jahre Herzogtum Pfalz-Zweibrücken. Gut, in den Wirren der Französischen Revolution ist das Herzogtum untergegangen, aber da ist man in Zweibrücken nicht so kleinlich. Einmal Herzog, immer Herzog. Oder mehr.

Herzog Franz von Bayern saß während des großen Festumzugs auf der Ehrentribüne vor dem Zweibrücker Residenzschloss, neben zwei anderen lebenden Wittelsbachern, Prinz Luitpold von Bayern und Prinz Leopold von Bayern, auch bekannt als Poldi, der Rennfahrer. Und ich war auch da. Für die beiden Letztgenannten hatte ich leider keine Zeit, ich hatte den Auftrag, ein Interview mit Herzog Franz zu machen, weil er ja derzeit der Chef des Hauses Wittelsbach und damit prominentester Gast des dreitägigen Festes in Zweibrücken war. Vorausgegangen waren intensive Recherchen: Wie sollte ich den Herzog von Bayern korrekt ansprechen? Die Antwort hieß: Seine Königliche Hoheit. Cool, und das mitten in Deutschland, im 21. Jahrhundert. Damit lag die erste Frage an den hohen Herrn schon auf der Hand. Und ich fragte: »Königliche Hoheit, wenn die europäische Geschichte anders verlaufen wäre, dann wären Sie jetzt König von Deutschland, oder?« Und Herzog Franz antwortete vollkommen ernst: »Nein, Kaiser.« Sternstunde im Leben einer Reporterin. Schade, dass er keine Krone aufhatte. Sie hätte ihm gestanden.

KAPITEL 3

Weck un Worscht

Pfälzer Delikatessen

Weil Saumagen bedeutend besser schmeckt, als er klingt

»Kanzler-Steak« – so haben Nichtpfälzer gespottet, als der Pfälzer Bundeskanzler Helmut Kohl so viel Nationalstolz besessen hat, seinen Gästen aus der Europa- und Weltpolitik einen Pfälzer Saumagen servieren zu lassen. Staatsoberhäupter wie die britische Premierministerin Margaret Thatcher, der russische Präsident Michail Gorbatschow, der französische Staatspräsident François Mitterrand und US-Präsident Ronald Reagan dürfen sich glücklich schätzen, von dieser Pfälzer Köstlichkeit gekostet zu haben. Sie soll ihnen sogar geschmeckt haben. Natürlich hat sie das, wissen Pfälzerin und Pfälzer, schließlich ist ein Saumagen ja auch was ganz Feines.

Der Magen der Sau, also des weiblichen Hausschweins, spielt dabei eigentlich nur eine untergeordnete Rolle, den braucht man nämlich nur für außenrum, um die sorgfältig komponierte Masse aus Schweinefleisch, Wurstbrät, Kartoffeln und Gewürzen in Form zu bringen und zu kochen. Die Zubereitung eines Saumagens ist eine Kunst für sich. Zuerst mal gart man gepökeltes mageres Schweinefleisch in Wasser und schneidet es anschließend in grobe Würfel. Die Kartoffeln schneidet man in kleinere Würfel, die dann blanchiert werden. Im Herbst kann man anstatt der Kartoffeln oder auch zusätzlich Esskastanien, pfälzisch *Keschde*, entweder klein geschnitten oder am Stück, in die Füllung geben. Dazu kommen noch Speck und Gewürze, vor allem Salz, Pfeffer, Zwiebeln, Majoran, seltener auch Knoblauch, Basilikum und Thymian. Damit die Sache zusammenhält, sind noch ein paar Eier nötig. Die Zutaten und Gewürze werden zu einer Masse vermengt. Diese Masse füllt man in Schweinemägen oder in Därme mit großem Durchmesser (75–90 Millimeter) und bindet sie an beiden Enden zu, sodass zwei kleine Zipfel entstehen. Anschließend gart man den Saumagen in heißem, nicht kochendem Salzwasser. Drei Stunden lang! Und dabei muss der Koch gut aufpassen, dass das Wasser im Topf auf keinen Fall zu kochen anfängt, sonst platzt die Magenhülle nämlich und die Masse tritt aus und schwimmt im Kochtopf herum. Man könnte diese Suppe zwar noch essen, aber das will ja keiner. Um den Saumagen-GAU zu verhindern, bereitet der moderne Koch den Saumagen auch gerne mal im Backofen zu. Das gelingt meistens und schmeckt genauso gut.

Wenn der Magen samt Inhalt dann endlich gar ist, nimmt man ihn aus dem Topf und legt ihn erst mal schön hin, damit ihn jeder gebührend bewundern kann. Dieser wichtige Moment entgeht natürlich dem Einzelgenießer, der sich die Portion Saumagen in einer Gastwirtschaft bestellt, schmälert den Genuss aber kaum. Ist der Saumagen fertig bewundert, schneidet der Koch ihn in Scheiben und brät diese einzeln in einer Pfanne mit heißer Butter an, bis sie kross und braun sind und eine unnachahmlich leckere Kruste bekommen. Zwei Scheiben davon (wer noch kann, kriegt später gern mehr), dazu Sauerkraut und entweder Kartoffelbrei (natürlich hausgemacht und handgestampft, Tütenpüree ist für einen echten Pfälzer nur eine Notlösung, wenn's gar nicht anders geht) oder Bauernbrot, und dann, guten Hunger.

Woher der Saumagen kommt bzw. wer zuerst auf die Idee kam, einen zu kochen, zu braten, zu essen, ist nicht ganz klar. Angeblich haben ihn Bauern im 18. Jahrhundert erfunden, um so ihre Schlachtreste zu verwerten. Ein Armeleuteessen also. Andere Pfälzer behaupten, die Herstellung eines Saumagens sei schon seit jeher der Höhepunkt eines Schlachtfestes gewesen, weil ja in den Saumagen nur die allerbesten Zutaten hineinkommen. Auf jeden Fall muss es ihn schon eine ganze Zeit lang geben, denn die Sprachforscher, die das Pfälzische Wörterbuch zusammengetragen haben, sind auf den Begriff *Saumagenhaube* gestoßen. Sie haben herausgefunden, dass das der Name einer Kopfbedeckung für Frauen im 18. Jahrhundert war, die so hieß, weil diese weiße Leinenhaube aussah wie ein Saumagen. Wer so etwas freiwillig auf den Kopf gesetzt hat, ist mir allerdings schleierhaft, muss ein bisschen albern ausgesehen haben, mit den zwei abgebundenen Zipfeln.

Nichtsdestotrotz ist der Saumagen seit Langem in der Pfalz populär. Seit 2002 wird in der südpfälzischen Stadt Landau sogar der »Internationale Pfälzer Saumagen«-Wettbewerb ausgetragen, bei dem der beste Saumagen des Jahres gekürt wird. Ungefähr 150 Teilnehmer reichen ihre Kreationen ein, darunter auch kulinarische Experimente, die für manche Pfälzer Zunge gewöhnungsbedürftig sind, z. B. mit Wild- oder Fischfüllung. Aber die Jury probiert alle und lässt sie sich schmecken. Und wer diesen Wettbewerb gewinnt, dem ist der Ruhm sicher.

Genauso wie demjenigen, dem die Schifferstadter Karneval- und Tanzsport-Gesellschaft »Schlotte« den Pfälzer Saumagen-Orden verleiht. Sie ehrt damit Persönlichkeiten aus Politik, Wirtschaft, Kultur oder Sport, die sich um die historische Kurpfalz beiderseits des Oberrheins verdient gemacht haben. Und diese Auszeichnung ist dann auch eine Herausforderung für Schmuckdesigner, der Saumagen-Orden wird nämlich aus einem 740-Gramm-schweren Stück Rosenquarz geschliffen, und zwar ausnahmsweise in der nichtpfälzischen Stadt Idar-Oberstein an der Nahe, aber das ist eben die nächstgelegene berühmte Schmuckstadt. Der Rosenquarz bekommt die Form eines Saumagens und darf vom Ausgezeichneten an einer Silberkette um den Hals getragen werden. Das sieht immerhin nicht ganz so doof aus wie die Saumagenhaube auf dem Kopf. Die Verleihung wird natürlich mit einem Saumagenessen gefeiert. Und der erste Saumagen-Orden-Preisträger aller Zeiten war – wie könnte es anders sein – Helmut Kohl, der Dicke, der den Saumagen weltberühmt gemacht hat. Und damit wären wir wieder am Anfang des Kapitels.

Weil bei uns der Schiefe Sack gerade so gut schmeckt

Dieser Grund ist ein wahrhaft delikater. Kredenzt wird der Schiefe Sack insbesondere bei den in der Pfalz allseits beliebten Schlachtfesten. Serviert wird der Schiefe Sack in der Regel mit Sauerkraut und Brot oder auch *Schdambes* (Kartoffelbrei). Entscheidend für die Namensgebung ist aber der Umstand, dass der Schiefe Sack nicht wie die Pälzer Dreifaltigkeit aus drei Fleischzutaten besteht, sondern nur aus zweien. Dem Schiefen Sack fehlt die Scheibe Saumagen. Genießer des Schiefen Sacks begnügen sich mit einem Leberknödel (*em Lewwerknedel*) und einer Bratwurst. Die allerdings muss unbedingt grober Natur sein, denn mit feinen Bratwürsten in der pfälzischen Küche verhält es sich in etwa so wie mit Pinguinen am Nordpol: Sie gehören dort nicht hin. Eine grobe Pfälzer Bratwurst ist herzhafter gewürzt als eine feine. Man soll und darf die Bestandteile der Wurst durchaus noch erkennen können. Außerdem hat nur eine grobe Pfälzer Bratwurst den entsprechenden Biss.

Zum Schiefen Sack gehört unbedingt eine braune Soße gereicht (entweder direkt über alles drüber gegossen oder in einer extra Terrine). Ohne braune Soße wäre der Schiefe Sack *forzdrogge* und man bekäme ihn trotz Wein- oder Bierschoppens nicht so gut runter.

Der Schiefe Sack hat seinen Namen völlig zu Recht. Entsprechend drapiert, erinnert er an die Lendenregion des Mannes. Da ist zum einen die Bratwurst, die gerade oder leicht gebogen sein kann, niemals aber geringelt, sonst würde das Gericht »Schiefe Sau« heißen oder so ähnlich. Am unteren Ende dieser (nicht zu kleinen) Bratwurst liegt direkt daneben ein (nicht zu großer) *Lewwerknedel*. Dabei ist es völlig belanglos, ob der *Lewwerknedel* links oder rechts von der Bratwurst liegt. Die optische Analogie zur erogenen Zone des Mannes ist in jedem der beiden Fälle hinreichend. Den eigentlichen Sack muss man sich dazudenken. Ebenso wie den zweiten Knödel; da derselbige nicht da ist, müsste der nicht vorhandene Sack – den Gesetzen der Schwerkraft folgend – schief hängen. Quod erat demonstrandum.

Gaaanz wichtig dabei: *Schdambes* und Sauerkraut dürfen Wurst und Knödel nicht trennen, sondern müssen irgendwo sonst auf dem Teller ihres Verzehrs harren. Kleiner Tipp: Wer vor dem Verzehr eines Schiefen Sacks bemerken sollte, dass sich der *Lewwerknedel* zwar seitlich, aber am oberen Ende der Wurst befindet, der darf – ohne vorher den Wirt darüber in Kenntnis setzen zu müssen – selbstständig den Teller um 180 Grad drehen.

Guten Appetit!

Weil das Bœuf Stroganoff à la Luigi unerreicht ist

Der Autor dieser Zeilen stirbt für Bœuf Stroganoff, sofern es schmeckt wie bei Luigi. Luigi war nicht der Name des Wirtes, sondern eines italienischen Restaurants in Pirmasens, geführt von den Gebrüdern Tavernar und gleich neben dem Kinozentrum Walhalla gelegen. Nach einem Kinobesuch gab es für mich kaum etwas Schöneres, als bei Luigi ein Bœuf Stroganoff zu goutieren. Nun ist das Walhalla eine Pirmasenser Institution (»My Baby, Baby, Balla Balla, morgen um acht Uhr im Wallhalla«, lautet eine liebevolle Verballhornung des »Rainbow«-Gassenhauers aus den 60er Jahren). Luigi ist ebenfalls eine Institution, aber leider gewesen, denn nach rund einem halben Jahrhundert haben die Gebrüder Tavernar das Kochen an den Nagel gehängt und das Restaurant 2015 geschlossen. Seitdem beherrscht die Fangemeinde des Kult-Italieners tiefe Trauer, kulinarische Konsterniertheit und dauerhaftes Darben.

Eine Freundin hatte mir Mitte der 1980er Jahre den Tipp gesteckt, *beim Lu-itschi* mal das Bœuf Stroganoff auszuprobieren. Dafür bin ich Moni noch heute dankbar (und sie weiß es auch). Zunächst war ich gegenüber der angekündigten geschmackssensorischen Sensation etwas skeptisch. Ein russisches Gericht? Das ich mir nie aus eigenen Stücken auf der Speisekarte ausgesucht hätte – nicht wegen des Preises, der noch zivil ist, sondern wegen des grundsätzlichen Problems, »dass der Bauer nicht frisst, was er nicht kennt«.

Aber nicht nur jedem Anfang wohnt ein Zauber inne, sondern auch jedem Bauer ein Entdecker. Und so habe ich mich an das Bœuf Stroganoff gewagt. Und was soll ich sagen? Es erging mir wie Ego, jenem selbstherrlichen Restaurantkritiker in dem Animationsfilm *Ratatouille*. Ego bekommt von der kochenden Wanderratte Rémy eine – wie der Pfälzer sagen würde – hundsgewöhnliche Ratatouille serviert und erlebt den siebten Gourmet-Himmel.

So im Groben weiß ich ja inzwischen, was zu einem guten Bœuf Stroganoff gehört: In Streifen geschnittenes Rinderfilet, Zwiebeln, dazu eine etwas säuerliche Soße, in der Senf, Gurken und Sauerrahm die Hauptrolle spielen, dazu Pilze oder auch nicht, Rote Beete oder auch nicht und einiges anderes (oder auch nicht). Denn es gibt mittlerweile zahllose Variationen des Gerichtes, dessen Bekanntheit und Verbreitung im damaligen West-Deutschland nicht zuletzt dem Bestseller-Autor Johannes Mario Simmel zu verdanken ist. Er beschreibt in seinem 1960 erschienenen Roman *Es muss nicht immer Kaviar sein* die Zubereitung eines Bœuf Stroganoff. Damit schlug das russische Edelgericht immerhin eine kulinarische Bresche in die deutsche Jägerschnitzel- und Kasseler-Front, und das völlig zurecht.

Der Name stammt – wie unschwer zu erraten ist – von der russischen Adelsfamilie Stroganow. Eine Anekdote erzählt, dass Großfürst Stroganow eine schöne Frau hatte, sie aber leider allzu oft alleine ließ, was sein Nebenbuhler Schmutschkinoff für ein Techtelmechtel ausnutzte. Allerdings ertappte der Großfürst die beiden inflagranti. Was Stroganoff mit seiner Frau daraufhin machte, wird in dem entsprechenden Couplet (einem humoristischen Lied in Reimform) von Friedrich Holländer leider nicht erzählt. Wohl aber, was er mit seinem Nebenbuhler tat. Seinen Freunden im Wirtshaus zeigte der Großfürst mit einem großen Messer und einem Lendenstück, was er mit Schmutschkinoff machte – streifenweise. Weil das Lendenstück danach für den Koch wertlos war, durfte der Küchenbub ran, und der mischte das Fleisch mit saurer Sahne, Zwiebeln, Paprika und Pfifferlinge, eben mit allem, was gerade so da war. Der Rest ist Gourmet-Geschichte.

Auch bei Luigi wurde das Bœuf Stroganoff – so wie in der Anekdote – direkt am Tisch zubereitet. Das Fleisch wurde flambiert, und die kleine Stichflamme konnte bei nichtsahnenden Gästen an den Nebentischen eine Art Fluchtreflex auslösen. Allein schon deswegen lohnte sich die Bestellung.

Bei der Zubereitung ergossen sich aus mehreren Behältern mehrere Substanzen in den von einer Gasflamme erhitzten Kupfertopf und vereinigten sich zu einer superben Soße. Ich hätte darin baden können. Sie war so, wie die Soße eines Bœuf Stroganoff sein soll: säuerlich und saugut. Dazu wurden Nudeln serviert, ich mochte dagegen lieber Pommes dazu. Nichts geht über gabel-zerdrückte Pommes in superber, sauguter Soße.

Obwohl es mich brennend interessierte, hab ich nie nach dem Rezept gefragt. Ich weiß auch nicht, ob ich es bekommen hätte. Aber jetzt ist es ohnehin zu spät. Egal, wo ich hinkomme und auf der Speisekarte ein Bœuf Stroganoff entdecke, probiere ich es aus, gefolgt von der immer gleichen Enttäuschung, denn kein anderes Bœuf Stroganoff hat je an das der Gebrüder Tavernar herangereicht. Nicht mal annähernd. Leider haben die Gebrüder Tavernar das Rezept mit in den Ruhestand genommen. Was bleibt ist die Erinnerung an ein saugutes russisches Essen bei einem Italiener in Pirmasens.

Weil Handkäs zwar genauso schlimm riecht, aber bedeutend besser schmeckt als Käsfuß

Der Pfälzer und die Pfälzerin mögen's gern stinkig. Halt, halt, nicht falsch verstehen, die Menschen selbst sind natürlich blitzsauber gebadet, geduscht und ordentlich gekämmt, aber wenn's ums Essen geht, genauer gesagt um den Käsegenuss, dann stinkt nicht nur der Käse, sondern – und das ist jetzt die Ausnahme zum ansonsten so wohlduftenden Pfälzer Wesen – auch der ganze Kerl. Bzw. die Pälzerin. Und das kommt so: Ein absolutes Pfälzer Leibgericht nicht nur von mir ist der *Handkäs mit Mussik*.

Fangen wir mal mit dem *Handkäs* an, die *Mussik* kommt später. Laut Lexikon handelt es sich dabei um einen Sauermilchkäse, der aus Sauermilchquark hergestellt wird, indem man den mit einem Quirl zerkleinert und der ganzen Geschichte Natron und Salz zusetzt. Diese Zutaten klingen schon mal sehr gesund, sind sie auch, ein *Handkäs* hat weniger als ein Prozent Fett, sein Eiweißanteil liegt bei 25 Prozent.

Aber wir sind noch nicht fertig, jetzt muss erst mal ein *Handkäs* aus der Masse werden, und dafür braucht man die Hände (wer hätte das gedacht?). Früher zumindest griff die Milchbäuerin oder der Bauer beherzt in den Käsetrog, nahm eine gute Handvoll *Käs* heraus und formte daraus ein kleines rundes und ein ganz klein bisschen platt gedrücktes Laibchen. Heute macht das die Formmaschine. Aber der anschließende Vorgang ist immer noch der gleiche und wichtig. Das Laibchen kommt dann zwei Tage in die Schwitzkammer zum Reifen, bei 25 bis 28 Grad Celsius und 80 Prozent Luftfeuchtigkeit. Wenn das Laibchen gelb geworden ist, wird es noch mit Salzlauge besprüht, fertig. Zumindest um in den Handel zu kommen. Aber das eigentlich *Handkäs*-Typische, das, was ihn so lecker macht, kommt erst, nachdem irgendeiner einen *Hand-*

käs gekauft hat. Jetzt macht der nämlich die *Mussik* dazu. Hochdeutsch ein s weniger, klar. *Mussik* beim *Handkäs*, damit ist die Soße gemeint, eine Marinade aus klein geschnittenen Zwiebeln, Essig, Öl, Wein, Pfeffer, Salz und Kümmel. Jede *Handkäs*-Freundin, jeder *Handkäs*-Liebhaber hat da sein eigenes Rezept. Und in diese wunderbar sauer-scharf duftende Tunke wird das *Handkäs*-Laibchen dann eingelegt, am besten für ein paar Tage. So lange, bis es durch ist. Und »durch« meint: Wenn der *Handkäs* dann auf dem Teller liegt, beträufelt von *Mussik* und so fein gelb glänzt, weil das Öl in der *Mussik* ihn so leuchten lässt, ein paar Zwiebelchen sind noch in den Ritzen seiner Oberfläche hängen geblieben, die anderen liegen malerisch um das Laibchen herum – ein wahrer Heiligenschein – dann muss der *Handkäs* in Zeitlupentempo die Form verlieren, langsam davonlaufen, man sieht ihm schon an, wie unendlich zart sein innerstes Käseherz ist, das gerade noch so von der leicht bissfesten Haut (Rinde wäre ein zu derbes Wort für diese samtig-transparente Hülle) gehalten wird. Das ist mit »durch« gemeint. Oder *dorsch*, wie der Pfälzer sagt. Dazu ein Stück Bauernbrot mit Butter, und Pfälzerin, Pfälzer und wer sich sonst noch diesen Genuss gönnt, sind im Pfälzer Paradies.

Zumindest so lange, bis der Magen anfängt, den herzhaften Schmaus zu verdauen, und ihn auf die Reise durch den Körper schickt. Also in Richtung Ausgang sozusagen … Da ereignet sich dann ein Geräuschespektakel, das zahlreiche Interpreten als die wahre »*Mussik*« bezeichnen. Es liegt nicht am *Käs*. Sie ahnen vielleicht, was passiert, wenn man so viele rohe und in Essig und Öl eingelegte Zwiebeln verzehrt. Es kommt zu Tönen, um es mal vorsichtig zu formulieren. Und außerdem, nun ja, ein Pfälzer Luftkurort ist die Gegend, wo sich der *Handkäs*-Esser aufhält, dann nicht mehr … Aber das hält das feierlustige Pfälzer Volk nicht davon ab, den *Handkäs* mit *Mussik* in großem Stil gemeinsam zu genießen. Am schönsten geht das jedes Jahr am 1. Mai in Lustadt in der Vorderpfalz, beim traditionellen *Loschter Handkeesfeschd*, das immerhin schon 75 Jahre auf dem Buckel hat. Es gibt übrigens noch eine andere Theorie, was die »Musik« bei *Handkäs mit Mussik* angeht: Angeblich sind früher Essig und Öl separat gebracht worden, und diese Flaschen hätten dann beim Servieren aneinandergeschlagen und so die »Musik« gemacht. Aber diese These klingt für Pfälzer Ohren ziemlich langweilig. Da ist er lieber kreativ, isst seinen *Handkäs*, trinkt selbstverständlich Wein dazu – die Zwiebeln machen ganz schön Durst –, und am Ende ist er dann durchaus so beseelt, dass er zu singen anfängt. Und dann hat er ja echte Musik. Und wenn er musikalisch ganz begabt ist, kann er sich sogar mit selbst erzeugten Tönen dazu begleiten.

Weil Kästen bei uns keine Kisten, sondern eine Delikatesse sind

Pfälzisch ausgesprochen, heißen sie auch nicht »Kästen«, sondern *Käschde* oder *Keschde*. Obwohl es auch die Variante »Kästen« tatsächlich gibt, und zwar im Namen Kästenburg. So hieß das Hambacher Schloss früher mal, wahrscheinlich, weil dort auf dem Schlossberg so viele Kastanienbäume wuchsen. *Keschde* sind nämlich Esskastanien. Und daraus kann man ein paar der allerfeinsten Köstlichkeiten zubereiten, die in der Pfälzer Küche zu finden sind. *Keschdekuche, Keschdetort, Keschdebrot, Keschdegemies* (also Kastaniengemüse), *Keschdesaumaache, Keschdelikör, Keschdegeischt, Keschdepraline, Keschdeworscht* oder auch einfach *gereeschde Keschde*, also geröstete Kastanien, mmmmhhh…

Bei dieser Vielfalt ist natürlich völlig klar: Das muss gefeiert werden! Ein Weinfest würde passen (passt ja immer), und die Kastanien werden sogar im Herbst zur Weinzeit reif. Aber ausnahmsweise feiern die Pfälzer diese edle Frucht mal ganz solitär. Mit einem Kastanienmarkt. Nein, natürlich nicht nur mit einem.

Einen Kastanienmarkt, ein Kastanienfest, Kastanientage oder gleich eine ganze Kastanienwoche gibt es in vielen Pfälzer Orten. Am üppigsten gefeiert wird aber auf dem *Keschdemarkt* in *Hääschde*. Also in Hauenstein in der Südwestpfalz, hochdeutsch gesprochen.

Hauenstein ist umgeben von Kastanienwäldern, darum dürfen die *Hääschdner* ruhig stolz auf ihre *Keschde* sein. Sind sie auch. Und lassen sich immer wieder etwas Neues einfallen, um die Edelkastanie noch mehr zu veredeln, als sie eh schon ist. Da brauen sie unter anderem Kastanienbier, die Restaurants bieten Kastanienrollbraten an, Rumpsteak unter der Kastanienkruste, Kastanienparfait mit Orangensoße, Kastanienmousse … Stopp. Genug vom Essen geschwärmt jetzt. Bücher mit Kastanienrezepten gibt es reihenweise. Kaufen Sie sich eins, oder, noch besser, kommen Sie mal im Herbst nach Hauenstein, nach Annweiler oder in die Südpfalz und schlemmen Sie dort ausgiebig.

Das Auswärtsessen hat, wenn es um Kastanien geht, einen entscheidenden Vorteil: Sie müssen die Kastanien nicht selber schälen. Das ist nämlich wirklich eine Sauarbeit, man kann es nicht anders nennen. Das Sammeln der Kastanien kann einen ja schon ganz schön piesacken, wenn man versucht, die nussgroßen Früchte, die übrigens zur Familie der Buchen gehören, aus den stacheligen Schalen zu pulen. Wenn Sie das mit den Fingern probieren, machen Sie das nur ein Mal. Und ab dann treten Sie lieber mit der harten Schuhsohle drauf, wenn Ihnen die Haut Ihrer Fingerkuppen lieb ist. Zum Glück fallen die meisten Kastanien von selber aus der Schale und liegen dann schön einladend im Wald rum. Dann macht das Sammeln auch einen Riesenspaß, vor allem, wenn die goldene Herbstsonne durch die Bäume fällt und die glatten kastanienbraunen Kastanien (ach, daher …) so wunderbar zum Glänzen bringt. So weit, so schön. Aber dann.

Dann sind Sie zu Hause und freuen sich darauf, all die schönen Sachen (siehe oben) aus den Kastanien zu kochen, zu backen, zu braten (siehe auch oben). Doch vor dem Genuss kommt die Qual.

Es tut mir leid, Ihnen das so unumwunden sagen zu müssen, aber es gibt keine andere Antwort. Es ist nämlich leider so: Die *Keschde* müssen geschält werden, damit man sie genießen kann. Also kocht man sie in Salzwasser. Oder man röstet sie im heißen Ofen. Dann holt man sie raus, entfernt die harte braune Schale, was am besten geht, wenn sie noch knallheiß sind. Da verbrennen Sie sich also schon mal ordentlich die Finger. Und Sie müssen sich beeilen, denn jetzt kommt das Schlimmste: Sie müssen die dünne, flaumige Zwischenhaut abkratzen, die das herrliche, bissfest-nussige weiße Fleisch der *Keschde* umhüllt. Dieser Hauch von einer Haut schmeckt leider so bitter, dass Sie es bereuen würden, ihn dranzulassen. Sie kriegen dieses Häutchen aber nur ab, solange die Kastanien noch heiß sind, Sie verbrennen sich also zum zweiten Mal die Finger.

Wenn mal einer käme, und käme er auch von außerhalb der Pfalz, und würde eine Methode entwickeln, mit der man schnell, sauber und ohne großen Verlust an das *Keschde*-Innere kommt, wir würden ihn sofort, mit der Unterstützung und unter dem Jubel Tausender andere Pfälzer zum Ehrenpfälzer ernennen, Ehrenwort!

Aber das ist leider bisher noch keinem gelungen. Also leben wir weiter gefährlich in der Nähe des Kastaniengenusses: Wir stehen in der Gefahr, uns die Finger zu zerstechen und zu verbrennen, wir verlieren die Nerven, weil die blöde Schale nicht abgeht oder uns das Innere unter den Fingern zerbröselt, wenn man die Schale zu hart anpackt, wir laufen sogar Gefahr, abhängig zu werden, denn wenn Sie einmal *Keschdekuche* gegessen haben, sind Sie süchtig, da bin ich mir sicher. Und es gibt noch eine Gefahr, die lange unterschätzt wurde, jetzt aber massiv die herbstlichen Pfalzbesucher bedroht: Kastanien fallen von den Bäumen. Und sie haben Stacheln. Manche Kastanienbäume stehen auf Plätzen, wo sich im Herbst viel Volk versammelt, wie zum Beispiel auf dem Bahnhofsvorplatz in Neustadt an der Weinstraße, wo jedes Jahr das Deutsche Weinlesefest gefeiert wird. Es könnte also passieren, dass so eine stachelige Kugel einem unschuldigen Besucher, der unter der ausladenden

Krone eines *Keschdebaums* seinen Schoppen trinkt, auf den Kopf fällt. Verhindern kann das die Stadtverwaltung nicht, aber sie hängt jetzt fürsorglich immer Warnschilder auf dem Festplatz auf. *Vorsicht Kastanienschlag* steht da. Ja, es ist bestimmt kein schöner Tod, von einer Kastanie erschlagen zu werden. Aber immerhin bleibt demjenigen dann das mörderische Schälen erspart ...

Weil Pers(c)hing bei uns ganz friedlich sind

Die Pfälzer sind friedliche Menschen. Zumindest heutzutage. Der Pfälzische Erbfolgekrieg ist lange vorbei, der war schon im 17. Jahrhundert. Und wenn heute ein Pfälzer einen *Persching* in den Mund nimmt, dann genießt er damit nicht etwa eine Rakete vom Typ »Pershing«, wie der gemeine Nichtpfälzer vielleicht im ersten Moment assoziiert. Oh nein, weit gefehlt, ein *Persching* ist ein Pfirsich. Aber wie nüchtern, matt und aromalos klingt dieses magere hochdeutsche Wort gegen das saftige, rosige, vollmundige *Persching*, da läuft einem doch schon das Wasser im Mund zusammen, wenn man das Wort nur hört.

Der Pfälzer ist auch immer ein Lautmaler, das hört man auch bei anderem Obst: *Druuschele* zum Beispiel. Klingt ein bisschen unscheinbar, verhuscht, nicht sehr groß, blass, wenig Aroma. Und diese Beschreibung trifft doch genau zu: auf Stachelbeeren. Für diese Früchte, wie auch für alle anderen Beeren, braucht der Pfälzer dringend neue Namen, denn wenn er *Beere* sagt, meint er Birnen. Die wiederum sind etwas ganz anderes als *Ebbel*, also Äpfel, da könnte auch der Hochdeutsche vielleicht noch drauf kommen. *Kanztrauwe* haben mit Trauben nur insofern zu tun, als die Anordnung der Beeren an eine Traube erinnert, es handelt sich hierbei nämlich um Johannisbeeren. Aber was in aller Welt sind *Ärrbäärlisch*? Sie sind klein, rot, süß, lecker: Erdbeeren. Aber mit Erd-Beeren, so einem derb-braunen Wort, das an krustige Scholle erinnert, dass einem der Sand schon beim Drandenken zwischen den Zähnen knirscht, will der Pfälzer Genießer sich nicht den Geschmack verderben. *Ärrbäärlisch* hingegen, da klingt doch der Sahneklecks obendrauf schon beim Aussprechen mit. Und mit Sahne schmecken sie auch wirklich besonders fein, am besten mit etwas Vanillezucker bzw. *Fanillzucker*, wie der Pfälzer sagt, da steckt doch das »fein« schon im Anlaut mit drin.

Aber nicht nur das Obst klingt aus einem Pfälzer Mund leckerer als woanders, beim Gemüse ist es nicht anders. Was heißt hier Gemüse. *Gemies* sagt der Pfälzer und spricht damit allen Kindern aus der Seele, die den vegetarisch-pflanzlichen Anteil auf ihrem Teller häufig mies finden und sich standhaft weigern, Spinat, Salat oder ähnlich Gesundes zu sich zu nehmen. Natürlich gibt es Ausnahmen, Kartoffeln zum Beispiel. Wohl jedes Kind mag sie in Form von Pommes frites, und dagegen hat auch kein Pfälzer etwas einzuwenden, schließlich sind die Franzosen unsere nächsten Nachbarn, und von daher ist jeder Pfälzer quasi bereits genetisch bedingt frankophil.

Aber noch lieber als *Pommfritt* (pfälzische Betonung auf der ersten Silbe und am liebsten mit weichem Konsonanten am Anfang, also *Bommfritt*) ist dem Pfälzer die deutsche Variante: *Broodgrumbeere*. Gemeint sind Bratkartoffeln. Aber wie viel mehr Gemütlichkeit, heimelige Küchenatmosphäre und warmes Herdfeuer strahlt das wunderbar lang gedehnte Wort *Broodgrumbeere* aus. Getoppt wird dieses herrliche Gericht nur noch mittels eines kleinen Gewürzzusatzes, der das Ganze zu göttlichen *Mayraangrumbeere* macht, also Kartoffeln, die zusammen mit frischem Majoran in der Pfanne gebraten werden, dass der Duft allein schon reicht, um die Seele zu erheben. Die *Grumbeer* an sich heißt übrigens so, weil sie krumm ist, aussieht wie eine krumme Birne also. Passt doch.

So, was gibt's denn nun als Gemüsebeilage dazu? Die ertragreichen Felder der Vorderpfalz rühmen sich, feinste *Kolleraawe* hervorzubringen, die der Kenner noch in *Unner-* und *Owwerkolleraawe* unterscheidet. Ob sie unten oder oben wachsen, ist völlig schnurz, solange die Kohlrabiknollen nur den zarten Schmelz besitzen, der sie sowohl gekocht als auch roh zu einer Delikatesse macht. Etwas deftiger im Geschmack kommt dagegen der *Wersching* daher, und genau so klingt er auch. Die krausen Blätter dieses Kohls schmecken am besten, wenn sie erst in Salzwasser gekocht und dann in Butter gebraten werden, und dafür ist das schlanke Wort Wirsing wirklich viel zu zart besaitet. Ähnlich geht es uns mit dem Endiviensalat. Klingt ganz schön vornehm. Da sagt der Pfälzer doch lieber deftig *Andivdsche* und beweist damit gleichzeitig, dass Pfälzisch fast schon wie Französisch klingt, gern noch zusätzlich ein bisschen vornehm-nasal ausgesprochen.

Der Vollständigkeit halber muss jetzt allerdings auch noch eine Pfälzer Köstlichkeit erwähnt werden, deren Name eigentlich dringend vom Genuss abrät: *Bettsäächersalat*. *Bettsäächer*, das ist jemand, der ins Bett »seicht«, und »seichen« ist das mittelalterliche Wort für pinkeln. Bettnässersalat also? Igitt! Ja, ich gebe zu, es klingt schrecklich, aber wenn Sie einmal (und dann, ich garantiere es, wollen Sie es immer wieder) einen wunderbar frischen, jungen, hellgrünen Löwenzahnsalat probiert haben, denn nichts anderes ist ein *Bettsäächersalat*, dann ist Ihnen der Name komplett egal. Die zarten Blätter des Löwenzahns, geerntet gleich im Frühjahr noch vor der Blüte und angemacht mit einem feinen Sößchen aus Crème fraîche und jungem Knoblauch, das ist ein Genuss, der süchtig macht.

Danach fehlt jetzt nur noch ein Gemüse, das in so einem Kapitel nicht fehlen darf, und das sind die *Gelleriewe*. Gelbe Rüben, könnte man auch sagen. Oder Karotten. Oder Möhren. Aber nur auf *Gelleriewe* reimt sich die wunderbar optimistische Pfälzer Lebensweisheit:

Un is des Läwe noch so trieb –
immer hoch die Gellerieb!

Sie werden zugeben, auf Hochdeutsch klingt das nur halb so positiv: »Und ist das Leben noch so trübe, immer hoch die gelbe Rübe!« Nein, wirklich Trost spendend ist der Spruch nur im original Pfälzer Zungenschlag. Was der Pfälzer genau mit der *Gellerieb* meint, die es hochzuhalten gilt, das steht allerdings in einem anderen Kapitel. Und in einem anderen Buch.

Weil es bei uns Nudeln ohne Nudeln gibt

Komm rin awwa schlaa die Dier net zu. (Quasi: »Leise, sonst setzt es was!«) Hinter dem Satz standen unausgesprochen drei bis sieben Ausrufezeichen, auch wenn er – aus gebotenem Grund – nicht gerufen, sondern eher vorsichtig, aber mit Nachdruck ausgesprochen wurde. Und zwar von meiner Mutter. Wenn sie diesen Satz sagte, dann stand sie in der Küche, und es war klar: Es gibt Dampfnudeln. Die sind nämlich extrem empfindlich, wenn's um Erschütterungen geht – oder um Frischluftzufuhr. Auch die Küchenfenster blieben geschlossen, damit die Dampfnudeln auch ja gelingen konnten. Daran hat sich bis heute nichts geändert. Dampfnudeln sind nichts für blutige Anfänger. Sie sind eine kochtechnische Herausforderung, ach was sag ich denn: Sie sind die Apollo-11-Mission der Hausmannsküche und der Mount Everest des pfälzischen Geschmackserlebnisses.

Dampfnudeln sind keine Nudeln, sondern Klöße aus Hefeteig, und enthalten in der Regel auch nichts anderes als Hefeteig. Gefüllt geht gar nicht. Pflaumen, Kirschen oder Haselnüsse haben in einer pfälzischen Dampfnudel nichts, aber auch rein gar nichts verloren. Sehr wohl dürfen sie zu den Dampfnudeln separat gereicht werden. Gegen Kompott zu Dampfnudeln beispielsweise ist nichts zu sagen. Dafür aber auch nicht. Ich persönlich bin eindeutig für Apfelbrei zu

Dampfnudeln. Sollten Sie mal probieren. Ist ein Geheimtipp. Der Apfelbrei sollte aber relativ süß sein.

In der Pfalz wird gerne auch eine Weinsoße dazu gegessen. Wir sind ja eine Weinregion. Manche mögen dagegen lieber Vanillesoße. Wobei ein ewiger, unerbittlicher Streit zwischen der Weinsoßen- und der Vanillesoßen-Fraktion herrscht, was denn nun einer Dampfnudel gebührt. Auf den Dauerstreit haben sich in der Pfalz inzwischen nahezu alle Dampfnudelstandbetreiber eingerichtet und bieten beides an. Ob bei Weinfesten, bei *Kerwen* (Kirmes) oder einfach mal so in der Fußgängerzone – Dampfnudelstände sind zwar nicht überall, aber überall dort, wo sie sind, finden sie regen Zulauf. Warum die Dampfnudeln »Nudeln« heißen, obwohl sie keine sind, ist unklar. Vermutlich ist es eine sprachliche Ableitung von Klößen. Diese Ableitung ist aber ebenso weit hergeholt und nicht nachvollziehbar wie Dampfnudeln mit Füllung.

Der Pfälzer liebt seine ungefüllten Dampfnudeln, aber salzig müssen sie sein. Süß ist die bayerische Variante. Der Unterschied kommt daher, dass die dunkle Kruste an der Unterseite von pfälzischen Dampfnudeln salzig ist. Das wiederum kommt vom Salzwasser (geschmacklich) und vom Fett (farblich). Auch was die Kruste angeht, gibt es innerhalb der pfälzischen Dampfnudelesserfamilie gravierende Unterschiede. Ich persönlich mag sie fast schwarz und schön dick, andere wollen sie eher *labbeduddlich* (unübersetzbar), was in dem Fall heißt, sie wollen keine oder nur den Hauch einer maximal goldgelben Kruste.

Damit Dampfnudeln gelingen, braucht man einen stabilen Topf mit dickem Boden und dickem Deckel. Gusseiserne Pfannen gehen auch. Es darf nichts wackeln oder gar undicht sein. Die Hefekugeln müssen in einem hermetisch abgeschirmten Raum zwischen Deckel und Boden im Dampf des Salzwassers garen. Eine schlagende Tür (siehe Anfang), ja, sogar laute Worte oder ein kleines bisschen Frischluft können das hauchzarte Gebilde einer gerade locker-leicht aufblühenden Dampfnudel jäh zum Einsturz bringen. Dampfnudeln sind also nichts für Brüllaffen und schlagende Verbindungen, eher was für Leisetreter und Strohsternbastler. Aber sie sind unwiderstehlich.

Seit es Dampfnudeln gibt, herrscht nicht nur ein Streit über die richtige Soße dazu, sondern auch darüber, wer das Patent auf Dampfnudeln sein Eigen nennen darf. Die Bayern behaupten: *Ja moi, mir san's gwesen.* Die Pfälzer sagen: Wer süße Dampfnudeln isst, bringt auch kleine Kinder um. Jedenfalls wollte sich das Münchner Landwirtschaftsministerium die Rechte an der Dampfnudel als original bayerische Spezialität europaweit schützen lassen. Zumindest hatten die Pfälzer diesen Verdacht und aktivierten ihren damaligen Landwirtschaftsminister Hendrik Hering, der im Dampfnudelstreit ohne zu zögern für die Pfälzer eine kulinarische Lanze brach. Wir hätten unsere salzige Variante dann nur noch als Hefeklöße und nicht mehr als Dampfnudeln unters Volk bringen können. Ein Tabubruch sondergleichen! Doch angesichts des streitlustigen Herrn Hering und der geballten pfälzischen Dampfnudel-Drohungen kapitulierten die Bayern und behaupteten, so was Ungehöriges hätten sie selbstredend nie vorgehabt. Der Dampfnudel-Frieden ist inzwischen wiederhergestellt.

Und es ist nicht das einzige Mal, dass es in Bezug auf Dampfnudeln um Krieg und Frieden ging. So blieb die kleine Gemeinde Freckenfeld im südwestlichen Zipfel der Pfalz – der Dampfnudel sei Dank – im Dreißigjährigen Krieg verschont. Schwedische Reiter standen mit ihren Rossen bereits vor den Toren des Ortes und verlangten viel Geld, andernfalls würden sie einfallen. Die Freckenfelder konnten die Schweden davon überzeugen, dass etwas Gutes zu essen als Alternative zu Mord und Plünderung auch nicht schlecht wäre. So machte sich Bäckermeister Johannes Muck mit seinen Gesellen daran, für die schwedische Schwadron Dampfnudeln zu backen. 1.286 an der Zahl. Mucks Frau und eine Magd kochten in einem Kessel die Soße dazu. Die wurde mit viel Wein abgeschmeckt, um die Schweden milde zu stimmen. Die Geburtsstunde der Weinsoße. Den Schweden scheint es gemundet zu haben, jedenfalls verschonten sie den Ort und seine Einwohner. An diese Anekdote erinnert ein großes steinernes Tor in Freckenfeld, verziert mit 1.286 Dampfnudeln – und alle salzig.

KAPITEL 4

Woi
Pfälzer Wein
(und ein bisschen Bier)

Weil es mindestens 1.111.111.111 Gründe gibt, den Pfälzer Wein zu lieben

Und Sie können gern noch mehr Einsen dranhängen, der Pfälzer Wein wäre sie alle wert. Obwohl im Grunde zwei Gründe reichen. Der eine heißt Weißwein, der andere Rotwein. Gut, für ein paar Leute will ich der Vollständigkeit halber noch einen dritten nennen, der heißt Weißherbst. Noch vor ein paar Jahrzehnten haben die Weintrinker da auch gar keine großen Ansprüche gestellt. Die Weißweinfraktion trank Riesling, die Rotweinanhänger schenkten sich Portugieser ein. Die Winzer bauten den Wein nach dem Motto an: Hauptsache viel. Es ging ihnen nicht darum, guten Wein zu machen, sondern viel Kohle damit zu verdienen. Der Plan ging gründlich daneben. Mehr Reben im Feld und mehr Wein im Keller führten nämlich nur zu schlechtem Wein, miesen Preisen, weniger Verdienst. Irgendwann haben die Winzer das begriffen und arbeiten seit den 1990er-Jahren ganz anders: Jetzt geht es nicht mehr um die Quantität, sondern um die Qualität. Und die ist beachtlich.

Die Pfälzer Weine beweisen ihre Qualität in Wettbewerben und auf Weinmessen – man spricht über sie, längst nicht nur in Deutschland. Das ist kein Getratsche, das sind Lobeshymnen. In der Pfalz werden heutzutage Weißweine angebaut, die sich absolut mit denen aus so bekannten Anbaugebieten wie Burgund in Frankreich oder Friaul in Italien messen können. Spätburgunder und Regent aus der Pfalz stehen gleichwertig neben solchen aus der Toskana oder aus Bordeaux, das will schon was heißen. Sogar der Dornfelder, der anfangs als charakterloser Massenwein belächelt wurde, hat sich im Barriquefass zu einem edlen Tropfen gemausert, der mit seinen Duftnoten und Beerenaromen an einen französischen Merlot erinnert.

Pfälzischen Merlot gibt es aber auch, und gar nicht mal so wenig. Er gehört zusammen mit dem Cabernet Sauvignon, dem Regent und dem St. Laurent zu den beliebtesten Rotweinsorten in der Pfalz. Die allerbeliebtesten sind aber noch mal andere, nämlich der Dornfelder, der auf fast 14 Prozent der gesamten Anbaufläche wächst, gefolgt vom Portugieser mit rund zehn Prozent und dem Spätburgunder mit knapp sieben Prozent. Der Portugieser hat übrigens rein gar nichts mit Portugal zu tun, während der Spätburgunder tatsächlich aus dem Burgund nach Deutschland gebracht worden sein soll.

Der wahre Star unter den Pfälzer Weinen ist jedoch ein Weißwein. »Herzensbrecher mit Zitrusaroma«, schwärmt die Pfalzweinwerbung ganz offiziell vom Riesling. Kurz zusammengefasst darf man ihn durchaus als »König der Weißweine« beschreiben. Man kann das aber auch mit mehr Worten tun, lassen Sie sich jedes einzelne davon auf der Zunge zergehen: Der Wein ist rassig, lebendig, frisch-elegant, vornehm und adlig. Typisch für ihn ist die fruchtige Säure. Der Duft des reifen Rieslings erinnert an Rosen. Er gilt als kostbarste deutsche Weißweinsorte und beschenkt die Pfalz reich: Rund ein Viertel der gesamten Anbaufläche für Weißwein ist mit Riesling-Reben bepflanzt.

Der Riesling hat übrigens nicht nur Winzer und Weintrinker beflügelt, sondern auch Orgelbauer. Es gibt an einer Orgel in der St.-Martins-Kirche in Lorch tatsächlich ein Riesling-Register. Drückt man darauf, dann öffnet sich unter Vogelgezwitscher eine Klappe und es erscheinen zwei Gläser und eine Flasche Riesling. Leider liegt Lorch gar nicht in der Pfalz, sondern im Rheingau. Aber die Idee ist so brillant, die hätte auch einem Pfälzer einfallen können.

Denn Pfälzer Winzer haben Fantasie, Humor und Lust auf Neues. Daraus entstehen wunderbare Kreationen, Weinkenner nennen sie Cuvées. Banausen sagen Verschnitt dazu, das stimmt zwar auch, klingt aber irgendwie schlimm. Gemeint ist Folgendes: Der Kellermeister wählt verschiedene Rebsorten aus, die in einem gemeinsamen Fass zusammen vergoren werden. Welche zusammenpassen und wie das Ganze am Ende schmeckt, bleibt dem Talent des Kellermeisters und dem lieben Gott überlassen. Eine optimal zusammengeführte Cuvée schmeckt besser als jede Partie für sich. Die Eigenschaften der einzelnen Weine wie Fruchtausprägung, Tanningehalt, Alkohol, Restsüße usw. ergänzen einander dabei zu einem harmonischen Ganzen. Neben dem verführerischen Geschmack haben die meisten Cuveés auch noch ausgesprochen klangvolle Namen, wie zum Beispiel »Zartbitter«, »Erstes Rendezvous«, oder auch einfach »Eva«, »Julia«, »Sabine« oder einen anderen schönen Frauennamen, je nachdem, wie der Winzer seine Tochter getauft hat.

Einige kühne Jungwinzer gehen mit ihren Cuvées auch an Grenzen – nicht des guten Geschmacks, über den sind ihre Weine absolut erhaben, sondern sie gehen an die Grenzen dessen, was manch biederer Weinfreund als Weinwort verkraftet. »Unanständig« ist der Name einer Rotweincuvée aus Spätburgunder, Merlot und Cabernet Mitos. Aber das ist noch gar nichts gegen die Cuvée aus PORtugieser und DorNFELDER, die ihr Erfinder Lukas Krauss aus Lambsheim »Pornfelder« genannt hat. Oh, oh, das gab ganz schön Aufruhr in der Weinwelt. Den Erzeuger hat das kaltgelassen, und er lässt seinen Wein konsequenterweise unter anderem bei der Weinagentur mit dem heißen Namen »GeileWeine« vermarkten.

So, nachdem ich den Namen jetzt genannt habe, ist mir die Kritik von wegen Schleichwerbung eh sicher. Und ein paar Pfälzer Winzer sind möglicherweise auch sauer, weil ich ihre Spezialitäten hier jetzt nicht aufgeführt habe. Deshalb, zur Versöhnung an die Pfälzer Winzer und Winzerinnen, die ich ALLE sehr schätze, und auch als ganz ehrliche Empfehlung an Sie, liebe Leserinnen und Leser, Sie dürfen und sollen jeden Winzer, dem Sie in der Pfalz begegnen, fragen, auf was er besonders stolz ist. Er hat ganz sicher etwas Interessantes für Sie im Keller – und er wird Sie probieren lassen!

Weil bei uns die Weingläser so groß wie Blumenvasen sind

Zumindest behaupten das die *Außergewärtische*, also die Menschen, die vom Schicksal damit geschlagen sind, dass sie nicht in der Pfalz leben. Und in der Pfalz leben heißt genießen. In vollen Zügen. Und vor allem mit vollen Gläsern. Der Pfälzer Wein ist berühmt für seine Süffigkeit, seinen Schmelz, seine Blume, seine …

Das bedeutet, dieses göttliche Getränk verdient es, verehrt zu werden, und das geht nur mit einem angemessenen Gefäß. Welcher Gott gäbe sich mit einem Amphorchen ab, in das nur 0,1 Liter reinpassen? Keiner, lachen würde der ganze Olymp, und der solcherart trinkende Gott würde wegen unehrenhaften Verhaltens aus dem Götterhimmel verstoßen. Jetzt sind wir Pfälzer nicht so vermessen, den Wein aus Amphoren oder goldenen Kelchen zu trinken (obwohl wir das tun würden, wenn gerade kein anderes Gefäß zu haben ist). Aber die Menge muss auf jeden Fall größer als 0,1 Liter sein. In anderen Weinanbaugebieten gibt es die durchaus gängige Gebindegröße 0,125 Liter, also ein Achtel. Die wird in der Pfalz belächelt oder verspottet. Oder bedichtet: *Wer niemals einen Rausch gehabt, der ist kein braver Mann. Wer seinen Durst mit Achteln labt, der fang erst gar nicht an*, heißt es in einem volkstümlichen Trinklied aus dem 18. Jahrhundert.

Stattdessen böte sich das Viertel als Ausschankmenge an. Gut, das kann der Pfälzer zur Not akzeptieren, den Durst löscht so ein Schlückchen aber nicht. Bestellt ein Gast in einer Weinstube ein Viertel, kann es durchaus vorkommen, dass der Wirt sagt: »Warte, bis du Durst hast.« Und dann kriegt er das Maß, das der Pfälzer für den Durst erfunden hat: den Schoppen. Ein halber Liter. Da kann's natürlich mit dem Nachhausefahren für den Führerschein schon mal gefährlich werden. Wer seinen Lappen behalten will, der mischt sich Wasser in den Wein und zelebriert damit ein pfälzisches Kultgetränk, *de Schobbe Schorle*.

Das Schoppenglas ähnelt zugegebenermaßen einer Blumenvase, ist aber in seiner schlichten geraden Zylinderform dabei so elegant, dass kein Pfälzer auf die Idee kommen würde, da Blumen reinzustellen. Obwohl Pfälzer ja sehr erfinderisch sind. Das beweisen sie aber beim Thema Schoppen auf andere Art und Weise: So ein Schoppenglas liegt zwar ausgesprochen gut in der Hand, es kann aber Momente geben, wo man keine Hand dafür frei hat. Die Tradition will es nämlich, dass ein Schoppen am besten im Stehen schmeckt, unter freiem Himmel, und am allerbesten auf einem Weinfest. Da steht man dann und trinkt nicht nur, sondern isst auch was, z. B. eine gute Pfälzer Bratwurst (siehe dazu passend *Grund 22: Weil bei uns der Schiefe Sack gerade so gut schmeckt*). Um den Schoppen nicht aus den Augen zu verlieren, haben kluge und begabte Pfälzer Hausfrauen den Schoppenhalter erfunden – und gestrickt. Oder gehäkelt. Und sie tun es auch heute noch. Der Fantasie und Kreativität der Pfälzerinnen sind dabei keine Grenzen gesetzt. Hauptsache, es entsteht eine kleine runde Tasche, in die das Schoppenglas genau passt. Diese Tasche hat eine Schnur, an der man sich die ganze Geschichte um den Hals hängen kann. Eine moderne pfälzische Designerin aus Neustadt an der Weinstraße hat auch bereits Schoppenhalter de luxe kreiert, in Ziegenleder, Seide oder Loden.

Wem dieser Schnickschnack zu albern ist, der muss trotzdem nicht auf ästhetisches Schoppenvergnügen verzichten. Der wahre und formbewusste Schoppentrinker wählt dafür den *Dubbeschobbe*. Der ist ungleich wertvoller als das gemeine Schoppenglas, weicht formal insofern ab, als er keinen geraden Zylinder darstellt, sondern sich kegelförmig nach oben erweitert, was das Trinken noch angenehmer macht. Und weil das Auge bekanntlich mitisst, also auch mittrinkt, ist der *Dubbeschobbe* mit Punkten verziert. Man kann sie auch Tupfen nennen. Bzw. *Dubbe*, wie der Pfälzer sagt. Diese *Dubbe* sind etwa daumennagelgroß und in regelmäßigen Abständen auf dem Glas verteilt. Es gibt *Dubbeschobbe*, deren Glas und damit auch die *Dubbe* gepresst sind, aber das sind Imitationen des einzig wahren und echten *Dubbeschobbe*: Dem wurden die *Dubbe* feinsäuberlich ins Glas geschliffen, was ihn zu einem wertigen und auch nicht ganz billigen Trinkgefäß macht. Der ein oder andere *Außergewärtische* lässt sich durch diese besonders ansprechende Form des Schoppens möglicherweise mit der in seinen Augen unanständig großen inhaltlichen Menge versöhnen. Dass es allerdings auch *Außergewärtische* gibt, die in ihrem Bemühen, die Pfälzer Sprache von ihrem derben Klang zu reinigen, den *Dubbeschobbe* als »Tupfenschopfen« aussprechen, das können wir ihnen nicht verzeihen. Sie sollen aus ihm trinken. Und dann den Mund halten.

Weil bei uns der Regent regiert

Der Regent ist der King. Ein Herrscher in königlichem Rot und so würdevoll, dass jeder Pfälzer vor ihm auf die Knie sinken möchte. Sie ahnen schon, es geht hier nicht darum, ein menschliches Wesen auf den Thron zu heben, sondern einen Wein. Und der trägt den schönen und überaus passenden Namen Regent. Dabei stammt er aus einer Zeit, in der Monarchien entweder längst abgedankt haben oder, sofern es sie noch gibt, als verschroben gelten. Unserem Pfälzer Regent dagegen wird eine rosige und erfolgreiche Zukunft vorhergesagt, und beim Siegeszug durch die ganze Welt ist er schon mittendrin. Die Zahl der Untertanen, die ihm huldigen, wächst mit jedem, der ihn kennenlernt.

Die Wiege dieses Regent steht in der Südpfalz, auf dem Geilweilerhof bei Siebeldingen. In diesem schönen alten Hofgut hat das Institut für Rebenzüchtung seine Heimat gefunden. Schon 1926 haben Forscher dort die ersten Zuchtreben zu Versuchszwecken gepflanzt. Den findigen Biologen lag der Wein am Herzen, und nur für ihn wollten sie versuchen, die Reben so zu stärken, dass ihnen

Pilze, Schädlinge, das Wetter und was sonst noch die Trauben trüben könnte, weniger anhaben konnten. Aber wie das bei Forschern gern mal passiert: Beim vielen Forschen, Tüfteln und Ausprobieren ergeben sich manchmal Dinge, mit denen keiner gerechnet hat.

Es war im Jahr 1967. Damals regierte der Züchter Gerhard Alleweldt die Geschicke auf dem Geilweilerhof, und er kam auf die Idee, die Diana-Rebe, die selbst schon eine Kreuzung aus den Rebsorten Silvaner und Müller-Thurgau war, mit der alten französischen Chambourcin zu kreuzen. Was folgte, war eine Revolution ersten Ranges. Für die Züchter, für die Winzer und nicht zuletzt und zu unserem großen Glück auch für die Geschmacksnerven der Weinfreunde auf der ganzen Welt.

Alles, was Herr Alleweldt bis dahin wusste, war, dass Diana und Chambourcin recht resistent gegen Pilzbefall und Winterfröste waren. Na, bei den Eltern könnte da ein recht gesundes Kind herauskommen, schlussfolgerte er. An den Geschmack dachte er nicht, denn Geschmack lässt sich nicht züchten. Diese göttliche Eigenschaft kann man nur geschenkt kriegen. Und der Weingott Bacchus muss seinen Jünger Alleweldt sehr geliebt haben.

Selbst Franzosen, die glauben, sie hätten den Rotwein erfunden, ziehen vor dem Bouquet und Geschmack des Regent ihren Hut. Er erreicht Mostgewichte, bei denen ein Spätburgunder neidisch werden könnte. Die Erträge sind mäßig, aber entsprechend gehaltvoll fallen die Weine aus. Die Säurewerte halten sich in angenehmen Grenzen, sodass schließlich samtig-milde Rotweine im Keller heranreifen, deren Aroma an Kirschen und Johannisbeeren erinnert, und die noch dazu eine derart satte rote Farbe haben, dass sie locker neben jedem französischen Pinot Noir bestehen können. Oder den im Schatten stehen lassen.

Doch all das konnte Gerhard Alleweldt nur ahnen. Bis eine Neuzüchtung nämlich so weit ist, dass sie auf den Markt darf, das dauert. Jahrzehnte gehen da ins Land, während die Weingeheimnisse in großen Glasballons im Labor des Geilweilerhofs vor sich hin reifen, das ein bisschen an eine Hexenküche erinnert. Und die Forscher sind die Hexenmeister, die allerdings im Unterschied zu manch anderem Zauberlehrling das, was da wallt und sich in vollem Schwalle ergießt, durchaus unter Kontrolle haben, alles sachgemäß dokumentieren und im rechten Moment der Öffentlichkeit präsentieren. Gerhard Alleweldt ging gerade in Rente, als es so weit war: 1995 kam der Regent auf den Markt. Seitdem hat er sich einen Namen gemacht. Und gibt Weinkennern immer wieder Grund, ihm zuzujubeln.

Und wem das mit dem Huldigen zu albern oder gar blasphemisch vorkommt, dem empfehlen Kenner, den Regent zur Vesperplatte mit Salamiwürsten und gut gereiftem Bergkäse, zu Fleischbraten mit kräftiger Sauce, einer Lammkeule, einem Ochsenschwanzragout oder einem Wildgericht zu genießen. Danach wird er sich von ganz allein voller Dankbarkeit vor diesem königlichen Wein verbeugen.

31. GRUND

Weil es in der Pfalz fast 111 zugelassene Rebsorten gibt

Faktisch sind es nur 67, gefühlt aber mindestens 111:

WEISSWEINE

Albalonga | *Arnsburger* | Auxerrois | *Bacchus* | Bronner | CHARDONNAY | Ehrenbreitsteiner | Ehrenfelser | Elbling | Faberrebe | *Findling* | Freisamer | *Früher Malingre* | GELBER MUSKATELLER | Gewürztraminer | *Goldriesling* | Grauburgunder | Gutedel | Hibernal | **Hölder** | Huxelrebe | *Johanniter* | Juwel | Muskat-Ottonel | Nobling | Optima | Orion | Ortega | Osteiner | Perle | Phoenix | Prinzipal | *Regner* | Reichensteiner | Rieslaner | *Riesling* | SAUVIGNON | *Blanc* | Scheurebe | *Schönburger* | Septimer | Siegerrebe | Silcher | SILVANER | *Sirius* | Staufer | WEISSER BURGUNDER | Würzer

ACOLON | Blauburger | Cabernet Mitos | *Cabernet Sauvignon* | Dakapo | Deckrot | Domina | DORNFELDER | Dunkelfelder | Frühburgunder | Hegel | Helfensteiner | *Heroldrebe* | Lemberger | *Merlot* | Palas | *Portugieser* | REGENT | Rondo | Rotberger | Schwarzriesling | Spätburgunder | *St. Laurent* | Tauberschwarz | TROLLINGER | *Zweigelt*

Die dürfen Sie gern mal probieren. Aber bitte nicht alle auf einmal ….

32. GRUND

Weil wir 1(+)1(+)1 Gründe haben, unser Bier zu lieben

Wir (West-)Pfälzer trinken ja gerne mal lieber ein Bier statt Wein. Und deshalb gibt es natürlich auch 1(+)1(+)1 Gründe, das zu tun:

I. Grund: Pils
II. Grund: Export
III. Grund: Weizen

Alles andere sind *Ferz* (frei übersetzt: »überflüssiger Schnickschnack«).

33. GRUND

Weil unser Gerstensaft dem Traubensaft in nichts nachsteht

Über Winzer und ihren Wein wird viel geschrieben – auch in den *111 Gründen, die Pfalz zu lieben.* Nicht vergessen werden dürfen aber die Bierbrauer und ihr Gerstensaft. Das Kuriose an Biertrinkern ist, dass sie in der Regel das heimische Bier als durchaus trinkbar, wenn nicht sogar als das weltbeste goutieren. Dagegen wird Bier aus anderen Regionen Deutschlands gerne als *letzohrische Brieh* (frei übersetzt: Plörre) bezeichnet, was dazu führt, dass ein und dasselbe Bier in seinen Geschmacksausprägungen von »vollmundig frisch« bis »ungenießbar« eingestuft wird. Von ausländischem »Bier« ganz zu schweigen.

Davon mal abgesehen, gibt es viele Pfälzer, die Bier einfach lieber mögen als Wein. Und weil in der Pfalz jeder zu seinem Recht kommt, hier eine kleine (unvollständige) Auswahl der Pfälzer Brauereien mit ihren Spezialitäten frisch aus dem Braukessel. Auf eine geschmackliche Bewertung wird wegen oben angeführtem Dilemma vorsichtshalber verzichtet.

Die größte pfälzische Brauerei ist die Park & Bellheimer AG, seit 1995 eine Mixtur aus zwei alteingesessenen Familienbetrieben, der Pirmasenser Parkbrauerei und der Bellheimer Privatbrauerei K. Silbernagel. Der Gerstensaft der Parkbrauerei hieß zuvor Parkbräu. Darauf reimte der Pirmasenser in seinem derben Humor: *Parkbräu-Bier ist unerreicht, eins getrunken – drei geseicht* (»gepinkelt«, vornehm ausgedrückt). Legendär der »Seitze Gaade«, ein traditionelles Pirmasenser Brauereifest. Es geht auf den Gründervater Jacob Seitz zurück. Er übernahm in den 80er-Jahren des 19. Jahrhunderts aus Bayern die Idee der Biergärten für seine damals noch kleine Brauerei. In ihrem Dialekt nannten die Pirmasenser den Biergarten daher »Seitze Gaade«. Daraus entwickelte sich mit Unterbrechungen ein großes, weithin bekanntes Fest, das auch heute noch gefeiert wird, wenn auch eine Nummer kleiner. Inzwischen heißt das in Pirmasens gebraute Bier auch nicht mehr Parkbräu, sondern nur noch Park. Die Bellheimer brauen dagegen heute wie damals ihr »Lord«-Bier.

Die älteste Brauerei in der Pfalz ist nach eigenen Angaben die Privatbrauerei Gebrüder Mayer im Ludwigshafener Stadtteil

Oggersheim (1846). Sie versteht sich als Spezialitätenbrauerei, was sie spielend belegt, indem sie 14 verschiedene Biere braut. Unter anderem brachte sie 2005 aus Anlass des Schillerjahres (200. Todestag) ein naturtrübes Bier neu auf den Markt: »Mayer's Schiller«, dessen Qualität auch davon nicht getrübt wird, dass der Apostroph in Mayer's nicht minder überflüssig wie falsch ist. Aber nachdem die Apostroph-Krätze in Deutschland nicht nur Genitive (»Mona's Nagelstudio«) befallen hat, sondern auch Plurale (»Kaffee's« oder »Tee's«) sowie ganz normale Wörter, die einfach das Pech haben, auf s zu enden (»damal's«), belasse ich es an der Stelle mit einem: »Na sowa's!« Aber zurück zum Schillerbier: Auf dem Etikett wird unser Dichterfürst nach dem Genuss von Burgunder-Wein mit dem Ausspruch zitiert: »Mit mehr Vergnügen trinke ich Bier.« Ja, wenn das kein Kronzeuge ist?!

Eine kleine, feine Privatbrauerei gibt es auch in Winnweiler im Donnersbergkreis. Bischoff heißt sie (entsprechend der Besitzerfamilie) und unterscheidet sich von der kirchlichen Exzellenz durch ein Doppel-Eff. Die Adresse lautet: In den Hopfengärten (da muss ja was Ordentliches bei rauskommen). Bischoff-Bier wird insbesondere im Donnersbergkreis und der Gegend um Kaiserslautern getrunken. Eine Spezialität ist das Fritz-Walter-Bier, das nicht nur von Fußballfreunden gerne getrunken wird. Der Werbeslogan »Eine Frage der Ähre« fürs Bischoff-Weizenbier hat schon was.

Daneben gibt es in der Pfalz einige kleinere und Kleinst-Brauereien. In Hinterweidenthal im Kreis Südwestpfalz steht zum Beispiel der Sudkessel des Brauhauses Ehrstein. Er fasst gerade mal 250 Liter und ist damit rekordverdächtig. Das wenige Bier muss auch gar nicht weit gefahren werden, bis es beim Konsumenten landet. Gleich nebenan lädt die Gaststätte mit kleinem Biergarten zum Umtrunk ein. Das Geschäftsmodell ist erfolgreich und wird entsprechend oft landauf, landab praktiziert. Diese kleinen Hausbrauer tragen maßgeblich zur Vielfalt der deutschen Bierlandschaft bei. Den Gerstensaft-Freunden in der Pfalz kann's nur recht sein. Prost!

Weil es Pfälzer Wein gibt, der gleichzeitig auch als Rheinhessen-Wein vermarktet wird

Es ist eine rechtliche Kuriosität: Der Wein aus dem Zellertal hat sozusagen eine doppelte Staatsbürgerschaft. Die Menschen, die dort leben, nicht. Die sind entweder Pfälzer oder Rheinhessen. Sie wohnen in dem rund 15 Kilometer langen Tal, dessen Westteil zum pfälzischen Donnersbergkreis, das andere Ende im Osten aber zum rheinhessischen Landkreis Alzey-Worms gehört. Mittendurch fließt das Flüsschen Pfrimm in Richtung Rhein. Malerische Dörfer gibt es da, und es wächst Wein dort. Und zwar schon ganz schön lange. Der heilige Philipp von Zell, ein irischer Mönch, war um 700 nach Christus im Zellertal als Missionar unterwegs, um die Heiden dort zu bekehren. Um seine Sache ordentlich zu machen, hat er auch gleich ein Kloster dort gegründet, wo jetzt Zell liegt. Heute ein bisschen ab vom Schuss, war der Ort im frühen Mittelalter einer der angesagtesten Wallfahrtsorte im ganzen Reich. Sogar Kaiser Karl der Große und seine Frau sind nach Zell gepilgert, um dort um Kindersegen zu bitten. Zumindest bei Karl hat das auch gewirkt, der hatte mit den meisten seiner Ehe- und Nebenfrauen einen ganzen Stall voll Kinder. Vielleicht lag das ja auch am fruchtbaren Zellertal.

Der Wein gedieh dort damals schon, und der heilige Philipp fand das gut. Er pflanzte selber einen Weinberg, für den Messwein natürlich. Um dorthinzukommen, dauerte es einen Spaziergang von einer Viertelstunde. Die Mönche kamen oft. Entweder gefiel es ihnen dort so gut, oder sie waren zu faul, jedes Mal zum Gebet ins Kloster zurückzulaufen, auf jeden Fall stellten sie am Wingert ein Kreuz auf, dann konnten sie ja direkt dort beten. Das Kreuz ist mit der Zeit schwarz verwittert, und deshalb heißt die Weinlage immer noch Schwarzer Herrgott. Sie ist sogar in einer Urkunde erwähnt, und damit darf sich Zell heute »Ältester Weinbauort der Pfalz« nennen.

Zurück zum Weinrecht. Neben dem Schwarzen Herrgott gibt es noch andere Weinlagen im Zellertal, zum Beispiel die Großlage Zeller Schnepfenflug. Das Zellertal gehört zur nördlichsten Weinanbauregion der Pfalz, sie zählt offiziell aber zum Bereich Mittelhaardt / Deutsche Weinstraße. Dabei hört die Weinstraße schon in Bockenheim auf und läuft gar nicht bis zum Zellertal. Dafür fängt hier eben schon Rheinhessen an, und das ist ein eigenes Weinanbaugebiet. Eine Region vereinigt hier also zwei Weinanbaugebiete, das ist einmalig in ganz Deutschland. Klingt nach einem mittleren Durcheinander, ist es auch: Die Weinbaugemeinden im Alsenz- und im Glantal, die gleich neben dem Zellertal liegen, gehören zwar zur Nordpfalz – ihre Weine werden jedoch als Nahe-Weine unters Volk gebracht, weil sie geografisch näher an dem Tal liegen, durch das die Nahe fließt, und das gehört zu Rheinhessen. Schmecken tun sie trotzdem. Oder gerade deshalb. Diese Nahe-Weine haben eine pfälzische Seele. Das zählt.

Weil ein Pfälzer die Weinköniginnen erfunden hat

»Wer hat's erfunden?« Der Werbespruch für die Schweizer Kräuterbonbons ist legendär, und fast jeder kennt die Antwort. Fragt man aber, wer die Weinköniginnen erfunden hat, weiß das kaum jemand. Dabei war es tatsächlich ein einziger Mann, ein Pfälzer aus Wattenheim im Leiningerland, der sie erfunden hat. Das war 1931, und der Mann hieß Daniel Meininger.

Es war nicht seine einzige gute Idee. Er hat sich immer wieder Neues einfallen lassen, um Werbung für den Pfälzer Wein zu machen und ihn besonders schön und auffällig ins Licht zu rücken.

Schon 1929 hat er sich etwas Bahnbrechendes ausgedacht: Man sollte mal ein Weinlesefest feiern. Gesagt, getan. Und dann beauftragte Herr Meininger seine Kumpane, das schönste Mädchen auf dem Weinlesefest auszugucken, die sollte Weinkönigin sein. Die Jungs schauten sich um, und ihre Wahl fiel auf Ruth Bachrodt. Die kam aus Pirmasens, da wächst überhaupt kein Wein. Aber sie hat ihren Job so gut gemacht, dass die Pfälzer von da an jedes Jahr, außer in den Kriegs- und Nachkriegsjahren 1940 bis 1947, ihre Weinkönigin gewählt haben.

Daniel Meininger wohnte und wirkte in Neustadt, deshalb fand das erste Weinlesefest dort statt. Und da wird es heute noch jeden Herbst gefeiert, es ist zum Deutschen Weinlesefest geworden, dauert zwei Wochen und zieht jedes Jahr Hunderttausende von Besuchern in die beschauliche Stadt am Haardtrand. Höhepunkt des Deutschen Weinlesefestes ist der Festumzug mit rund 120 Prunkwagen, Fanfarenzügen und Kapellen, der mehrere Stunden lang unter dem Jubel der Zuschauer durch Neustadts Straßen zieht. Alles zu Ehren des Weins und zu Ehren der Deutschen Weinkönigin, die an diesem Tag zum ersten Mal nach ihrer Wahl der großen Öffentlichkeit präsentiert wird, auf einem prunkvoll geschmückten fahrenden Thron mit einem überdimensional großen Weinglas in der Hand.

Das alles hätten wir nicht, hätte es nicht Daniel Meininger gegeben. Und hätte der nicht seine Heimat und den Pfälzer Wein so geliebt. Er wollte ihn groß rausbringen, und das ist ihm gelungen. 1903 hat Daniel Meininger in Neustadt den Meininger Verlag gegründet, der von Anfang an auf Wein- und Getränkepublikationen spezialisiert war. Er gilt als einer der ältesten deutschen Fachverlage, und ihn gibt's immer noch, mittlerweile geführt von Daniel Meiningers Urenkeln. Die erste Wein-Fachzeitschrift des Verlages kam schon 1903 unter dem sprechenden Titel *Das Weinblatt* heraus. Die gibt's auch immer noch, nur heißt sie heute *Weinwirtschaft* und hat noch ein paar Schwestern bekommen, wie zum Beispiel *Der deutsche Weinbau*, das offizielle Organ des Deutschen Weinbauverbandes, und *Sommelier*, die Verbandszeitung der Sommelier-Union Deutschland.

Daniel Meininger hat so viel für den Pfälzer Wein geleistet, dass die Wein-Uni im hessischen Geisenheim ein Stipendium für besonders begabte Studenten der Önologie, also der Wissenschaft von der Kellerwirtschaft und der Weinherstellung, nach ihm benannt hat. Wer das kriegt, darf ins Ausland. Vermutlich ist der höhere Sinn dieser Übung der, dass der ausländisch fortgebildete Student, der dann häufig bei renommierten Weingütern in fernen Ländern gearbeitet hat, irgendwann wieder nach Hause kommt und feststellt, dass der heimische Wein sich mit denen in Südafrika oder Kalifornien durchaus messen kann. Kann er auch, zumindest wenn er aus der Pfalz kommt. Oder der Weinstudent im Ausland macht dort das, was auch zu den vornehmsten Aufgaben einer Pfälzer Weinkönigin gehört: den Weintrinkern im Ausland zu beweisen, dass der Wein aus der Pfalz der Beste ist. Der Pfalz und Daniel Meininger zu Ehren. Der wäre auch heute noch stolz auf seine Erfindung.

Weil die Weinkönigin den Pfälzer Wein auch heute noch adelt

Die allererste Weinkönigin, die es jemals gab, war eine Pfälzerin. Und die war so klasse bzw. ihr Amt, dass alle anderen Anbaugebiete dann später auch eine eigene Weinhoheit haben wollten. Mittlerweile hat auch jedes eine, und die alle – es sind insgesamt 13, genauso viele wie es Anbaugebiete gibt – treten im Herbst zur Wahl der Deutschen Weinkönigin an. Haben Sie gemerkt, mit welcher Hierarchie Sie es hier zu tun haben? Also: Erst mal muss ein weinfreundliches Mädchen Weinprinzessin in ihrem Ort werden. Wenn sie das ein Jahr lang oder länger war, kann sie zur Wahl der pfälzischen oder irgendeiner anderen regionalen Weinkönigin antreten. Und diese Weinköniginnen erst stehen dann zur Wahl für die deutsche Weinkrone. Bis man die auf dem Kopf hat, war man also mindestens zwei oder mehr Jahre in Sachen Wein unterwegs.

Man wird das auch nicht einfach so. Es gibt eine Prüfung, und die ist nicht ohne. Schon die Damen, die sich um die Pfälzische Weinkrone bewerben, werden an einem Tag im Herbst nach Neustadt gebeten, um sich dort erst am Vormittag von einer 70-köpfigen Jury bestehend aus allem, was im Pfälzer Wein Rang und Namen hat, also Funktionäre, Winzer und Fachjournalisten, Fragen stellen zu lassen. Die Fragen können aus allen möglichen Bereichen kommen, von der Geschichte (Warum war das Jahr 1963 so ein miserables Weinjahr?) bis zur Mikrobiologie (Welche chemischen Prozesse laufen bei der Spontangärung ab?). Die Bewerberinnen können einem wirklich leidtun. Wochenlang büffeln sie, und dann sollen sie nicht nur mit Fachwissen glänzen, sondern das Ganze auch noch souverän und mit Humor vortragen. Und damit ist der Tag längst noch nicht gelaufen, abends bei der großen Gala im Saalbau müssen sie dann im Abendkleid mehr oder minder alberne Spielchen absolvieren, um dabei ihre Schlagfertigkeit zu demonstrieren. Hut ab, Mädels, das ist jedes Jahr wieder eine reife Leistung, die ihr da hinlegt. Eine wird dann am Ende des Abends Königin, die anderen begleiten sie ein Jahr lang als Prinzessinnen.

Bei der Wahl zur Deutschen Weinkönigin ist das alles noch einen Zacken schärfer: die Fragen, die Show und die Auswahl. Deutsche Weinköniginnen gibt es nämlich pro Jahr nur eine plus zwei Prinzessinnen. Das heißt, alle anderen scheiden aus, da ist schon manche Träne auf der Showbühne gerollt. Häufiger allerdings sieht man am Ende des Wahlabends Freudentränen auf dem Gesicht der strahlenden neuen Königin, die dann erst mal mindestens eine halbe Stunde lang umarmt und geküsst wird, bis alle Gratulanten durch sind.

Das war früher anders. 1931 war ja der bereits erwähnte Daniel Meininger auf die Idee gekommen, eine Weinkönigin zu wählen.

Küsschen rechts, links war damals total verpönt, es gab einen warmen Händedruck und einen Präsentkorb, mehr nicht. Heute kriegt die Weinkönigin Schmuck, Schuhe und zumindest leihweise für ein Jahr ein schickes Auto. Die erste Weinkönigin musste auch keine Fachfragen beantworten, sie musste nur gut aussehen. Eine Frage hatten die Juroren der Kandidatin aber doch gestellt: »Was benötigt eine Weinkönigin auf alle Fälle?« Ruth Bachrodt hatte geantwortet: »Sie benötigt auf jeden Fall ein Paar gute Schuhe, damit sie im Weinberg arbeiten kann.« Kluge Antwort. Sie hat die Anwesenden beeindruckt, vor allem einen. Das war der Pirmasenser Schuhfabrikant Daniel Theysohn, den hat sie dann 1938 auch geheiratet.

Seit den Anfängen 1949 gab es unter den Deutschen Weinköniginnen zehn Pfälzerinnen. Am spektakulärsten war dabei die Wahl 2006, als Katja Schweder aus Hochstadt es schaffte, die Deutsche Weinkrone nach ihrer Vorgängerin Sylvia Benzinger aus Kirchheim direkt ein zweites Mal in die Pfalz zu holen.

Eine Pfälzische und eine Deutsche Weinkönigin sollen vor allem Werbung für den Wein machen, die eine nur für den Pfälzer, die andere auch für den Wein aus anderen Gebieten. Dabei kommen die Damen ganz schön rum. In den 1950er-Jahren musste die Deutsche Weinkönigin zum Beispiel Gruppen aus dem Ausland führen und nach Bayern, Düsseldorf und ins Sauerland reisen. Sie hatte damals schon rund 180 Termine dieser Art im Jahr. Heute sind die Hoheiten noch öfter unterwegs, aber sie dürfen auch ein bisschen weiter weg, zum Beispiel zu internationalen Weinmessen in Europa und bis in die USA und nach China.

Weinkönigin zu sein war jahrzehntelang reine Frauensache, das hat sich ein bisschen geändert. Die Männer trauen sich ganz langsam auch an das Metier heran, allerdings nicht als Weinkönig, sondern als Bacchus. Gimmeldingen hat so einen, und er hat die ehrenvolle Aufgabe, die Weinprinzessinnen ein Jahr lang bei ihren Aufgaben zu unterstützen. Pfälzer Emanzipation!

Weil das größte Weinfest der Welt in der Pfalz gefeiert wird

Es gibt ja viele schöne Weinfeste in der Pfalz. Manche sind ganz klein und dennoch ganz reizend, manche sind ein bisschen größer und ein bisschen lauter, manche sind alt, manche ganz jung. Und alle haben ihre Daseinsberechtigung und ihre Gäste. Aber ein Weinfest gibt es, das stellt sie alle in den Schatten: der Wurstmarkt in Bad Dürkheim. *Worschtmarkt* heißt der auf Pfälzisch. Und ob man ihn schön findet oder nicht, er hat auf jeden Fall seine ganz eigene Atmosphäre und er hat eine jahrhundertealte Tradition.

Fast 600 Jahre gibt es ihn schon, rund 300 Weine und Sekte werden da ausgeschenkt, allesamt aus Bad Dürkheimer Lagen, darunter sind meistens allein an die 90 Rieslinge. Jedes Jahr kommen am zweiten und dritten Wochenende im September knapp 700.000 Besucher. Schon diese nüchternen Daten machen ihn zum größten Weinfest der Welt. Aber es sind nicht allein die Fläche, das Alter und die Gästezahlen, die ihn zu einem Fest von ganz eigener Größe machen.

»Hier trifft man Freunde, die man vorher nicht kannte« – das ist das Motto des Dürkheimer Wurstmarktes. Denn trotz der riesigen Dimension und der vielen Karussells, Achter- und Geisterbahnen ist der Wurstmarkt im Herzen ein gemütliches Weinfest geblieben, bei dem Sie die pfälzische Gastfreundschaft erleben und genießen können. Hier treffen Sie Weinfreunde aus aller Welt, und wenn Sie mit denen mal eine Weile was zusammen getrunken oder vielleicht sogar in einem der Weinzelte Arm in Arm zur Musik geschunkelt haben, dann sind das auf einmal echte Freunde. Die Liebe zum Wein verbindet einfach. Umso mehr, weil bei keinem anderen Weinfest so hohe Qualitätsanforderungen an die ausgeschenkten Weine gestellt werden. Alle müssen mindestens das Deutsche Weinsiegel oder vergleichbare Auszeichnungen nachweisen.

Qualität, ach, was für ein bürokratischer Begriff. Aber der Wurstmarkt hat wirklich Qualität, da gibt's nicht nur Weine vom Feinsten, sondern auch Kultur. Wirklich! Wer bisher dem Vorurteil anhing, auf Weinfesten finde man nur Besoffene, der wird hier eines Besseren belehrt. Er muss nur mal zum Literarischen Frühschoppen auf dem Wurstmarkt kommen. Ha, so einfach ist das gar nicht. Der Frühschoppen beginnt – wie der Name schon sagt – früh, also um zehn Uhr am Vormittag des ersten Wurstmarktmontags. Geladen sind Pfälzer Schriftsteller, Mundartdichter, Musiker oder Kabarettisten, für die es eine Ehre ist, das Wurstmarktpublikum zu unterhalten. Das fühlt sich auch sehr geehrt, will die Show keinesfalls verpassen und rückt deshalb gern schon morgens um sechs an, mit warmen Decken oder Schlafsäcken – es ist ja Herbst, also gern mal morgens kühl –, um sich einen Platz vor den historischen *Schubkärchständ* zu ergattern. Die heißen so, weil die Marktbeschicker vor 600 Jahren schon ihre Stände und Waren auf einem Schubkarren hertransportierten. Und auch heute noch stehen 36 *Schubkarchständ* auf dem *Worschtmarkt*. Und genau dort treffen sich die Künstler zum literarischen Frühschoppen, und berühren und bewegen mit ihren Texten, Gedichten und Liedern die Herzen der Pfälzer bzw. – der Pälzer drückt es ein bisschen profaner aus – *sie singen un babblen.*

Und sie essen und trinken natürlich. Vor allem Wurst, so war es jedenfalls im Mittelalter, daher kommt der Name. 1947, als es kurz nach dem Krieg nur wenig Wurst gab, wurde der Wurstmarkt kurzfristig mal in Fischmarkt umbenannt. Das ist zum Glück längst Geschichte, den lassen wir heutzutage lieber den Hamburgern.

Apropos Geschichte: Ganz am Anfang war da eine Kirche auf dem Kleinen Michaelsberg bei Bad Dürkheim. Der Erzengel Michael hat im September Namenstag, und deshalb kamen im Herbst viele Pilger auf den Hügel. So viele, dass die schlauen Pfälzer Bauern und Winzer ein gutes Geschäft witterten – auch ein frommer Pilger hat ja mal Hunger und Durst – und genau dort Stände mit ihren

Waren aufbauten: Wein, Brot, Wurst. Damit es ihnen nicht zu langweilig wurde, holten sie sich noch ein paar Gaukler und Musikanten dazu – fertig war der Wurstmarkt. In einer Urkunde von 1417 steht er schon ganz offiziell drin. 80 Jahre wurde lustig gefeiert, dann griff die Kirche ein. Nein, keine Angst, sie verbot den Wurstmarkt nicht. Im Gegenteil, sie nutzte ihn zu ihren Zwecken: Pater Peter Kercher münzte den Markt in ein Kirchweihfest um. Und weil er super Verbindungen zur Kurie in Rom hatte, erwirkte er, dass jedem Pilger und Wohltäter der Michaelskapelle ein Ablass gewährt wurde. Das ist auch für eingefleischte Pfälzer atemberaubend sensationell: Man geht auf ein Weinfest und wird danach und deshalb (!) von seinen Sünden freigesprochen. Was soll man dazu noch sagen? Amen.

38. GRUND

Weil Pfälzer Weinfeste auch für Biertrinker ihren Reiz haben – und umgekehrt

Vorder- und Südpfälzer sind Weintrinker, West- und Nordpfälzer eher Biertrinker. So grob lässt sich das schon sagen. Die Demarkationslinie verläuft ziemlich exakt am Haardtrand entlang, also dort, wo der Pfälzerwald aufhört und seine grandiose Mittelgebirgslandschaft steil abfällt hin zum fast brettflachen Oberrheingraben. Wenn man diese von Süd nach Nord verlaufende imaginäre Linie weiterverfolgt, hört zwar irgendwann der Pfälzerwald auf, nicht aber die Demarkationslinie. Weiter im Norden scheidet sich die Biertrinkerlandschaft von der Weintrinkerlandschaft an der Stelle, wo das Nordpfälzer Bergland (grob gesagt der Donnersbergkreis) ins Rheinhessische übergeht. Auch in Rheinhessen soll es gute Weine geben, was der Urpfälzer aber meist als Gerücht abtut.

Was die Geselligkeit angeht, unterscheidet sich der Pfälzer Gerstensaft-Genießer nicht vom Traubensaft-Trinker. Allerdings ist für die Gerstensaft-Genießer Vorsicht geboten, sofern sie sich auf Weinfeste begeben. Die Gefährlichkeit liegt im unterschiedlichen Alkoholgehalt des gereichten Getränkes. Während Bier so um die fünf Prozent hat (Pils etwas weniger als Export), hat Wein im Schnitt um die elf Prozent. Das liegt weit über dem, was die EU vorschreibt. Brüssel hat neben dem Krümmungsgrad von Gurken auch den Alkoholgehalt (in Volumenprozent) festgelegt, den ein Wein haben muss, um als Wein gerade noch so durchzugehen. Es sind mindestens 8,5 Prozent. Die hat der Pfälzer Wein ganz sicher, egal ob weiß, rot oder rosé. Zumal sich unterhalb der 10-Prozent-Grenze die Frage stellt, ob man nicht besser gleich zu einer Limo greifen sollte.

Das Problem von Biertrinkern auf Weinfesten ist jedoch, dass sie den Wein mitunter trinken wie das Bier – was Menge und »Geschwindigkeit« angeht. Da aber Weinschoppen den doppelten Alkoholgehalt haben, wirkt sich das auch doppelt so schnell auf den Zustand des Wein trinkenden Biertrinkers aus. Ergebnis: Schon nach kurzer Zeit machen sich motorische und sensorische Ausfallerscheinungen bemerkbar, die schließlich in einen unschönen De-facto-Abbruch des Weinfestbesuches münden.

Auch die Annahme, eine Weinschorle sei weniger deliriumsfördernd, ist irrig. Auf Winzerfesten gilt die Vierfingerregel. Der Wein wird vier Finger hoch eingeschenkt, darauf kommen vier Finger (allerdings quer) an Mineralwasser. Das ergibt ein Mischungsverhältnis von 4:1, was bei angestammten Schorle-Schlürfern schon als äußerste Grenze dessen angeht, wie viel Mineralwasser maximal ins *Dubbeglas* darf. Gelegentlich wird die Sprudelflasche auch nur in einer flüchtigen Bewegung kurz über den Weinschoppen geschwenkt. Für die Winzer rechnet sich das: Den Wein haben sie selbst, das Mineralwasser müssen sie zukaufen.

Wer seine Grenzen kennt, kann auch als Biertrinker auf Weinfesten ausgelassen feiern. Die richtige Ernährung darf dabei nicht zu kurz kommen. Immer mal wieder zwischendurch was futtern, etwa einen Winzerkäse oder ein kleines Spargelgericht, dann ist die Acetaldehyd-Gefahr nahezu gebannt, landläufig auch als »Kater danach« bekannt.

Überhaupt soll Wein ja gesund sein, sofern er in Maßen und nicht in Massen zu sich genommen wird. Rotwein gilt als gut fürs Herz, während Bier viel Vitamin B und wichtige Mineralstoffe enthält. Daher sind gesundheitsbewusste Weintrinker durchaus auch auf Bierfesten anzutreffen. Darüber hinaus ist Bier im Vergleich zu Wein kalorienarm. Die Bierbäuche kommen nämlich nicht vom Bier selbst, sondern vom Hunger, den der Bierkonsum macht – wird behauptet. Ausprobieren kann's jeder selbst. Einfach den Kühlschrank auffüllen und warten, bis man vom Weinfest nach Hause kommt. Dasselbe dann eine Woche später bei einem Bierfest wiederholen. Das Maß für die Frage, ob Wein oder Bier mehr Hunger verursachen, lässt sich mit folgenden zwei Ungleichungen messen:

DIE UNBEKANNTEN

x_1 = Menge an Essbarem im Kühlschrank an Wochenende 1
(Weinfestbesuch)

x_2 = Menge an Essbarem im Kühlschrank an Wochenende 2
(Bierfestbesuch)

y = vertilgtes Essen nach Weinfestbesuch

z = vertilgtes Essen nach Bierfestbesuch

DIE VORAUSSETZUNGEN

$$x_1 = x_2;$$
(Die Essensmenge im Kühlschrank
an beiden Wochenenden ist gleich groß.)

$$y \text{ und } z < x_{1/2};$$
(Es kann nicht mehr gegessen werden,
als im Kühlschrank drin ist.)

Dann gilt:
$$(x_1 - y) - (x_2 - z) < 0$$
(mehr Hunger nach Weinfestbesuch)

Entsprechend:
$$(x_1 - y) - (x_2 - z) > 0$$
(mehr Hunger nach Bierfestbesuch)

Um die Genauigkeit des Ergebnisses zu steigern, rechnen Sie die Ungleichungen bitte erst am dritten Wochenende aus.

39. GRUND

Weil die Pfälzer ihre eigene Ordensgemeinschaft haben

Sie ahnen es schon: Pfälzer Ordensbrüder – die haben etwas mit Pfälzer Wein zu tun. Allerdings. Und es ist keine Blasphemie zu behaupten, sie beten den Wein an. Im Gegenteil, sie verehren in ihm unseren unfassbaren Schöpfer, der so etwas Herrliches wie den Wein geschaffen hat. Ein Gottesgeschenk wie es größer kaum sein könnte. Wir sind schon ein gesegnetes Volk, wir Pfälzer!

Das hat schon der Heimatdichter und Weinliebhaber Leopold Reitz so gesehen, und er stand mit dieser Ansicht nicht allein da. Schon mehr als zehn Jahre vorher – mitten im Krieg! – hatten sich 16 weinfreudige Pfälzer Männer zu den »Landsknechten der Pfalz« zusammengetan, um dem Pfälzer Wein zu huldigen. Die, der Journalistenstammtisch und Leopold Reitz gründeten anno 1954 die Weinbruderschaft der Pfalz und wählten Herrn Reitz zu ihrem Ordensmeister. Er blieb es stattliche 18 Jahre lang. Sein Nachfolger hat ihn noch getoppt, Theo Becker stand der Weinbruderschaft 30 Jahre lang vor, das ist eine ganze Generation! Die Weinbruderschaft gibt es immer noch, und sie hat mittlerweile die Ehrfurcht gebietende Mitgliederzahl von mehr als tausend.

Und die alle lieben und ehren den Pfälzer Wein. Ihr großes Verehrungsritual findet immer Anfang November, direkt nach dem Deutschen Weinlesefest, im Saalbau in Neustadt an der Weinstraße statt, dann wird die Große Pfalzweinprobe der Weinbruderschaft zelebriert. Ein großer Teil der mehr als 1.000 Weinbrüder kommt, die frisch gekürte Deutsche Weinkönigin ist anwesend und Ordensmeister Fritz Schumann hat rote Bäckchen vor Glück. Und vor Wein. Er hat an diesem Abend eine gewaltige Aufgabe zu meistern: Er leitet die Veranstaltung und kostet die Proben aktiv mit. Lassen Sie sich jetzt nicht durch die Worte »kostet« und »Proben« verwirren. Es geht um 25 Proben. Also 25. Wein-Proben. Also Weine. Wie sich das bei jeder guten Weinprobe gehört, stehen Spuckgefäße auf dem Tisch, damit die objektiv Kostenden den Wein einfach nur in den Mund nehmen können, ihn über die Zunge rollen lassen, ein bisschen schmatzen, um Luft an den Gaumen zu lassen, auf dass sich das Aroma noch intensiver entfalte, und dann den Wein – nein, nicht zu schlucken, sondern auszuspucken. Es geht ja nur um die Geschmackserfahrung. Man kann ihn aber natürlich auch trinken. Und die Weinbrüder sind trinkfest und gläubig.

Der Wein, der auf dieser Großen Weinprobe verkostet wird, ist gut, ja heilig. Fast zu schade zum Ausspucken. Also, noch mal auf der Zunge zergehen lassen, bitte: 1.000 Mann trinken jeder eine ganze Menge Wein. Selbst wenn es jedes Mal nur ein Schluck wäre (und es ist mehr als einer ...), dann wären aufgrund des intensiven Kontakts zwischen Gaumen und Alkohol die dazugehörigen Gehirne trotzdem schon benebelt, noch bevor die Nummer 25 auf der Probenliste erreicht ist. Stört aber keinen, alle erhöhen ihren Pegel ja gleichzeitig, da fällt niemandem auf, dass die Zungen schwerer und die Gedanken leichter werden. Am Ende mündet das fröhliche Lallen in ein Lied, das der Pfälzer Weinbruder auch noch gerade singt, wenn er schon längst nicht mehr gerade stehen kann, das

Pfälzerlied. (Dessen Text sie in *Grund 7: Weil es nur bei uns eine Pfälzer Hymne gibt* nachlesen können.)

Um Sie jetzt nicht auf falsche Gedanken zu bringen: Die Weinbruderschaft der Pfalz ist eine höchst ehrwürdige und seriöse Gemeinschaft von Weinliebhabern und -kennern. Ein bisschen retro ist der Umstand, dass es nur Weinbrüder gibt, aber keine Schwestern zugelassen werden, außer auf manchen Veranstaltungen als Gäste und außer man ist Weinkönigin, natürlich.

Die Weinbruderschaft pflegt den Wein als wertvolles Kulturgut. In Ihrer Satzung stehen die Ziele: »Erhaltung, Förderung und Mehrung der Weinkultur, Fürsprache für den ehrlichen Wein, Weinkritik (›Das Weingewissen der Pfalz‹). Unterstützung der Gründung weiterer Weinbruderschaften mit den gleichen ideellen Zielsetzungen.« Um die Seriosität und Ehrwürdigkeit noch zu unterstreichen, haben die Weinbrüder ihr eigenes Ordenshaus in Neustadt, ihr Wappen mit Rebe, Traube, Rebblatt und dem Wahlspruch »in vite vita«, was lateinisch ist und bedeutet, »in der Rebe das Leben«.

So was in der Art hat manch anderer Verein auch. Was die Weinbruderschaft allerdings von einem Verein unterscheidet und sie wirklich als echte Ordensgemeinschaft ausweist, ist ihr Bekenntnis. Das will ich Ihnen nicht vorenthalten, und dem habe ich nichts mehr hinzuzufügen:

Die Weinbruderschaft der Pfalz ist eine Ordensgemeinschaft
von Männern,
die aus Begeisterung dem Wein dienen,
die bereit sind, im Geist des Weines Bruderschaft zu pflegen
und die Weinkultur zu fördern und zu mehren.
Die Mutter der Weinbruderschaft
ist die Sorge um die Ehrlichkeit und Echtheit des Weines -
ihr Vater ist der frohe Mut zum guten Schoppen.
Wir glauben an das endliche gute Schicksal des Pfälzer Weines,
wir glauben an die Tüchtigkeit des Pfälzer Winzers,

wir glauben an die Schoßkraft des uralten Wingertbodens.
Der Geist des Weines – seine Güte – soll uns nicht mürrisch,
sondern gütig machen,
zu guten Werken ermuntern,
aufrufen zur sittlichen Tat.
IN VITE VITA[7]

Weil der Pfälzer Wein lauter Superlative aufzuweisen hat

Das größte Fass der Welt steht in Bad Dürkheim. Das Riesenfass fasst ungefähr 1,7 Millionen Liter. So viel Wein ist da allerdings nicht drin, das wäre selbst uns Pfälzern zu viel. Das Fass ist so groß, dass man bequem Leute hineinsetzen und bewirten kann, deswegen ist – wie passend – ein Weinlokal drin.

Das älteste und größte Weinfest der Welt wird ebenfalls in Bad Dürkheim gefeiert: der Wurstmarkt.

Der größte Winzerfestzug der Welt zieht im Herbst als krönender Abschluss des Deutschen Weinlesefests in Neustadt durch Neustadts Straßen. Bei schönem Wetter kommen dann 300.000 Besucher und jubeln der Deutschen Weinkönigin zu.

Die größte Winzergemeinde Deutschlands ist auf jeden Fall in der Pfalz. Allerdings streiten sich die Stadt Landau in der Südpfalz und die Stadt Neustadt an der Weinstraße um den Rang. Beide haben deutlich mehr als 2.000 Hektar Rebfläche.

Die älteste Weinstraße Deutschlands führt von Schweigen in der Südpfalz über rund 85 Kilometer bis nach Bockenheim im Norden der Pfalz. Sie verbindet seit 1935 die meisten pfälzischen Weinbaugemeinden.

Das älteste Weingut der Pfalz ist der Herrenhof im Neustadter Ortsteil Mussbach. Die weitläufige und sehr malerische Hofgutanlage gehörte früher dem Johanniterorden. Die Gründungs-urkunden reichen bis in das 7. Jahrhundert zurück.

Der älteste Wein der Pfalz wird im Historischen Museum der Pfalz in Speyer aufbewahrt. Dort in der Abteilung Weinmuseum ist eine römische Glasamphore aus dem 4. Jahrhundert zu bewundern. Man kann genau sehen, dass eine gelbliche Flüssigkeit drin ist – das kann ja nur Wein sein.

Die erste regionale Weinkönigin war eine Pfälzerin. 1931 kürte erstmals ein deutsches Weinbaugebiet, die Pfalz, eine Weinkönigin. Das war Ruth Bachrodt aus Pirmasens (wo gar kein Wein wächst).

Die erste deutsche Weinkönigin, die offiziell als solche gewählt wurde, war auch eine Pfälzerin, nämlich Elisabeth Kuhn, spätere Gies, aus Diedesfeld.

Die älteste Weinbruderschaft Deutschlands ist die pfälzische. Na ja, fast. Die Ehrbare Mainzer Weinzunft, auch eine Weinbruder-schaft, aber eben aus Rheinhessen, ist zwei Monate vorher gegrün-det worden, beide im Jahr 1954. Aber das sehen die Pfälzer nicht so eng. Vor allem, weil ihre Vorgängerorganisation, die Landsknechte der Weinstraße, schon 1939 gegründet wurde.

KAPITEL 5

Wu's schää is

Pfälzer Landschaft

Weil die Pfalz beste Aussichten hat

Wollte man die schönste Aussicht in der Pfalz prämieren, hätte man die Qual der Wahl. Deshalb teilt man die Aussichtspunkte am besten nach Kategorien ein. Das will ich hiermit tun.

Eine Kategorie sind die Burgen in der Pfalz. Die wurden sinnvollerweise (bis auf ganz wenige Ausnahmen wie etwa Wasserburgen) ganz oben auf die Bergspitzen gebaut, weil die Ritter besser von oben nach unten als von unten nach oben schießen konnten. Das brachte den Verteidigern einer Burg einen erheblichen Vorteil. Ein zweiter Vorteil war, wenn die Zugangswege zu einer Burg im Uhrzeigersinn verliefen. Denn wie heute waren die Ritter meist Rechtshänder, führten daher das Schwert in der rechten Hand und das Schild zum Schutz gegen Pfeile in der linken. Wer sich rechtsherum einer Burg näherte, trug das Schild daher auf der »falschen« Seite, der Burg abgewandten Seite. Die Pfeile der Verteidiger hatten freie Bahn. Aus dem gleichen Grund sind auch die Treppen innerhalb einer Burg in der Regel im Uhrzeigersinn gebaut, also rechts herum. Der Angreifer, der von unten kam, stieß mit seinem Schwert gegen die Wand, der Verteidiger hatte dagegen volle Bewegungsfreiheit.

Der Aussicht wegen wurden die Burgen damals aber nicht angegriffen. Heutzutage nimmt man höchstens noch die steilen Wege zu einer Burg in Angriff, um am Ende von einem wundervollen Rundblick belohnt zu werden.

Unter den Top-Aussichtspunkten nimmt die Rietburg bei Edenkoben eine besondere Stellung ein. Zur Rietburg hoch kann man sich nämlich mit einer Sesselbahn befördern lassen. Von der Talstation bis zur Burg sind es gut 200 Meter Höhenunterschied. Man kann zwar auch kraxeln, aber das ist außerordentlich mühsam. Und so viele Sesselbahnen gibt es in der Pfalz nicht, daher sollte man sich dieses etwa acht Minuten dauernde Erlebnis nicht entgehen lassen.

Der Panoramablick von der Rietburg ist atemberaubend. Hinunter zur Südpfalz mit ihren riesigen Rebenflächen, zur Rheinebene bis hin zu Oden- und Schwarzwald. Auch eine Gaststätte gibt's dort oben und Wanderwege. Was braucht man mehr für einen gelungenen Sonntagsausflug?

Neben Burgen bieten auch Türme tolle Aussichten. Beispielsweise der Humbergturm bei Kaiserslautern. Wie der Name schon sagt, steht er auf dem Humberg (425 Meter). Dorthin waren die Kaiserslauterer schon immer gerne gepilgert wegen der schönen Aussicht auf die nördlich gelegene Stadt, auf die Ausläufer des Pfälzerwaldes und die sich anschließende westpfälzische Moorniederung. Lauterer Bürger (darunter der Nähmaschinenfabrikant Georg Pfaff) gründeten deshalb einen Verein, der den Sandsteinturm finanzierte und baute. Im Jahre 1900 war Einweihung, und auch heute noch ist der Humbergturm ein beliebtes Ausflugsziel. Sehr zu empfehlen, wenn das Wetter mitspielt, ist ein Ausflug zur Silvesternacht. Schöner kann man ein Feuerwerk nicht beobachten als von dem rund 35 Meter hohen Humbergturm aus.

Ganz besonders attraktiv sind Pfälzerwald-Hütten mit entsprechendem Weitblick. Man kann gut und günstig einkehren und dabei auch noch die wunderbare Aussicht auf sich wirken lassen. Dafür gibt es einen Geheimtipp, auch wenn die Hütte eigentlich gar nicht mehr im Pfälzerwald steht, aber dennoch eine Pfälzerwald-Hütte ist. Es ist die Kupferberg-Hütte bei Imsbach am Donnersberg. Betrieben vom örtlichen Pfälzerwald-Verein, thront sie an der südwestlichen Flanke des Donnersberg-Massivs. Die Hütte ist ziemlich klein, dazu eine schmale, überdachte Terrasse. Am steilen Hang drum herum stehen verteilt, teilweise idyllisch hinter Bäumchen und Hecken versteckt, hölzerne Sitzbänke und Tische. Bei schönem Wetter einfach grandios.

Die obige Auswahl ist – zugegeben – sehr persönlich, ja fast willkürlich, weil es eben so viele sehenswerte Fleckchen gibt. Auch könnte man die Kategorien mühelos erweitern – um die schönsten

Aussichtspunkte auf Wanderwegen etwa (Wie wär's mit dem Pfälzer Höhenweg, einem Prädikatswanderweg?). Dem Wandern widmet sich ein eigener Grund, deshalb habe ich an dieser Stelle darauf verzichtet. Auch Felsen bieten hervorragende Aussichten und wären eine eigene Kategorie wert. Aber auch da verweise ich auf einen eigenen Grund: *Grund 45: Weil in der Pfalz des Teufels Tisch steht.*

42. GRUND

Weil es bei uns so warm ist wie in der Toskana

Über die Esskastanien gibt's ein eigenes Kapitel. Die sind ja im Herbst sozusagen ein Pfälzer Grundnahrungsmittel, aber dass es überhaupt so weit kommen konnte, das liegt am Sommer, an der Sonne, am Klima. Den Kastanien gefällt es bei uns, weil es hier fast so warm wird wie in Italien. Und deshalb freuen wir uns nicht nur über diese Südfrüchte, sondern auch über fleischige Feigen, tolle Tomaten, außergewöhnliche Auberginen, traumhafte Trauben und vieles mehr, was in der südlichen Sonne gedeiht. 1.800 Sonnenstunden hat die Südpfalz im Jahr, sagt die Statistik. Dabei ist der besonnteste Ort von allen gar nicht in der Südpfalz, sondern an der Mittelhaardt: Bad Dürkheim. Als mildester gilt dagegen das südpfälzische Gleisweiler, das sich selbst unbescheiden, aber völlig zu Recht das »pfälzische Nizza« nennt. Und das ist keineswegs vermessen: Der Exotengarten und der Kurpark in Gleisweiler beweisen diesen Titel tatkräftig. Hier gedeihen Palmen, Zypressen, Kiwis, Melonen, Mandeln, Lorbeer, ja, sogar Bananen.

Möglicherweise ist da allerdings ein bisschen Bestechung im Spiel: Vor einer ganzen Weile schon haben sich die Sonnenanbeter aus Gleisweiler den 1780 in Landau errichteten Sonnentempel gekrallt und nach Gleisweiler versetzt. Da steht er jetzt und tut, was er soll: Er verehrt die Sonne. Und das macht er ausgesprochen gut, es scheint zu wirken, die Sonne scheint hier so angenehm wie nirgends sonst in Deutschland. Vergleichbar ist dieses Klima tatsächlich am ehesten mit dem italienischen, genauer gesagt, dem in der Toskana. Was einfallsreiche und tüchtige Werbefritzen und Tourismusankurbler dazu gebracht hat, von der »Toskana Deutschlands« zu sprechen. Da fühlten sich die Pfälzer zwar geehrt, aber irgendwie hat es ihnen doch nicht so ganz gepasst. Und sie haben den Spieß kurzerhand umgedreht: Jetzt werben sie damit, dass die Toskana »die Pfalz Italiens« heißen müsse. Auch gut.

Dabei darf nicht nur die Südpfalz auf das Superklima stolz sein. Sie hat es ja auch nicht für sich allein gepachtet. Einer, der es schon ganz früh schätzen gelernt hat, ist Karl Oberholz. Das war der Opa von Jürgen Oberholz, dem Mann, der als Bürgermeister den schönen barocken Ort Freinsheim regiert und dort außerdem eine Gärtnerei betreibt, die sich auf mediterrane Pflanzen spezialisiert hat. Sein Opa war ein Schmuggler. Und geschmuggelt hat er: Mandelbäume! Die haben ihm so arg gut gefallen, als er mit ein paar Gärtnerkollegen kurz nach dem Krieg auf Exkursion in Italien war. Obwohl es nicht erlaubt war, nahm er ein paar Bäumchen heimlich – unter der Jacke! – nach Deutschland mit und pflanzte sie im sonnigen Freinsheim ein. Darauf hatte die Freinsheimer Scholle offensichtlich nur gewartet: Die drei Bäumchen wuchsen, gediehen und wurden zu mittlerweile 200 stattlichen Mandelbäumen, mit Mandeln, nach denen sich alle noch immer die Finger schlecken.

Die Freinsheimer Gastronomie ist ganz scharf darauf, sie in die Finger bzw. die Küche zu kriegen, denn die Freinsheimer Mandeln gelten als saftiger – sofern man das von Mandeln überhaupt behaupten kann – als die italienischen und sind außerdem ein bisschen größer. Reif werden sie üblicherweise dann, wenn der Wurstmarkt in Bad Dürkheim beginnt. Diesem größten deutschen Weinfest wurde ein eigenes Kapitel gewidmet, aber hier will ich dennoch darauf hinweisen, dass Sie in der zweiten Wurstmarktwoche die

Gelegenheit haben, die Freinsheimer Mandeln in außergewöhnlich leckerer Zubereitung zu kosten: als gebrannte Mandeln nämlich, das bedeutet, mit wunderbar karamellig-süßer Zuckerkruste.

Und das ist bei Weitem nicht die einzige Schlemmerei, für die es sich lohnt, mal zum Wurstmarkt und in die Umgebung zu kommen. Karl Oberholz hat es vor vielen Jahrzehnten schon mit seinen Mandelbäumen bewiesen, heute liefert unter anderem Holger Jacobs vom Restaurant Freinsheimer Hof den Beweis, dass sich das Klima und die Lebensart bei uns nicht vor den Italienern zu verstecken brauchen. Im Gegenteil, diesem Koch gelingt es, regionale Pfälzer Küchenkunst mit mediterranen Zutaten zu einem harmonischen Genusserlebnis zu vereinen, dass einem das Wasser im Mund zusammenläuft. Und dabei ist Holger Jacobs gar kein Pfälzer, sondern stammt aus dem hohen Norden, was man seinem Zungenschlag auch deutlich anhört. Macht aber gar nix, wir Pfälzer verbuchen das als gelungene Integration eines Einwanderers. Das hat ja damals mit dem Mandelbaum auch schon geklappt.

43. GRUND

Weil es in der Südpfalz auch so aussieht wie in der Toskana

Schuld ist Ludwig. Der Erste. Der war König von Bayern. Und er liebte Italien. Nach Italien ziehen konnte er nicht, weil er ja König von Bayern war, also suchte er sich in seinem Reich einen Platz, wo es möglichst so ähnlich aussah wie in Italien, um sich dort ein Schloss zu bauen. Welch ein Glück für ihn, dass die Pfalz damals zu Bayern gehörte! Sonst wäre der arme Ludwig bestimmt sehr unglücklich geworden. Aber in der Pfalz fand er den perfekten Platz für sein Traumhaus. Oberhalb von Edenkoben in der Südpfalz. Genau an der magischen Stelle, wo die Weinberge aufhören und der Pfälzerwald beginnt. Genau dort, wo man einen grandiosen

Ausblick über die Rheinebene bis hinüber ins Kurpfälzische und Badische genießen kann.

Für genau dort sollten Ludwigs Architekten eine Villa italienischer Art entwerfen. Damit das auch klappte, gab Ludwig den Auftrag an die berühmtesten Planer seiner Zeit, Friedrich Wilhelm von Gärtner und Leo von Klenze. Gärtner hatte mehrere Jahre in Rom, Neapel und auf Sizilien gelebt, Klenze war sowieso dauernd auf Studienreise in Italien, die mussten es ja können. Und sie konnten.

Die Villa Ludwigshöhe ist ein einzigartig elegantes zweistöckiges Gebäude mit vier Flügeln und einer doppelstöckigen Loggia, die auf Säulen ruht, genau wie ein römischer Tempel. Wer unten von Edenkoben hochguckt und die Villa hoch über den Weinbergen und eingerahmt von Kastanienbäumen sieht, denkt, er ist in Italien.

Ludwig dachte das auch, als er sie sah, das war 1852. Da reiste er mit Gattin Therese an, um Urlaub zu machen, Sommerfrische nannte man das damals. Er brauchte auch ein bisschen Erholung, denn er war immer noch leicht mitgenommen, denn er hatte abdanken müssen. Schuld war eine Dame mit wahrhaft südländischem Temperament, obwohl sie aus einer schottisch-irischen Familie stammte, Lola Montez. Die Affäre mit ihr hat Majestät die Krone gekostet. Die Pfälzer hat das nicht gestört, sie haben dem feschen Ludwig mitten in Edenkoben, dort, wo heute der König-Ludwig-Keller mit einem der schönsten Biergärten der Pfalz ist, ein Denkmal aufgestellt.

Eigentlich hätte Ludwig jetzt ja froh sein können: Ohne Krone und damit ohne die königliche Anwesenheitspflicht in der Residenz in München hätte er jetzt prima ganz in die Pfalz ziehen können. Hat er aber nicht gemacht, obwohl er immer sagte, dass dort der schönste Platz des Reiches sei. Er kam nur alle zwei Jahre, immer im Juli und August, nach Edenkoben. Und jedes Mal hat er eine ausschweifende Geburtstagsparty gefeiert. Dieser Tradition sind die Edenkobener gern treu geblieben und feiern heute noch an Ludwigs Geburtstag, also dem 25. August, ein Schlossfest.

Edenkoben mit der Villa Ludwigshöhe ist bei Weitem nicht der einzige Ort in der Pfalz, wo es aussieht wie in der Toskana. Fahren Sie mal die Weinstraße in der Südpfalz entlang, immer schön mit Blick auf den Haardtrand, also die Berge, wo der Pfälzerwald anfängt, dann wird Ihnen das auch auffallen. Damit es auch wirklich auffällt, haben ein paar Landschaftsgärtner und Wingertsbesitzer nachgeholfen. Mit mediterranen Zypressen, schlanken Pinien und Palmen, die sich alle im warmen Südpfalz-Klima wohlfühlen. Ein paar der oben genannten Leute haben sich zwischen Ilbesheim und Wollmesheim sogar mit einem Toskana-Foto hingestellt und dann die schlanken Pfälzer Bäume in genau der gleichen Anordnung gepflanzt wie die toskanischen auf dem Bild. Dazwischen haben sie noch ein paar kleine Tempelchen in die Wingerte gestellt, und das Ergebnis sieht wirklich verblüffend echt italienisch aus.

Klar, dass diese traumhafte Gegend auch die Maler inspiriert hat. Die kriegen ein eigenes Kapitel, aber einer der wichtigsten Pfälzer Maler soll hier schon mal zitiert werden, weil es gerade so gut passt: Max Slevogt, einer der bedeutendsten deutschen Impressionisten und Wahlpfälzer, dessen Bilder Sie in einer umfassenden Ausstellung in der Villa Ludwigshöhe bewundern können, hat es auf den Punkt gebracht: »Was ist Italien, was Griechenland? Und wer sich erst an der Pfalz vergafft hat, ist schon im höchsten Sinne Pfälzer.«[8]

Weil es nur bei uns den Donnersberg gibt

»In der Pfalz ganz oben.« Mit diesem Slogan wirbt der Donnersberg-Touristik-Verband (DTV) für einen Urlaub in der Nordpfalz. Immerhin 686 Meter ist er hoch, der höchste Berg der Pfalz. Über den Donnersberg hinaus ragt allerdings der Sendemast des Südwestrundfunks mit weiteren stolzen 204 Metern. Zusammengenommen könnte ein Tourist, der sich den Verlockungen des DTV hingibt, also von knapp 900 Metern Höhe das Auge über (nahezu) die ganze Pfalz schweifen lassen, ja, sogar darüber hinaus, etwa bis zum Feldberg in den Taunus. Vorausgesetzt, man käme in den Sendeturm hinein, was natürlich für Touristen nicht so ohne Weiteres möglich ist.

Der Donnersberg ist vulkanischen Ursprungs. Allerdings hat er nie Lava und Asche ausgespuckt, sondern ist vor rund 285 Millionen Jahren entstanden, indem eine Magmablase den Boden angehoben hat. Ein verkappter Vulkan sozusagen, und so sieht er auch aus: ein lang gestreckter Bergzug – zwar hoch, aber mit völlig unspektakulären Konturen. Nichts Schroffes, eher etwas Halbrundes, dazu noch bewaldet und oben abgeflacht zu einem Hochplateau.

Woher der Name Donnersberg stammt, ist unklar. Es gibt gleich mehrere Deutungen. Die Germanen könnten ihn nach dem Wettergott Donar genannt haben. Auch die Römer kommen als Namensgeber infrage. Die Weltmacht vom Stiefel hatte die Nordpfalz genauso in Beschlag genommen wie den Rest der damals bekannten Welt. Für sie war der Donnersberg der »Berg des Jupiter« (*Mons Jovis*). Die phonetische Verbindung von *Mons Jovis* zu Donnersberg ist für Durchschnittsgermanen aber eher rätselhaft.

Viel plausibler ist da schon, dass die guten alten Kelten dem Donnersberg seinen Namen gaben. *Dunum* ist das keltische Wort für Berg oder Hügel. Dass die Kelten am Donnersberg siedelten, ist unbestritten. Sie hinterließen eine Ringmauer, einen sogenannten Keltenwall. Ein imposantes Bauwerk von fast neun Kilometer Länge, von dem aber heute so gut wie nichts mehr übrig ist. Als Reminiszenz an die Kelten gibt es auf dem Donnersberg noch eine Keltenhütte, die dem Pfälzerwald-Verein (Ortsgruppe Kirchheimbolanden) gehört.

Auf dem Donnersberg und dem Hochplateau lässt es sich sehr gut wandern. Für jeden Gusto ist was dabei. Es gibt einfache Rundwanderwege und mittelschwere Touren wie den Pfälzer Höhenweg (ein Prädikatswanderweg), der natürlich über den Donnersberg führt. Man(n sowie Frau und Kegel) sollte festes Schuhwerk mitnehmen, denn viele Wege sind doch arg steinig.

Und wer sich's so richtig besorgen will, kann ja beim alljährlichen Donnersberg-Lauf mitmachen. Von Steinbach aus geht's Waden explodierende 7,2 Kilometer immer nur rauf und keinen einzigen Meter runter. Die Besten schaffen's in etwa 27 Minuten. Normalsterbliche auch – wenn sie das Auto nehmen.

45. GRUND

Weil in der Pfalz des Teufels Tisch steht

Als sich der Teufel höchstpersönlich eines Tages mal in der Pfalz aufhielt (was selten ist, weil hier nur fromme und gutherzige Menschen leben), bekam er ganz fürchterlich Hunger. Es war dunkle, dunkle Nacht, und wenn einer der frommen und gutherzigen Pfälzer zufälligerweise in der Nähe gewesen wäre, hätte er nur des Teufels glühende Augen gesehen und – vielleicht – seinen knurrenden Magen gehört. Müde war der Teufel obendrein, vermutlich vom vielen Wandern durch den schönen Pfälzerwald. Kurzerhand ergriff der Teufel mehrere Felsbrocken (hier sind sich die Überlieferungen nicht einig, ob es zwei oder drei Felsbrocken waren) und schichtete sie auf einem kleinen Bergrücken zu einem riesigen Tisch zusammen. Darauf soll der Teufel dann gespeist haben. (Hier sind sich die Überlieferungen nicht nur nicht einig, sondern gänzlich unpräzise, denn nirgendwo steht zu lesen, was denn der Teufel verspeiste. Wir gehen mal davon aus, dass er kein Vegetarier ist, also kommen Beeren und Pilze nicht infrage. Vielleicht hat er sich ein Wildschwein gefangen und höchstwahrscheinlich roh verschlungen, denn von einem Feuer ist auch nirgendwo die Rede.) Nachdem der Teufel derart gespeist hatte, trollte er sich von dannen.

Auch hier sind die Überlieferungen nicht sehr präzise, denn wohin der Teufel ging, ist unklar (vielleicht ist er über die Grenze rüber ins nahe Frankreich, oder er ist ein ganzes Stück weiter nach Westen gelaufen und hat mal im Saarland vorbeigeschaut – siehe auch *Grund 90: Weil wir die schönsten Saarländerwitze machen*). Den Tisch ließ er zurück. Wer nimmt auch schon einen Tisch mit auf eine Wanderung, zumal wenn der Tisch fast 300 Tonnen wiegt.

Direkt am nächsten Morgen kamen ein paar Pfälzer vorbei (genau gesagt: Südwestpfälzer, denn der Tisch steht bei Hinterweidenthal). Als sie den einbeinigen steinernen Tisch erblickten, war ihnen sofort klar: Hier muss der Teufel am Werk gewesen sein. Alle erstarrten vor Furcht, nur ein etwas übermütiger nassforscher junger Mann nicht. Vielleicht war er auch nur neugierig und wollte einfach mal sehen, wie der Teufel denn so aussieht. Also verkündete er lauthals, er wolle in der nächsten Nacht zusammen mit dem Teufel an dessen Tisch speisen. Am nächsten Abend, als es dunkel wurde, zog er los, und genau um Mitternacht zerriss ein fürchterlicher Schrei die beschauliche Stille von Hinterweidenthal und Umgebung. Fast überflüssig zu erwähnen, dass der junge Mann nie mehr gesehen ward.

So weit die Sage vom Teufelstisch. Tatsache ist, dass der Teufelstisch ein beliebtes Wanderziel und ein Wahrzeichen der ganzen Pfalz ist. Geologisch betrachtet, handelt es sich um einen Buntsandsteinfelsen, wie er charakteristisch für die Südwestpfalz ist. Im Laufe der Zeit wurde der umgebende, weichere Erdboden abgetragen. Übrig blieb eine etwa drei Meter hohe und fast quadratische »Tischplatte«, gestemmt von einem einzelnen, mächtigen »Tischfuß«. Insgesamt misst der Teufelstisch fast 15 Meter, was Rückschlüsse auf die Größe des Teufels zulässt. Damit der Höllenfürst an dem Tisch einigermaßen bequem speisen konnte (wenn auch ohne Stuhl, denn davon ist in den Überlieferungen ebenfalls keine Rede), muss er nach anatomischen Gesichtspunkten mindestens 25, eher sogar 30 Meter groß gewesen sein. Aber das nur am Rande.

Der Teufelstisch hat es sogar bis auf eine Briefmarke geschafft (16 Pfennige, 1947), und im Jahre 2009 wurde er in einer Online-Umfrage der Stiftung des berühmten Tierfilmers Heinz Sielmann unter den schönsten Naturwundern Deutschlands auf Platz 7 gewählt. Zwar hinter dem Wattenmeer, den Kreidefelsen auf Rügen oder auch der Lüneburger Heide, aber immerhin noch vor dem Bayrischen Wald oder der Wilden Narzissenwiese in der Eifel.

Nur fünf Kilometer weiter südwestlich vom Teufelstisch bei Hinterweidenthal steht in der Nähe von Salzwoog ein zweiter Teufelstisch. Der ist weniger bekannt, mehr »pilzig« und weniger »tischig«. Das lässt den Rückschluss zu, dass der Teufel dort kein Abendessen zu sich genommen hat, sondern höchstens einen kleinen Snack.

46. GRUND

Weil Steven Spielberg in der Pfalz seine helle Freude hätte

Steven Spielberg hat viele klasse Filme gemacht. Einer davon ist *Unheimliche Begegnung der Dritten Art*, in dem der US-Regisseur die Landung von Außerirdischen auf der Erde grandios thematisiert, inszeniert und visualisiert. Ein Meisterstück eben. Was aber ist bei dieser Begegnung mit den Aliens die dritte Art? Der Film liefert dazu keine Erklärung. Und wenn wir nicht wissen, was die dritte Art ist – wie sollten wir wissen, was die erste und was die zweite Art ist? Gibt's etwa mehrere Arten von Aliens? Von Erdenmenschen? Oder von Begegnungen? Oder von allem zusammen? Und davon ganz abgesehen: Was hat das alles mit der Pfalz zu tun?

Gemach, gemach. Wenden wir uns zunächst mal der Erklärung zu, was die dritte Art bedeutet. Wie schon vermutet, gibt es auch eine erste und eine zweite Art. Dabei handelt es sich um eine Klassifizierung von Begegnungen mit Außerirdischen. Sieht man einfach nur ein Ufo am Himmel herumfliegen, ist das die erste Art. Für die zweite Art braucht man schon mehr als nur ein scharfes Auge. Man muss nachweisen können, dass das Ufo tatsächlich da war und wenn möglich auch außerirdischen Ursprungs. Dazu geeignet wären beispielsweise die Spuren, die das Ufo beim Landen hinterlassen hat (radioaktiv verseuchte runde Löcher im Boden oder so). Ein eindeutiger Beweis wäre auch außerirdischer Restmüll, den die kleinen grünen Männlein (vielleicht sind sie auch lila) in – sagen wir – Thaleischweiler-Fröschen oder Weisenheim am Sand auf dem Weg zum Riesenstern Beteigeuze bei einer kurzen Zwischenrast hinterlassen haben.

Die dritte Art ist die Königsdisziplin: der direkte Kontakt mit den Fliegenden Untertassen oder gar den Außerirdischen selbst. Diese höchste aller Begegnungsarten beschreibt Steven Spielberg in seinem Film.

Die Unterscheidung in diese drei Klassen stammt von dem Astronomen J. Allen Hynek, der sich wissenschaftlich mit dem Phänomen Ufos auseinandersetzte und der Steven Spielberg bei seinem Film als Berater zur Seite stand. Bisher ist die Menschheit über die erste Art nicht hinausgekommen. Trotz aller Verschwörungstheorien um das amerikanische Kleinstkaff Roswell, wo 1947 ein Ufo abgestürzt sein soll, und trotz der wildesten Spekulationen um das militärische Sperrgebiet Area 51 in Nevada, wo Außerirdische inhaftiert, inspiziert und seziert worden sein sollen.

Jetzt kommen wir zur Frage, was das alles mit der Pfalz zu tun haben soll. Die Antwort lautet nicht »42«, was der Supercomputer »Deep Thought« in dem Roman *Per Anhalter durch die Galaxis* nach 7,5 Millionen Jahren Rechenzeit als überraschende Antwort auf die zugegebenermaßen sehr vage Frage »nach dem Leben, dem Universum und dem ganzen Rest« ausspuckte. Nein, die Antwort lautet: In der Pfalz, speziell im Pfälzerwald, ereignen sich Tag für Tag – und besonders häufig an Wochenenden – alle drei Arten von *Unheimlichen Begegnungen*.

Da haben wir auf der einen Seite die Erdlinge, jene Urbewohner, die schon immer im Pfälzerwald unterwegs waren, im Bewusstsein, allein in diesem grünen Kosmos zu sein, unter sich und mit dem Recht auf ihrer Seite, sich den Wald untertan zu machen zur seelischen Erbauung und begrenzten körperlichen Ertüchtigung mittels Wanderschuhen, Wanderstöcken und Wanderrucksäcken, in denen körperwarme Getränke und akkurat geschmierte *Lewwerworschtbrote* ihres Verzehrt-Werdens duldsam harren.

Auf der anderen Seite haben wir die Fremdlinge, die mit ihren radelnden Untertassen als BMX- oder Cross- oder Mountainbike-Objekt in die Sphäre der Erdlinge eindringen und meinen, das Recht zu haben, durch ihre technische Überlegenheit die unterlegene Wanderspezies vom Weg abdrängen zu dürfen, wenn nicht gar zu müssen. Nun ist das grüne Universum der Pfälzer zwar groß, aber offenbar nicht groß genug für beide Spezies – und das gilt für jede der drei Begegnungsarten.

Kommen wir zur:

UNHEIMLICHEN BEGEGNUNG DER ERSTEN ART

Wandernder Erdling sieht strampelnden Fremdling am Horizont, auf dem nahen Bergkamm oder unter sich auf dem Talweg. Fremdling ist unter seinem lüftungsschlitzdurchzogenen Astralhelm und in dem giftgrünen Neopren-Windstopper-Ganzkörperanzug nur schemenhaft zu erkennen. Der Puls des Erdlings steigt schlagartig auf über 100. Der Versuch des Erdlings, die Begegnung fotografisch zu dokumentieren, scheitert am Zittern der Hände und am umständlichen Filmwechsel der Nachkriegs-Minolta. Der Fremdling zeigt sich dagegen völlig unbeeindruckt. Das Ufo – unbekannter fahrender Oberarmleuchter – entfernt sich mit nahezu Lichtgeschwindigkeit.

UNHEIMLICHEN BEGEGNUNG DER ZWEITEN ART

Erdling erblickt Untertassen-Abdruckspuren im weichen Waldweg sowie eine weggeworfene Ufo-Trinkflasche. Der zuständige Revierförster verweigert die Annahme des Beweismaterials. Er erwidert die Einlassungen des Erdlings mit dem Verweis auf das Landeswald-Gesetz, in dem es keinen Paragrafen explizit gegen illegale Müllentsorgung gibt – und schon gar nicht gegen illegale Müllentsorgung von Außerirdischen. Die vom Erdling (Pulsfrequenz 145) mit hochrotem Kopf hervorgebrachte verschwörungstheoretische Behauptung ruft beim Förster lediglich ein schwaches Kopfschütteln hervor und gipfelt im Rauswurf aus dem Forsthaus.

UNHEIMLICHEN BEGEGNUNG DER DRITTEN ART

Der Fremdling nähert sich mit seiner pedalbetriebenen Untertasse dem Erdling auf Kollisionskurs, ja sogar auf Konfrontationskurs. Ein Ausweichkurs ist bei beiden nicht vorgesehen. Das Ufo macht im letzten Moment mit einem Klingelsignal auf sich aufmerksam. Der Erdling ignoriert das Signal und rüstet sich zur Verteidigung seines irdischen Reviers. Die Bewegungsenergie der pedalbetriebenen Untertasse lässt den Erdling im letzten Moment zur Seite springen. Verbunden mit diversen Flüchen, einem hinterhergeworfenen Spazierstock und dem Versprechen, beim nächsten Mal sich lieber totfahren zu lassen als auszuweichen. Dem Fremdling entlockt die Begegnung ein lippenloses Lächeln. Er setzt die Erforschung endloser Weiten im grünen Universum des Pfälzerwaldes fort. Der Puls des Erdlings ist nicht mehr messbar.

Steven Spielberg wäre begeistert. So viel Stoff für eine Fortsetzung seines Science-Fiction-Klassikers …

Weil bei uns das Kuckucksbähnel dampft

Fragt man kleine Jungen, was sie mal werden wollen, dann antworten viele auch heute noch: Lokführer. Es hat sicher was, trocken und bequem einen ICE zu steuern, bei dem man nur ein paar Knöpfchen drücken muss. Viel spannender ist es aber, eine Dampflok zu fahren. Und diesen Kindheitstraum, meine Herren, können Sie sich erfüllen! In Neustadt, im Eisenbahnmuseum. Dort parkt eine ganze Reihe von historischen Zügen, und die fahren auch noch. Für die sucht der Förderverein des Eisenbahnmuseums immer wieder neue Lokführer, Schaffner oder Dampflokheizer, die Ausbildung kriegen sie dort gleich dazu.

Was Sie erwartet, ist eine Eisenbahn wie aus dem Bilderbuch: die Museumsbahn Kuckucksbähnel. Die fährt auf einer Strecke, die noch mehr wie aus dem Bilderbuch aussieht: Von Neustadt aus führen die Schienen rund zwölf Kilometer hinein in den Pfälzerwald, dort durch, wo er am tiefsten ist, durch wildromantische Fichten-, Kiefern- und Buchenhaine, an einem kleinen rauschenden Bächlein entlang, an den verwunschenen Burgruinen Breitenstein, Erfenstein und Spangenberg vorüber, bis nach Elmstein, dahin, wo sich Fuchs und Hase Gute Nacht sagen. Und Guten Tag auch, da ist verkehrsmäßig nämlich ziemlich tote Hose.

Das war früher ein echtes Problem. Das Einzige, womit die Elmsteiner Geld verdienen konnten, war Holz, denn außer Wald gab's im Elmsteiner Tal nichts. Und das Holz musste irgendwohin gebracht werden, wo es einer brauchte, der keins hatte, also raus aus dem Wald und dem Tal. Straßen gab es im Grunde nur eine, Richtung Neustadt und Richtung Kaiserslautern. Jahrhundertelang haben die Waldleute das Holz in kurzen Scheiten einfach in den Speyerbach geworfen und nach Neustadt treiben lassen, »Trift« nannte man das. In der Vorderpfalz gab es ja kaum Wald, da konnte man es gut verkaufen. Das reichte aber nicht. Eine Straßenbahn durchs Tal wurde abgelehnt, die Eisenbahn dann aber erlaubt. Deutsche und italienische Arbeiter bauten die Gleise. Am 23. Januar 1909 wurde die Einweihung gefeiert. Die Jungfernfahrt war allerdings schon nach wenigen Metern zu Ende, weil der Zug wegen einer falsch gestellten Weiche mit Volldampf in den neuen Lokschuppen fuhr. Verletzte gab es keine, die Lokomotive hatte nur ein paar Schrammen, der Lokschuppen dagegen war erst mal hin. Der zweite Zug hat es dann besser hingekriegt, und von da an dampfte die Lokomotive regelmäßig durchs Elmsteiner Tal, vor allem, um Holz zu transportieren.

Offiziell hieß sie Elmsteiner Talbahn, aber schon bald nannte sie jeder nur Kuckucksbähnel. Im lauschigen Elmsteiner Tal hörte man tatsächlich öfter mal den Kuckuck rufen. Lag dann irgendwie nahe, auch die Elmsteiner mit dem Uznamen »Kuckucke« durch den Kakao zu ziehen. Sie haben sich daran gewöhnt, sie fahren ja auch gern mit dem *Bähnel*. Im Lauf der Jahre transportierte das Kuckucksbähnel immer weniger Holz und immer mehr Menschen. Aber auch das waren so wenige, dass sich der Betrieb nicht lohnte. 1960 wurde die Bahn stillgelegt und fiel in einen Dornröschenschlaf.

Zum Glück hat es nur ein Vierteljahrhundert und kein ganzes gedauert, bis das Kuckucksbähnel wieder wachgeküsst wurde. Prinzen gab es gleich drei, die hatten die eher unromantischen Namen Deutsche Gesellschaft für Eisenbahngeschichte (DGEG), Kuckucksbähnel-Bahnbetriebs-GmbH und Förderverein Kuckucksbähnel. Aber die Männer in diesen Institutionen waren voller Liebe zu alten Eisenbahnen und standen einem echten Märchenprinzen in nichts nach. Sie taten sich zusammen und erweckten die alte Strecke zu neuem Leben, mit unermüdlichem Eifer und ständigem Einsatz warten, hegen und pflegen sie die alten Loks und Waggons im Eisenbahnmuseum in Neustadt noch heute. Bei einem ging die heiße Liebe zur dampfbetriebenen Schönheit auf Gleisen sogar so weit, dass ihn seine Gattin vor die Entscheidung stellte: »Entweder ich oder die Eisenbahn!« Zähneknirschend versprach er, von da an nicht mehr jedes Wochenende bei den Loks zu verbringen, sondern nur noch jedes zweite …

Nicht nur er ist den großen schwarzen Dampflokomotiven verfallen, die so herrlich schnaufen und fauchen, dampfen, pfeifen und wunderbar gemächlich direkt aus dem Lokschuppen raus in den Wald hineinrollen, sondern auch alle, die schon einmal in den Genuss kamen, mitzufahren. Allein die Nikolausfahrten des Kuckucksbähnels sind legendär. Aber auch wenn Sie mal an einem anderen Wochenende mitfahren wollen, Sie sollten am besten schon ein Jahr vorher Ihren Platz auf den hölzernen Bänken in den uralten Waggons buchen.

Wenn Sie keine Angst davor haben, rußig zu werden, und vorher einen Kurs in Eisenbahnkunde gemacht haben, dann können Sie auch ganz exklusiv vorne mitfahren: als Lokführer.

(Kleine Anmerkung am Rande, weil ich mal in der Nähe des Neustadter Bahnhofs gewohnt habe, ziemlich genau oberhalb des Eisenbahnmuseums. Ich sage Ihnen, da geht die Romantik echt flöten, wenn Sie an einem sonnigen Sonntagmorgen im Sommer auf der Terrasse frühstücken wollen, während ein paar Meter unterhalb die Dampflok aufgeheizt wird. Das dauert drei Stunden! Das bedeutet: drei Stunden lang stinkender schwarzer Rauch, der, wenn der Wind blöd steht, genau auf die Terrasse zieht. Das Frühstück können Sie vergessen. Die Neustadter, die in der Schillerstraße wohnen, können ein Lied davon singen. Haben sie auch lautstark gemacht und sich öffentlich beschwert. Die Bitte war, ob die Lok vielleicht ein paar Meter weiter aufgeheizt werden könne, wo keiner oben drüber wohnt. Mit Erfolg. Jetzt wird ein paar Meter weiter aufgeheizt. Wenn es losfährt, raucht und qualmt das Bähnchen aber logischerweise trotzdem. Gegen das Kuckucksbähnel und seinen Gestank können die Bewohner der Schillerstraße einfach nicht anstinken.)

Weil Freiherr von Drais in der Pfalz sehr beliebt ist

Der gute Karl Freiherr von Drais hatte mehrere Vornamen, wenn auch nicht ganz so viele wie unser adliger Ex-Verteidigungsminister Karl-Theodor von und zu Guttenberg. Bei Herrn von Drais reihte sich hinter dem Karl noch ein Friedrich Christian Ludwig an, während bei unserem verehrten von und zu Guttenberg noch ein Maria Nikolaus Johann Jacob Philipp Franz Joseph steht. Die Häufung von Vornamen und die blaublütige Abstammung verbindet die beiden. Was sie trennt, ist der Erfindergeist des Freiherrn, dessen Geistesblitze die eigenen waren. Er gilt als bedeutendster Erfinder zu Goethes Zeiten.

Drais (1785–1851) war Forstbeamter und kein Pfälzer, aber dennoch technisch begabt und schöpferisch. Drais kreierte einen Klavierrekorder, der die Tastenfolge und die Lautstärke der Töne auf ein Papierband aufzeichnete. Auf das Konto von Drais gehen auch die erste Tastenschreibmaschine, ein Holzsparherd mit sogenannter Kochkiste (muss man sich wie einen langsamen Schnellkochtopf vorstellen) und vierrädrige pferdelose Wagen, die er Fahrmaschine nannte und die über eine Tretmühle oder eine Kurbelwelle angetrieben wurden. Es waren frühe Vorläufer des Autos, nur mit Muskel- statt mit Motorkraft.

Seine wichtigste Erfindung aber war die Laufmaschine, mit der Drais das Prinzip eines Fahrzeuges mit zwei Rädern auf einer Spur einführte. Daraus entwickelte sich später das Fahrrad und auch das, was wir heute als Draisine kennen: ein kleines Schienenfahrzeug, das aussieht wie eine Plattform mit vier Rädern dran. Manchmal ist auch ein Aufbau drauf. Angetrieben wird die Draisine von einem Motor, vor allem, wenn sie als Arbeitsgerät – etwa zum Transport von Lasten – benutzt wird. Alternative Antriebe sind der Pedalantrieb oder per Hand mit einer Handhebelmaschine.

In der Pfalz verbreitet ist der Pedalantrieb, weil das den meisten Spaß macht. Man sitzt wie auf einem Fahrrad, tritt gemeinsam in die Pedale und kann in frischer Luft die Aussicht genießen. Es gibt bei uns zwei verschiedene Draisinentouren, die jeweils auf stillgelegten Bahnstrecken verlaufen. In der Südpfalz verkehren Draisinen auf den zwölf Kilometern zwischen Bornheim und Westheim. Strampelnd geht es durch den Hochstadter Wald, an Wiesen, Äckern und Gemüsefeldern vorbei.

Wesentlich länger ist die Draisinenstrecke zwischen Altenglan im Kreis Kusel und Staudernheim im Nachbarkreis Bad Kreuznach. Eine Marathondistanz von 40 Kilometern. Weil das für manche zu lang sein kann, gibt es vernünftigerweise ziemlich genau auf halber Strecke in Lauterecken eine Mittelstation, wo man die Draisinen ebenso wie an den Endpunkten ausleihen oder wieder abgeben kann. Diese Tour durch das idyllisch-geruhsame Glantal ist anstrengender als die Südpfalz-Draisine, aber auch landschaftlich reizvoller. Neben den Sehenswürdigkeiten wie Museen und Kirchen in den verwinkelten Ortschaften im Glantal ist auch der Kleine Kunstbahnhof von St. Julian-Eschenau einen Besuch wert. Aus dem denkmalgeschützten Bahnhofsgebäude hat der Maler Dietmar E. Hofmann-Leizmeritz eine sehenswerte Galerie gemacht und über die Jahre zu einem bei Insidern bekannten Kunsttreff. Der Künstler selbst führt gerne durch die Ausstellung. Wer etwas Zeit und Muße mitbringt, den wird eine Führung mit dem liebevoll-verschrobenen Galeristen nicht reuen. Und wem's zu viel wird, der kann einfach wieder auf die Draisine klettern und weiterfahren.

Man muss auch nicht sonderlich sportlich sein, um eine Draisinenfahrt zu unternehmen. Es kann aber das Durchhalten erleichtern. Kommt darauf an, wer alles mitstrampelt, oder ob man – beispielsweise als Familienvater – alleine reintreten muss, weil Frau und Kinder gerade mit Essen beschäftigt sind. Apropos Essen: Man kann sich den Proviant mitbringen oder aber an einer der vielen

Haltepunkte entlang der beiden Draisinen-Strecken einkehren. Was man nicht vergessen sollte, ist frühzeitig zu buchen. Während der Sommerferien und an den Wochenenden sind die Draisinen gerne ausgebucht. Den Freiherrn von Drais hätt's gefreut.

Weil in Zweibrücken die schönsten Stacheln wachsen

Was haben Albert Schweitzer und Lady Di, die Zwergenfee und die Gebrüder Grimm, *Dalli Dalli* und *Bonanza* oder auch die Berliner Luft und Aspirin gemeinsam? Es sind alles Zweibrücker, also Bewohner der Stadt Zweibrücken.

»Hä?« wird Ihre erste Reaktion sein und das völlig zu Recht. Um die Verwirrung aufzuklären, muss man wissen, dass Zweibrücken den Beinamen »Stadt der Rosen und Rosse« trägt. Zum Beispiel gibt es dort ein Landgestüt, womit das mit den Rossen vorneweg schon mal geklärt sein sollte. Der Beiname »Stadt der Rosen« hat seine Daseinsberechtigung von einem durchaus imposanten Rosengarten – den die Zweibrücker in der ihnen eigenen Bescheidenheit als »Europas Rosengarten« bewerben.

Nach dem »Hä?« von vorhin, werden Sie jetzt vielleicht »Halt!« rufen und ein »Da stimmt was nicht!« hinterherschicken. Bewohner von Zweibrücken sind doch keine *Zweibrücker*, sondern Zweibrückener. Das mag wohl im Hochdeutschen so sein (und selbst da ist das nicht so eindeutig geregelt), im Pfälzischen wäre diese Ableitung eine Todsünde. Analog heißen die Bewohner von Rodalben auch *Rodalber* und nicht Rodalbener und das Forsthaus von Annweiler ist keinesfalls das Annweilerer Forsthaus, sondern … Sie wissen schon.

Wenn sich Ihre verständliche Verwirrung gelegt hat, können wir jetzt ja endlich zum Rosengarten kommen. Der ist 1914 eingeweiht worden. Schon damals sollen 42.000 Rosenstöcke die Besucher erfreut haben. Bei der Einweihung höchstpersönlich zugange war Prinzessin Hildegard von Bayern, immerhin Tochter von Ludwig III., dem bayerischen König. Die Pfalz war damals bayrisches Hoheitsgebiet, und in den Köpfen vieler christsozialer Anhänger ist sie das auch heute noch. Der bei allen möglichen und unmöglichen Anlässen verwendete Spruch »Bayern und Pfalz, Gott erhalt's« zeugt weiterhin von jener Zeit.

Aber jetzt wieder zurück zum Rosengarten. Der wurde im Zweiten Weltkrieg dem Erdboden gleichgemacht. Vor allem dem »Verein der Rosenfreunde Zweibrücken« ist es zu verdanken, dass der Rosengarten wieder aufblühen durfte. Heutzutage wachsen auf einer Fläche von ungefähr sieben Fußballfeldern mehrere Zehntausend Rosen, dazu ein paar andere schön anzusehende Blumen, zwischen gepflegten Wegen verteilen sich Teiche und Springbrunnen, idyllische Sitzgelegenheiten, ein Pavillon, akkurate Beete und Rabatten und vieles Rosiges mehr.

Damit sind wir bei *Bonanza*, Lady Di und Co. Jede Rosensorte – und davon gibt es mehr als 2.000 im Zweibrücker Rosengarten – hat ihren eigenen Namen. Wie die Sorte »Berliner Luft« riecht, entzieht sich allerdings meiner Kenntnis. Vermutlich kommt's darauf an, wem der Rosenduft nahekommt: dem Bahnhof Zoo, dem Spreegarten oder dem Regierungsviertel.

Und an dieser Stelle sei mit einem alten Vorurteil aufgeräumt: Rosen haben gar keine Dornen. Rosen haben nämlich Stacheln. Botanisch gesehen. Praktisch pikst es aber genauso.

Übrigens darf sich der Rosengarten in Zweibrücken ADR-Standort nennen. Hör ich da schon wieder ein »Hä?« im Hintergrund? ADR heißt nicht etwa »Außerordentlicher Duft der Rosen« oder »Ambitionierte deutsche Rosengesellschaft«. Ein ADR-Standort ist ein »Allgemeiner Deutscher Rosenneuheitenprüfungs-Standort«. Das bedeutet, im Zweibrücker Rosengarten werden neue Rosensorten daraufhin überprüft, ob sie gesund und winterhart sind, wie lange sie blühen und ob die Knospen entsprechend knospen, etc. – kurzum: ob sie was taugen. Wenn ja, gibt's das ADR-Siegel.

Wer hätte das gedacht, dass sich die Königin der Blumen einer derartigen Leibesvisitation unterziehen muss, um ins Adelsgeschlecht der ADR-Durchlauchten aufgenommen zu werden. Das kennen wir bei Menschen nur von Aufnahmeanträgen bei Lebens-, Kranken- und Berufsunfähigkeitsversicherungen.

Ach ja: Heiraten kann man im Zweibrücker Rosengarten auch. Von Mai bis September. Im Trauzimmer. In Anwesenheit eines Standesbeamten. In der Regel mittwochs. Für 100 Euro (Stand 2014). Samstags ist es 50 Euro teurer, aber immer noch sehr romantisch. Für Frischvermählte ist die Rosensorte »Brautzauber« sehr zu empfehlen.

50. GRUND

Weil bei uns die Alte Welt noch in Ordnung ist

Mit »Alte Welt« ist in der Pfalz nicht der Teil der Erde gemeint, der uns Europäern vor der Entdeckung Amerikas bekannt war. Spötter behaupten nämlich, dieser Teil der Pfalz sei damals ebenfalls noch unentdeckt gewesen und zeitgleich mit Amerika besiedelt worden, was natürlich Unfug ist. Entsprechend gibt es in der Pfalz auch nirgendwo eine Neue Welt. Alte Welt wird ein Landstrich im Nordpfälzer Bergland genannt. Sie liegt – grob umrissen – nördlich von Kaiserslautern und nimmt keinerlei Rücksicht auf Gebietskörperschaften. Da wo sich die Kreise Kaiserslautern und Kusel mit dem Donnersbergkreis treffen, da ungefähr ist ihr Mittelpunkt. Mitten im nordpfälzischen Nirgendwo. Nur die größeren Orte in der Alten Welt (wovon es kaum welche gibt) erreichen die 1.000-Einwohner-Grenze, und die durchschnittliche Bevölkerungsdichte pro Quadratkilometer dürfte irgendwo zwischen drei und 43 liegen und damit unter der Zahl der dort heimischen Nutztiere.

Das Problem an der Alten Welt ist, dass sie nicht klar definiert ist. Je nachdem, wo jemand wohnt und ob er sich mit der Alten Welt identifizieren kann, ist sie im Zweifelsfall ein Stückchen weiter woanders – nur eben nicht genau da, wo der- oder diejenige wohnt. Eine Ausnahme macht da der kleine Ort Nußbach mit seinen rund 600 Einwohnern. Nußbach liegt im Kreis Kusel und ist offensichtlich stolz, zur Alten Welt zu gehören, denn Nußbach hat ein Alte Welt Museum. Wobei Museum schon ein großes Wort ist für einen ausgebauten Speicher in einem Fachwerkhaus in der Ortsmitte. Das Museum legt die Schwerpunkte der Ausstellung auf die »Tuchherstellung aus Flachs, Damenbekleidung um 1900 und die Geschichte der Alten Welt. Unterstützt wird die Ausstellung durch mehrere Multimediapräsentationen und Wechselausstellungen zu verschiedenen Themen.« Wen's interessiert, darf sich auf eine spannende Zeitreise gefasst machen, die angesichts der Museumsgröße leider nicht allzu lange dauert. Deshalb ist das Museum auch nur jeden zweiten Sonntag im Monat und zwar nachmittags drei Stunden lang geöffnet. Das reicht völlig. Wer da gerade keine Zeit hat, kann auch einen Besuchstermin vereinbaren. Der Eintritt ist frei, Spenden sind erwünscht.

»Alte Welt« klingt nach Mief der Jahrhunderte, nach Spießigkeit und hinterwäldlerischen Ureinwohnern. Positiv ausgedrückt könnte man sagen, es klingt nach Ruhe und Abgeschiedenheit, nach langen Winterabenden am knisternden Kamin, nach Idylle und Friedfertigkeit. In Wirklichkeit ist die Alte Welt von allem etwas, aber vor allem ist die Alte Welt noch in Ordnung. Die Kriminalitätsrate tendiert gegen null, zumal Mundraub (die Äpfel vom Baum des Nachbarn) oder Diebstahl (Blumen aus der Friedhofsvase eine Reihe unterhalb) schon die schlimmsten Vergehen sind, derer sich die Alten Weltler schuldig machen. Die Bauern dort sind noch glücklich, ihre Kühe auch, das Bauland erschwinglich, der Berufsverkehr nicht vorhanden, und viele Menschen leben bewusst und gerne dort, eben weil die Alte Welt so ist, wie sie ist: schön, weitgehend unverbaut, mit vielen Hügeln und noch mehr Tälern, unbegradigten Bächen, naturbelassenen Wiesen und kleineren Wäldern.

Dann kam das Jahr 1991 und mit ihm der *Tatort: Tod im Häcksler*. Schlagartig wurde die Alte Welt aus ihrer Beschaulichkeit gerissen und bundesweit in die Schlagzeilen gezerrt. Das böse Wort von »Pfälzisch Sibirien« machte die Runde. Es stammt aus ebenjenem *Tatort* mit Lena Odenthal, der dienstältesten *Tatort*-Kommissarin, gespielt von der damals noch jungen Ulrike Folkerts. Gedreht wurde in der Gegend um Rudolphskirchen. In dem *Tatort* kommen die Bewohner des fiktiven Ortes Zarten (erinnert etwas an Hinterzarten mit der Betonung auf »Hinter«) nicht gut weg: stumpfsinnig, durchtrieben, abweisend. Die Häuser sind ätzend schmucklos, eng und dunkel oder bereits verfallen. Ein Eindruck, der bei Millionen von Zuschauern sicherlich hängen geblieben ist.

Das verursachte reichlich Wirbel, auch politischen. FDP-Mann Rainer Brüderle, damals noch Wirtschaftsminister in Rheinland-Pfalz, sprach von einem Zerrbild und davon, dass ein ganzer Landstrich verunglimpft worden sei. Der damalige Südwestfunk musste sich für den Dreh rechtfertigen, ebenso wie Ulrike Folkerts für das »Pfälzisch Sibirien«. Die Schauspielerin weist bis heute diesen Vorwurf zurück. Der Ausdruck, behauptet Folkerts, sei einzig und allein dem Umstand geschuldet gewesen, dass die stundenlangen Dreharbeiten für die *Häcksler*-Folge bei minus 20 Grad im Wald stattgefunden hätten. Dabei kann man schon mal an Sibirien denken. Man hätte es aber auch bleiben lassen können.

Weil wir noch ein Stück von der heilen Welt haben

In Kaiserslautern. Da, wo früher ein Schandfleck war, wo sich ein einziges großes Brachgelände erstreckte, wo man gerne aus der Stadt rausfuhr, weil's so hässlich war, da, wo noch früher eine Kammgarnspinnerei und ein Schlachthof waren, genau da ist heute einer der schönsten Flecken Kaiserslauterns: die Gartenschau.

Kern- und Prunkstück der Gartenschau ist der Neumühlepark. Ein weitläufiges Areal mit schönen Spazierwegen zwischen zwei künstlich angelegten Teichen, mit bunten, jahreszeitlich bepflanzten Beeten, schattigen Sitz- und Liegemöglichkeiten auf gepflegten Rasenflächen, gesäumt von hohen Bäumen. Dazwischen tauchen immer mal wieder – einzeln oder in kleinen Gruppen – einige der mehr als 80 Dinosaurier auf. Die Plastikfiguren sind lebensecht und manche davon größer als die Bäume ringsum. Kinder tummeln sich auf dem Abenteuerspielplatz, stürzen sich am Rutschenturm in die Röhren, hangeln sich durch den Seilgarten oder machen sich am Wasserspielplatz gegenseitig nass. Für Eltern wunderbar. Man kann entspannt zuschauen, wie sich die Kleinen vergnügen, ohne ständig selbst für Amüsement sorgen zu müssen, denn es sind immer genügend andere Kinder da, sodass die Eltern nicht gebraucht werden – höchstens um ein Eis oder eine Fanta zu kaufen. Wer Minigolf oder Fußball spielen will, wer Skateboard fahren oder Wasser treten will, bitte schön, bitte schön, bitte schön.

Liest sich wie eine Prospektwerbung. Genau. So ist es auch. Sogar Berge hat die Gartenschau, was in der Pfalz nicht verwunderlich ist. Vom Neumühle-Park aus geht's steil rauf auf den Kaiserberg. Dort steht unter anderem eine Weidenkirche. Das grüne Gotteshaus besteht tatsächlich allein aus geflochtenen Weiden. Im Inneren der 30 Meter langen und bis zu 15 Meter hohen Kirche laden Stühle dazu ein, sich hinzusetzen und einen Augenblick zu verweilen, um die

Ruhe zu genießen, oder um der Sonne entgegenzublinzeln, wenn sie ihre Strahlenbündel durch das geflochtene Weidengeäst schickt. Fotoapparat also nicht vergessen!

So, wie die Gartenschau sich inzwischen präsentiert, war sie nicht von Anfang an. Sie ist aus einer Landesgartenschau hervorgegangen. Man schrieb das Jahr 2000, als die damalige Landesregierung die erste Landesgartenschau in Rheinland-Pfalz aus der Taufe hob. Glücklicherweise in Kaiserslautern. Das vormals graue Industrie-Areal wich einer grünen Oase. Die Resonanz war überwältigend, der Schuldenberg auch. Den Hunderttausenden von Besuchern war das egal: Die Menschen hatten offenbar ein großes Bedürfnis nach gepflegten Rabatten, bunten Blumenschauen und variantenreichen Themengärten. Schnell war klar: Die Landesgartenschau, obwohl ein Verlustbringer, soll – ja muss – als einfache Gartenschau weiterblühen.

Und so kam's denn auch. Die Stadt stellte schon im Jahr danach die erste Nach-Landesgartenschau-Gartenschau auf die Beine. Wieder mit großem Erfolg, wieder mit Miesen am Ende. Im Laufe der Jahre stand die Gartenschau sogar kurz vor dem Aus, wechselte dann aber den Besitzer (von der Stadt zur Lebenshilfe, einem integrativen Betrieb, der sich um Behinderte kümmert), was sich als Glücksfall herausstellte, und von da an ging's bergauf. Die Lebenshilfe baute die Gartenschau um und aus und machte aus dem ohnehin schönen Gelände einen Tummelplatz für Familien und Ausflügler, für Kinder und Senioren, für Gartenliebhaber und Nur-dasitzen-und-gucken-Leute. Ein kleines Stück heile Welt zu erschwinglichen Preisen.

Geöffnet ist die Gartenschau von April bis Oktober. Sie wird auch gerne und oft als Veranstaltungsort für Konzerte, Gottesdienste oder Märchenaufführungen für Kinder genutzt. Die »Location«, wie man heutzutage sagt, ist einzigartig. Und sie ist eingezäunt. Nicht nur, um Eintritt verlangen zu können. Auch der Sauberkeit wegen. So ein Zaun hält beutellose Hundebesitzer und hirnlose Vandalen ab. Die soll's ja geben.

Weil wir die Wesch haben

In der Wesch kann sich sehr schnell ein Gefühl des Alleinseins und der Beklemmung einstellen. So mitten im Nichts, drum herum nur Wasser und dahinter noch mehr Wasser. Das rettende Ufer, der rettende Rand, ist weit weg, ganz weit weg. Und es ist kalt. Sehr kalt. Brrrr-kalt. Wie Wasser aus Tiefbrunnen halt so ist. Für gute Schwimmer mag die Wesch ein H_2O-gefülltes Paradies sein, für mäßige Schwimmer ist sie eine Herausforderung. Eine große. Seepferdchen reicht da nicht, Freischwimmer wäre besser. Oder am besten Totenkopf (so nannten sich die Abzeichen in meiner Jugendzeit).

Die Wesch ist Kult in Kaiserslautern. Lange hieß es, sie sei das größte Freibad Europas. Dann hieß es einschränkend, sie sei das größte Einbeckenbad Europas. Oder zumindest Deutschlands. Vielleicht war sie das früher mal, jetzt aber nicht mehr. Das Becken des ausgebauten Brentanobades in Frankfurt ist um einiges größer. Einigen wir uns also auf das womöglich zweitgrößte Einbeckenbad Deutschlands, dann kommen wir der Sache schon näher. Es macht die Wesch nicht minder imposant: 165 Meter lang, durchschnittlich 45 Meter breit. 7.500 Quadratmeter Wasserfläche. Viel Platz zum Schwimmen. Das lieben die Wesch-Fans. Niemand, der einem ständig in die Bahn schwimmt. Kein ständiges Wenden. Auf »toter Mann« machen, ohne gleich angestoßen zu werden. Schwimmen wie im Meer, nur ohne Wellen. So ganz für sich. Herrlich. Wenn man gut schwimmen kann. Und kältefest ist. Das Wasser ist ungeheizt. Schon immer gewesen.

»Die Wesch« ist eine dialektische Abkürzung. Eröffnet wurde die »Waschmühle«, so der richtige Name, im Jahre 1908 am nördlichen Stadtrand von Kaiserslautern auf dem Gelände einer ehemaligen Wäscherei. Spendable Schwimmfreunde hatten das nötige

Kleingeld für den Bau des Riesenbades gegeben. Anfangs war das Becken sogar um ein Drittel größer als heute. In den 1980er-Jahren wurde es aus Kostengründen verkleinert. Fast 90 Jahre lang kam das Wesch-Wasser aus dem vorbeifließenden Eselsbach. Dieser hatte bereits der Wäscherei gute Dienste geleistet. Mitte der 1990er-Jahre wurde die Wasserversorgung des Bades umgestellt. Seitdem speisen Tiefbrunnen das Becken. Der Unterschied ist nicht spürbar. Das Wasser ist genauso kalt geblieben.

Erstaunlich großzügig ist in der Wesch nicht nur das Becken, sondern auch die Spiel- und Liegefläche. Das Heringsdosen-Syndrom anderer Bäder bleibt Wesch-Gästen erspart. Auf der Wiese ringsum kann man sich entspannt hinfläzen und den Wagemutigen zuschauen, die sich vom Sprungturm zehn Meter in die Tiefe stürzen. Und wenn sie aus dem Wasser rausklettern, kann man auf Bauch und Rücken auch die roten Aufprall-Flecken bewundern.

Ein Bad, das in die Jahre kommt, muss saniert werden. Bei einem Riesenbad kostet das einen Riesenbatzen. Als es bei der Wesch so weit war, dachte der Stadtrat von Kaiserslautern ernsthaft darüber nach, das Becken erneut zu verkleinern – um fast die Hälfte. Das gab einen Aufschrei, mein lieber Mann. Eine Bürgerinitiative setzte ein Bürgerbegehren durch, und das machte den Stadtratsplänen schließlich den Garaus. So blieb das Bad, wie es ist, und wurde trotzdem saniert. Sehr zur Freude der kälteresistenten Wesch-Besucher.

Kleiner Tipp für Warmduscher: In Kaiserslautern gibt's zwei Freibäder. Das andere ist beheizt.

Weil wir unseren eigenen Grand Canyon haben

35 Meter hohe rote Sandsteintürme. Steile Felsennadeln. Wuchtige Steinblöcke. Tiefe Canyons. Schluchten, deren Steinwände von

den kraftvollen Wassern der Urmeere vor Jahrmillionen zu bizarren Formen geschliffen wurden. Bitte stellen Sie sich dazu jetzt vor Ihrem geistigen Ohr noch ein bisschen dramatische Musik vor, die passt jetzt einfach.

Vor uns liegt ein zwei Kilometer langes Felsmassiv, das allein durch seine schiere Größe alle Dimensionen dessen sprengt, was der Pfälzer Wanderer je sah. Ja, wir sind immer noch in der Pfalz und nicht etwa am Colorado Plateau im Südwesten der USA. Aber das, was hier ganz versteckt im Pfälzerwald, in der tiefsten Südwestpfalz hinter Eppenbrunn, ganz nahe an der Grenze zu Frankreich, den bescheidenen und extrem untertreibenden Namen Altschlossfelsen trägt, kann sich mit dem weltberühmten Grand Canyon durchaus messen, finden wir Pfälzer, und stehen jedes Mal atemlos vor den unglaublich beeindruckenden Sandsteinformationen. Größenmäßig kommen die nicht ganz an die des Grand Canyon heran, von der Wirkung her aber allemal. Ehrfurcht gebietend und erhaben, solche Worte kommen einem beim Altschlossfelsen in den Sinn, und vor ihm klingen sie überhaupt nicht pathetisch, sondern einfach nur angemessen. So etwas wie den Altschlossfelsen vermutet selbst der geübte Wanderer und erfahrene Naturliebhaber niemals in der Pfalz, wenn er es nicht mit eigenen Augen sieht und mit den eigenen Füßen erwandert.

Und da kann er lange wandern. Und lange gucken. Auf einer Länge von knapp zwei Kilometern zeigt sich das 35 Meter hohe Massiv mit allen Schönheiten, die der weiche pfälzische Buntsandstein im Lauf der Evolution hervorgebracht hat: Türme, Überhänge, Höhlen, Felsentore, Kamine, Kugelsteinbildung, feinste Farbschattierungen in allen nur denkbaren Rot-, Braun-, Grau-, Grün- und Schwarztönen. Wer einmal da war, wird diesen Anblick nie wieder vergessen. Und den Ausblick auch nicht. Das Plateau am westlichen Ende des Massivs gibt den Blick nach Frankreich frei, hinüber ins Bitscherland und auf die Nordvogesen.

Die Aussicht ist grandios, keine Frage, aber sie verblasst gegen die »Insicht« – oder wie nennt man es, wenn man nicht vom Felsen weg, sondern auf den Felsen draufguckt? Und das werden Sie tun, wenn Sie den kleinen Pfaden folgen, die sich ganz nah an den steilen Felstürmen und -wänden entlangwinden, manchmal ein paar Meter durch sie hindurch auf die andere Seite der Felsen führen und wieder zurück. Sie werden sich nicht sattsehen können an all den unterschiedlichen großen und kleinen Felsenspalten und den unfassbar vielen Formen, die die faszinierende Oberfläche des Sandsteins zeigt. Man kann locker ein paar Stunden lang um den Altschlossfelsen herumwandern. Es gibt aus jedem Blickwinkel etwas Neues zu entdecken.

Und wenn man irgendwann doch wieder absteigt, dann geht es mit den Naturschönheiten direkt weiter. Unterhalb des Altschlossfelsens verläuft das liebliche Stüdenbachtal mit mehreren malerischen Weihern und traumhaften Wanderwegen, die das Erlebnis Altschlossfelsen aufs Angenehmste abrunden. Und die auf die Ehrfurcht und die Demut, die Sie gegenüber der Schönheit dieses Naturwunders gefühlt haben, als sie dort entlanggelaufen sind, so richtig den Deckel draufmachen.

Der größte Unterschied zwischen dem Altschlossfelsen in der Südwestpfalz und dem Grand Canyon im Südwesten der USA ist gar nicht die Größe. Sondern: In der Pfalz gibt's keine Indianer. Sie werden bei uns nicht überfallen. Beraubt werden Sie trotzdem: Das ungläubige Staunen und den Zauber der allerersten Verzückung haben Sie nur, wenn Sie diesem Wunder der Schöpfung zum ersten Mal begegnen. Aber wie das eben so ist, wenn man auf angenehme Weise die Unschuld verliert – man will das Erlebnis wiederholen … Sie dürfen ruhig öfter kommen. Der Altschlossfelsen ist groß genug für alle. Sie werden ihn lieben.

Weil im Karlstal jeder Romantiker schwach wird

Der Pfälzerwald ist ja an sich schon voll von wunderschönen Wald-wegen, malerischen Felsen und atemberaubenden Blickwinkeln. Und das alles in reiner Natur. Aber eine Stelle gibt's im Pfälzerwald, ein paar Kilometer hinter Kaiserslautern, da passiert tatsächlich das, was die Romantiker vor mehr als 200 Jahren schon beschrieben haben, wenn sie durch ein schönes Stück Landschaft gewandert sind: Die Seele öffnet sich und spannt weit ihre Flügel aus ... Unser deutscher Oberromantiker Joseph von Eichendorff hat das damals so formuliert und verzückt mit diesen Worten immer noch Men-schen, die sich irgendwie romantisch fühlen. Es funktioniert auch tatsächlich heute noch, Sie müssen nur ins Karlstal kommen.

Das liegt etwa zehn Kilometer südlich von Kaiserslautern in der Nähe des Luftkurorts Trippstadt. Und dort gibt's die rund drei Kilo-meter lange Karlstalschlucht. Die sah zur Zeit der Romantik, also Ende des 18. und Anfang des 19. Jahrhunderts, schon ganz schön aus, mit ein paar Felsen, einem netten kleinen Bach mittendurch, der Moosalb heißt, und am Ende einem kleinen Weiher, einem so-genannten »Hammer«, so nannte man früher die Abkühlteiche, die man bei der Eisenverhüttung brauchte. Und im Karlstal war eben auch mal Eisen verhüttet worden.

So weit, so gut. So normal. Da kann man doch noch mehr draus machen, sagte in den 1780er-Jahren einer, der damals der absolute deutsche Landschaftsplanungspapst war: Friedrich Ludwig von Sckell. Der stammte von der Lahn und war zunächst mal gelernter Gärtner. Gelernt hatte er allerdings in der Hofgärtnerei in Schwet-zingen, eine äußerst vornehme Adresse für einen Lehrling. Und eine, die viele außergewöhnliche Chancen bot: Im Rahmen seiner Ausbildung lernte Sckell unter anderem die Schlossparks in Bruch-sal, Versailles und Paris kennen. Nicht schlecht, fürs Erste. Aber dann setzte er dem Ganzen die Krone auf: Er ging nach England, dem bis heute gelobten Land und Paradies für Landschaftsgärtner. Und er traf dort den besten dieser Sparte, den es wahrscheinlich je gab: Lancelot Brown, genannt »Capability« Brown, was man wohl am ehesten übersetzen könnte mit »der, der alles möglich machen kann«. Er konnte. Er konnte tatsächlich aus Wüsten blühende Landschaften machen, und er hat es gemacht. Die Parks, die er gestaltet hat, zählen bis heute zu den Garten-Highlights der Welt.

Klar, wer bei diesem Star in die Lehre gegangen war, wurde selbst ein Star. Und so war es bei Friedrich Ludwig von Sckell. Er kam nach Deutschland zurück und bekam einen tollen Auftrag nach dem anderen. Der englische Garten in München, die Schlossgärten in Schwetzingen, Nymphenburg, Innsbruck, Mainz, Heidelberg, Saarbrücken, Zweibrücken, Rilchingen, Weinheim, Salzburg und, und, und ... Die adligen Schlossbesitzer seiner Zeit rissen sich um ihn. Und so kam es, dass Sckell auch nach Trippstadt kam, dort steht nämlich auch ein schönes Schloss, und sein Schlossherr wollte den Garten drum herum aus- und umbauen lassen. Sckell nahm den Auftrag an. Vielleicht machte er ja zwischendrin mal einen Erholungsspaziergang hinterm Haus, pardon, Schloss, und kam so ins Karlstal. Es war eine schicksalhafte Begegnung für beide, Tal und Gärtner. Denn Sckell, der schon so viele wunderschöne Landstriche gesehen und noch schöner gemacht hatte, verliebte sich in das verwunschene, versteckte Karlstal und sagte: »*Eines der schönsten Thäler, die ich in dieser Art gesehen ... habe ..., liegt in der Herrschaft Trippstadt ..., damals das Karlstal genannt.*«[9]

Davon konnte er nicht die Finger lassen, dieses Tal wurde seine Herzensangelegenheit. Sehr behutsam und mit viel Liebe veränderte er das Tal, nur ein wenig, aber diese Veränderungen gaben dem Tal eine Seele, wie sie romantischer nicht sein könnte:

Auf den ehemals geraden Weg am Bach entlang setzte Sckell ein paar rote Buntsandsteinfelsen. Die nahm er einfach von ein paar Meter weiter, wo sie sowieso im Wald herumgelegen hatten.

Jetzt aber bekamen sie eine Aufgabe: Der Weg musste sich nun um die Felsen herumschlängeln, was dem Romantiker viel lieber ist als eine gerade Strecke. Damit der Wanderer den Bach noch besser genießen konnte, ließ Sckell ein paar hübsche kleine Holzbrücken darüber bauen, und er stellte am Ende des Tals noch einen kleinen Holzpavillon hin. Zwischendrin ließ er aus den Felsenresten auch noch ein paar Steinstufen und -treppen die Hänge hinauflaufen. Die führten nirgendwohin, aber das brauchten sie auch nicht, der Romantiker mochte es ja, wenn es ein paar Rätsel im Leben gab.

Wenn Sie heute das Karlstal besuchen – und das lege ich Ihnen sehr ans Herz! –, dann werden Sie es nicht glauben: Das soll alles künstlich gestaltet sein? Dieses Tal, das so überaus naturbelassen aussieht? Ja, und gerade das ist die große Kunst und Sckells Verdienst. Er hat sich hier ein Denkmal gesetzt, indem er auf ein Denkmal verzichtet hat. Er hat sich den Gegebenheiten der Natur untergeordnet und aus dieser bescheidenen Haltung heraus eins der größten Landschaftskunstwerke der deutschen Romantik geschaffen.

So unauffällig sein großes Werk auf den ersten Blick erscheint, so groß war das Aufsehen, das er damit erregte, als die Welt Notiz davon nahm. Eine Eisentafel am Taleingang erinnert daran, dass einst sogar fürstlicher Besuch das Tal gewürdigt hat: Exkönig Ludwig I. von Bayern, Großherzog Ludwig III. von Hessen-Darmstadt und Erzherzogin Hildegard von Österreich samt Gefolge besichtigten das Tal am 9. August 1862. Da war Sckell schon längst tot. Mit 73 ist er in München als Hofgartenintendant gestorben. 15 Jahre vorher ist er für seine große Leistung in den Adelsstand erhoben worden. Und er wirkt immer noch nach. Seine Gruppierungs- und Pflanzweisen loben Landschaftsgärtner heute noch, und sie wenden sie auch noch an. Die Bayerische Akademie der Schönen Künste verleiht seit 1967 alle zwei Jahre den Friedrich-Ludwig-von-Sckell-Ehrenring an verdienstvolle Landschaftsarchitekten, Gartenhistoriker oder Personen aus verwandten Berufen. Wer diesen Ring kriegt, der weiß, er hat's zu was gebracht.

Dass so ein berühmter Mann, der heute als Begründer der »klassischen Phase« des englischen Landschaftsgartens in Deutschland gilt, ausgerechnet das versteckte kleine Karlstal im Pfälzerwald so geliebt hat und es zu seinen größten Taten zählte, das adelt uns Pfälzer auch ein bisschen.

Weil im Pfälzerwald museumsreife Bäume stehen

Wenn in einer Stadt ein alter Baum steht, dann fällt er auf. Im Wald nicht. Es sei denn, der Waldwanderer geht gezielt dorthin, wo ein alter Baum steht, sucht ihn und schaut ihn sich an. Dann allerdings wird er etwas erleben, was man nur mit den pathetischen Worten Erhabenheit (aufseiten des Baums) und Demut (aufseiten des Menschen) beschreiben kann. Im Pfälzerwald gibt es zwei Orte, an denen Bäume stehen, die so alt und so in Würde gealtert sind, dass ihre Schönheit mich stumm vor Staunen macht.

Der eine Ort liegt im sogenannten »badischen Sommerwald« zwischen Rodalben und Pirmasens. Dort stehen zehn ganz besondere Lärchen. Es sind die ersten, die jemals in der Pfalz gewachsen sind, und von denen alle anderen Pfälzer Lärchen abstammen. 1770 hat sie der Oberforstmeister Karl von Geusau aus Tirol mitgebracht. Der Markgraf von Baden, der damals in diesem Stück Pfälzerwald das Sagen hatte, wollte unbedingt einen fähigen Forstmann haben, der den eher armseligen und wenig ertragreichen Wald von damals auf Vordermann brachte. Er holte den Freiherrn von Geusau und gab ihm genau diesen Auftrag. Geusau hatte Lärchen auf seinen Reisen durch Tirol gesehen und bewundert und bestellte ganz offiziell ein paar Samen für die Pfalz. Er säte, und sie wuchsen. Und wuchsen und wuchsen. Offensichtlich waren das Klima und der Boden in der Südwestpfalz genau das Richtige für die genügsamen Nadelbäume, und sie bedankten sich bei Geusau, indem sie stattlich und prächtig wurden. Natürlich nicht sofort, es dauert ein Weilchen, bis ein Baum ausgewachsen ist. Heute ragen sie fast kerzengerade 45 Meter in den Himmel, mit gleichmäßigen Kronen und einem Durchmesser von 1,20 Meter. Damit sehen sie immer noch schlank aus. Steht man vor ihnen, spürt man auf subtile Weise ihr würdevolles Alter, das so gar nichts Knorriges hat.

Geusau hat sie in ihrer vollen Schönheit nicht mehr gesehen, weil er nach 25 Dienstjahren fliehen musste, als die französischen Revolutionstruppen in die Pfalz kamen. Die Lärchen durften bleiben und stehen mit ihren fast 250 Jahren noch voll im Saft. Das beweisen sie sogar. Die Baumexperten der Forschungsanstalt für Waldökologie und Forstwirtschaft in Trippstadt bei Kaiserslautern ernten von diesen ersten Lärchen immer noch die besten Lärchensamen, die in der ganzen Pfalz zu kriegen sind.

Noch tiefer berührt den Wanderer die Begegnung mit den alten Kiefern in der Gemarkung Kleine Ehscheid, tief im Wald hinter Elmstein, zwischen den winzigen Ortsteilen Harzofen und Schwabenbach. Für mich ist dieses Waldstück einer der märchenhaftesten Orte in der ganzen Pfalz und eigentlich auf der ganzen Welt. Ich gehe seit vielen Jahren immer wieder dort spazieren, und es passiert jedes Mal: Ich werde ganz still und auf zufriedene Art ruhig. Glücklich. Und das liegt an den rund 180 uralten Kiefern, die hier auf fünf Hektar Mischwald verstreut zwischen anderen und jüngeren Bäumen, vor allem Eichen und Buchen (der für den Pfälzerwald typischen Mischung, die der Förster »Pfälzer Dreiklang« nennt), wachsen. Die Kiefern sind 260 Jahre alt, d. h. sie wurden gepflanzt, als der Alte Fritz regierte. Doch weder der Preußenkönig noch irgendjemand anders hatte jemals gewollt, dass diese Kiefern so alt werden. Normalerweise hätten sie mit spätestens 160 Jahren geschlagen und verarbeitet werden müssen, das ist nämlich das beste Alter für hochwertiges Kiefernholz. Dass die Kiefern auf der Kleinen Ehscheid stehen geblieben sind, verdanken sie einzig und allein einem verschusselten pfälzischen Forstbeamten. Der hätte eigentlich – wie alle anderen Forstleute während der damaligen französischen Besatzungszeit auch – seinem französischen Oberförster dingend die hiebreifen Kiefern melden müssen. Frankreich brauchte damals jede Menge Holz, weil in den französischen Kriegen so viel kaputtgegangen war. Der schlampige Pfälzer hat einfach vergessen, die Kiefern zu melden und der französische Forstfuzzi hat's nicht gemerkt. Erst viel später fiel es dem Pfälzer Dussel noch zähneknirschend ein, aber da war das mit der wilden Abholzerei schon nicht mehr so wild.

Ein paar Jahre später allerdings befürchteten die Pfälzer dann doch noch böse Strafen von den Franzosen. Einer von ihnen kündigte ihnen nämlich den Besuch eines hohen Tiers unter den französischen Förstern an, der gerne mal ein schönes Stück Wald im Besatzungsgebiet sehen wollte. Ach herrje, da haben die Pfälzer erst mal gebibbert, ihn dann aber zur Kleinen Ehscheid geführt, es blieb ihnen auch gar nichts anders übrig. Und der Franzose? War so gerührt, dass ihm beim Anblick der wunderschönen Kiefern die Tränen kamen. Und er wollte wissen, wer der schusselige Forstbeamte war. Noch mal Zittern, als sie ihm zerknirscht den Namen nannten. Aber da fing der Franzose an zu strahlen und sagte lächelnd: »Geben Sie dem Mann einen Orden!«

Ob er ihn wirklich bekommen hat, weiß heute niemand mehr. Aber die Kiefern – es sind die ältesten in ganz Deutschland! – stehen immer noch.

56. GRUND

Weil der Frühling nirgends so schön rosa ist wie in Gimmeldingen

Die ganze Welt in Rosa zu sehen ist ein angenehmer Zustand. Manche versuchen, ihn zu erreichen, indem sie die gleichfarbige Brille aufsetzen, andere nehmen gar Drogen dafür. In der Pfalz brauchen sie beides nicht. Sie brauchen nur im Frühling in den Neustadter Ortsteil Gimmeldingen zu kommen, dann klappt das mit dem Rosa von ganz allein. Dann blühen in Gimmeldingen nämlich die Mandeln, und zwar derart massig, dass man einen rosa Rausch bekommen kann.

Rund 2.500 Einwohner hat Gimmeldingen und 3.000 Mandelbäume. Wenn die in Blüte stehen, dann freut das nicht nur die Gimmeldinger, dann kommen die Pinksüchtigen von weither, um in diese Welt einzutauchen, dann sind es schon mal gut und gern 20.000 Gäste, die Gimmeldingen stürmen. Nun ja, stürmen … Wenn Sie ganz frühmorgens anreisen, kommen Sie vielleicht noch zügig rein, ansonsten stehen Sie wahrscheinlich eine ganze Weile im Stau. Aber immerhin mit Blick auf die blühenden Mandelbäume, die am Waldrand und an den malerisch am Hang gelegenen Feldern davor wachsen.

Gepflanzt wurden sie Ende des 18. Jahrhunderts. Man wählte damals die Mandelbäume, weil sie mit ihren schmalen Blättern und lichten Kronen nur wenig Schatten auf die Reben warfen, die unter ihnen wuchsen. Denn die brauchten ja viel Sonne, damit später ein guter Wein aus ihnen wurde, das ist heute immer noch so. Mandeln und Reben vertragen sich gut, das wussten schon die alten Römer, die haben ja beide schon vor rund 1.800 Jahren zu uns gebracht. Den eleganten Römern hat dabei bestimmt nicht nur der Geschmack gut gefallen, sondern auch der Anblick. Rosa Wolken über den Weinbergen, genau so sehen die Mandelbäume aus, wenn sie gerade aufgeblüht sind.

Dabei gibt es ein klitzekleines Problem: Man weiß nie so genau, wann die Knospen aufspringen. Irgendwann, wenn der Winter vorbei ist und es wieder etwas milder wird, schon klar. Ist doch auch egal, werden Sie vielleicht sagen, man sieht es ja, wenn sie blühen. Es ist nicht egal. Denn, meine Damen und Herren, wir sind in der Pfalz, also machen wir aus so einem Anlass wie den ersten Mandelblüten natürlich ein Weinfest. Das Gimmeldinger Mandelblütenfest ist das allererste Weinfest des Jahres in Rheinland-Pfalz und eins der ältesten dazu. Zwei Wochenenden lang wird gefeiert, getrunken, gegessen und eine Mandelblütenkönigin nebst Mandelblütenprinzessin gewählt, beim Mandelblütenball.

Der Gimmeldinger Festausschuss hat die verantwortungsvolle Aufgabe, jedes Jahr den Termin für das Fest festzulegen. Das heißt, Wochen und Tage vorher lassen die Ausschussmitglieder die Mandelbäume und vor allem ihre Knospen nicht aus den Augen. Wenn sie tatsächlich Anzeichen zeigen, aufzuspringen, dann wird's knapp. Denn ein Mandelblütenfest ohne Blüten oder nur mit verblühten Blüten? Undenkbar. Das heißt, die Experten begutachten kritisch und legen dann an einem Montag den Termin fürs sogleich folgende Wochenende fest. Die Presse wartet meistens schon ungeduldig, um den Termin sofort anzukündigen. Und dann hat das Dorf gerade mal eine Woche Zeit, um alles vorzubereiten, aber so ist es eben, das lässt sich nicht ändern.

Das ist jedes Jahr wieder Zeitdruck mit Ansage, und das macht Stress. Im Festausschuss ging es deshalb schon öfter heiß her, wenn sich die Damen und Herren mal wieder nicht auf einen Termin einigen konnte, und mancher Kopf ist dabei nicht nur rosa, sondern purpurrot geworden vor lauter Rage.

Wenn das Fest dann endlich da ist, herrscht aber meistens wieder Frieden. Der gute Wein und das viele Rosa tragen ihren Teil dazu bei, die Stimmung erst zu besänftigen und dann wieder zu heben. Es ist immerhin das erste Weinfest im Jahr, und auch als Pfälzer muss man ja schauen, dass man wieder in Übung kommt mit dem öffentlichen Trinken. Vielleicht war es ja der rosa Rausch, der einen Festteilnehmer vor einigen Jahren auf die lustige Idee brachte, das Gimmeldinger Ortsschild ein bisschen umzugestalten. Er schrieb ein großes »P« über den ersten Buchstaben des Ortsnamens. »Pimmeldingen« stand da also. Das haben die traditionsbewussten Gimmeldinger aber ganz schnell wieder abgewischt. Schade eigentlich. Rosa hätte doch auch dazu gepasst.

KAPITEL 6

VIP
very important Pfälzer

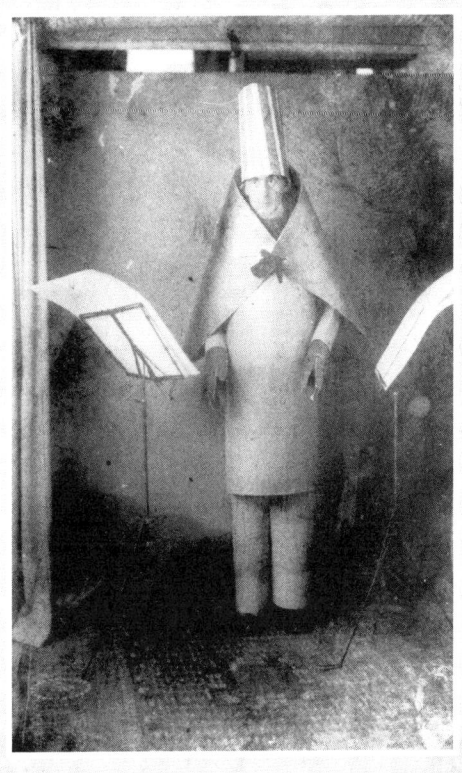

Weil keiner die Pfalz schöner gemalt hat als Max Slevogt

Und er ist zu Recht dafür berühmt geworden. Max Slevogt zählt zusammen mit Max Liebermann und Lovis Corinth zu den wichtigsten deutschen Impressionisten, wobei ein Kunstkritiker einmal sagte, Slevogt sei der sympathischste der drei gewesen. Liebermann und Corinth waren keine Pfälzer, und Slevogt ganz genau genommen auch nicht, er wurde nämlich in Bayern geboren, 1868. Seine größten Erfolge feierte er in Berlin, aber die Pfalz wählte er sich als Zuhause. Er hatte schon als Kind oft seine Verwandten in Landau besucht, die pfälzische Landschaft hat ihm damals schon gut gefallen. So gut, dass er als Erwachsener den Hof Neukastel oberhalb von Leinsweiler an der Südlichen Weinstraße kaufte und dort bis zu seinem Tod wohnte.

Es war der perfekte Ort für einen Maler, der am liebsten Landschaften malte und zwar am liebsten im Freien, das mochten zu seiner Zeit nur wenige. Neukastel, heute als Slevogt-Hof bekannt, bot damals und bietet immer noch eine der grandiosesten Aussichten, die man über die Pfalz mit ihren sanften Hügeln und Weinbergen, über die Rheinebene bis ins Elsass und zum Schwarzwald haben kann. Weiches, welliges, weites Land, so weit das Auge reicht. Kastanienhaine, Sandsteinfelsen, Wald, zu jeder Tages- und Jahreszeit malte Slevogt die Pfälzer Landschaft von ihrer schönsten Seite. Wie er das Spiel der Sonnenstrahlen und Schatten in den dichten Blättern der Buchenkronen im Hochsommer oder im braun-rotgolden gefärbten Herbstlaub in Wald und Weinberg eingefangen hat, das machte ihm so schnell keiner nach. Und es verzaubert die Betrachter heute noch. Selbst seine Bilder vom ersten Schnee auf den Stoppelfeldern oder von einer kalten Mondnacht erwärmen einem das Herz. Weil man sieht und spürt, hier hat einer den Pinsel geführt, der dieses Land geliebt hat.

Slevogt war der Erste, der das mediterrane Flair der Pfalz und ihre satten Farben und Stimmungen einem großen Publikum gezeigt hat. Seine Porträts von seiner Frau, die im Garten schläft, und seinem Hund, der dort döst, strahlen eine lässige Ruhe und wohlige Faulheit aus, die man sonst nur von Bildern aus südlichen Ländern kennt. Slevogt selbst war ein Typ mit genau dieser Gelassenheit des Genießers, ein bisschen untersetzt vom guten Essen und vom guten Wein, immer eine Zigarre im Mundwinkel, er hat zur Pfalz gepasst und sie zu ihm.

Er wusste das und genoss das Arbeiten in der Pfalz umso mehr. Sein Freund Johannes Guthmann erinnerte sich an Slevogts eigene Worte: »*Welche Stimmung der Pfalz ihm die liebste und entsprechendste sei? Fragte er eines Tages beim Pürschgang mich, vielmehr sich selber: Ach, er liebe den Sommer, wenn die Kiefer im warmen Sande würzig riecht und die Weinrebe noch wunderbar aromatisch und herb-süß duftet. Der Herbst sei malerisch am kapriziösesten, der Vorfrühling am feinsten. Und der Winter? Er liebte eben – uneingeschränkt, wie Liebe tut – seine Rheinpfalz! … In den Offenbarungen des Lichts und der Farbenspiele sah er die Welt.*«[10]

Einen großen Teil seiner Bilder können Sie heute in der Max-Slevogt-Galerie in der Villa Ludwigshöhe in Edenkoben bewundern. Und wenn Sie schon mal dort sind, dann schauen Sie gleich noch in Neukastel vorbei, das ist nur ein Katzensprung. Schöner als mit Max Slevogts Augen können Sie die Pfalz nicht sehen.

58. GRUND

Weil die Pfalz noch mehr Künstler hervorgebracht hat und auch zeigt

Wir Pfälzer lieben Max Slevogt, das geben wir gern zu. Aber er ist längst nicht der Einzige und auch nicht der Letzte, der als Künstler aus der Pfalz Aufsehen in der Kunstwelt erregt hat. Wenn Sie sich für diese Welt interessieren, dann müssen Sie – unbedingt! – nach Kaiserslautern, ins Museum Pfalzgalerie. Es ist eins der ältesten, bedeutendsten und bekanntesten Kunstmuseen in Rheinland-Pfalz und schon allein als Gebäude ein Hingucker. Neorenaissance, die macht den großen Klotz mit mehr als 1.000 Quadratmetern Ausstellungsfläche zu einem würdevollen und ausgesprochen ästhetischen Gebäude, das stolz auf dem Hügel thront und schon von Weitem klarmacht: Hier geht's um Kunst! Und was für welche. Aus den Anfängen des Museums vor rund 130 Jahren sieht man noch ganz viel Kunstgewerbe, Objekte, Skulpturen, Wandteppiche und Möbel von der Spätgotik bis ins 19. Jahrhundert.

Und dann kam Anfang des 20. Jahrhunderts der Münchner Hofrat Joseph Benzino, der aus dem westpfälzischen Landstuhl stammte, und schenkte dem Museum seine Gemäldesammlung. Seitdem hängen in Kaiserslautern die Bilder epochemachender deutscher Maler wie besagter Slevogt und Co, aber auch Feuerbach, Spitzweg, berühmte Expressionisten wie Kirchner, Macke, Dix und Beckmann, dann 15.000 Grafiken, unter anderem von Picasso, Paul Klee und Max Ernst. Die Pfälzer Künstler Johann Heinrich Roos, Heinrich Bürkel, Hans Purrmann, Otto Dill und Albert Weisgerber sind breit vertreten und ziehen die Besucher genauso an wie die Sammlung der Plastiken.

Das alles allein ist schon mehr als einen Besuch in der Pfalzgalerie wert. Aber dann finden Sie dort auch Kunst, mit der Sie wahrscheinlich im ersten Moment bei einem Museum mit dem Wort »Pfalz« im Titel nicht gerechnet hätten: Immer wieder zeigt die Pfalzgalerie Ausstellungen mit moderner Kunst aus unserer Gegenwart, häufig aus Amerika. Diese Schauen machen die Pfalzgalerie einzigartig, denn sie zeigen auf der einen Seite, dass die Pfälzer offen sind für alles, was sich auch außerhalb ihres Dunstkreises abspielt, und gar kein Interesse daran haben, im eigenen Saft zu schmoren. Auf der anderen Seite tut es gut, zu spüren, dass Pfalzgalerie-Direktorin

Britta Buhlmann die Pfälzer Werke ganz selbstverständlich neben die moderne Kunst aus Deutschland und der ganzen Welt stellt. Die Pfälzer Kunstwerke brauchen sich nämlich vor den anderen nicht zu verstecken und sich schon gar nicht kleinzumachen.

Die Pfalzgalerie fordert den pfälzischen Betrachter mit gewagter und manchmal vielleicht auch irritierender Kunst von heute heraus, aber wer sagt denn, dass sie das nicht darf. Unterhalten und Spaß machen kann sie ja trotzdem. Dafür kommt die Pfalzgalerie dem Pfälzer aber auch wieder entgegen und bietet nicht nur etwas für die Augen, sondern verwöhnt auch den Gaumen des Museumsbesuchers: Das Kunst(früh)stück verbindet Kunst und Kulinarisches. Erst guckt man an einem schönen Sonntagmorgen gemeinsam ein paar Werke an, alte oder neue, und danach gibt's ein üppiges Frühstück für alle. Und wenn jetzt noch einer sagt, Kunst sei Geschmackssache, dann hat er vollkommen recht!

59. GRUND

Weil bei uns der Ball nicht rund, sondern aus Pirmasens ist

Natürlich gibt's bei uns auch ganz normale runde Bälle, klar, und dem Fußball wurden ja eigene Kapitel gewidmet. Aber es gibt noch einen anderen Ball: Hugo. Der kam in Pirmasens zur Welt, und er hat die Literatur ganz schön ins Rollen gebracht. Er hat nämlich den Dadaismus begründet.

Wollte er gar nicht. Hugo Ball wollte eigentlich nur sagen, dass er gegen den Krieg war. Er war 28 Jahre alt, als der Erste Weltkrieg ausbrach. Er meldete sich freiwillig zum Kriegsdienst, wurde aber für untauglich erklärt. Die Kriegsfront erlebte er trotzdem, als er einen verwundeten Freund in Frankreich besuchte. Das hat gereicht. Jetzt wollte er ein Zeichen setzen: gegen den Wahnsinn des Krieges, gegen den Staat, der ihn zuließ und sogar dazu anfeuerte, gegen die Obrigkeit, gegen die Gesellschaft, die ihr hörig war, gegen Künstler, die sich zum Sprachrohr und Werkzeug dieser Gesellschaft und dieses Staates machten. Er – und nicht nur er, er fand eine ganze Reihe von Mitstreitern – wollte die Ordnung umstürzen. Und das erledigte er gründlich. Ganz ohne Gewalt, aber mit viel Provokation.

Weil ja alles, was passierte, erst mal ausgesprochen sein musste, warfen Hugo Ball und seine Freunde die Sprache über den Haufen. Sie schrieben Texte mit Wörtern, die es gar nicht gab. Und manchmal waren das nicht mal Wörter, sondern nur Laute.

Deutschland mitten im Krieg war dafür allerdings ein denkbar ungeeigneter Ort. Hugo Ball und seine Freundin Emmy Hennings zogen in die neutrale Schweiz um und gründeten dort 1916 in einem Café in Zürich das Cabaret Voltaire. Und dort, im Juni 1916, trug Hugo Ball das erste Lautgedicht vor: ein Text, in dem Wörter vorkommen wie »rhinozerrossola« und »laulitalomini« und »zimbrabim«. Blanker Unsinn. Und genau der sollte es sein. Dazu hatte sich Hugo Ball ein beeindruckend albernes Kostüm gebastelt, mit einer steifen blauen Hose aus Pappe, darüber eine Art Umhang, ebenfalls aus Pappe, außen rot und innen golden, und auf dem Kopf einen riesigen hohen weiß-blau gestreiften Zylinder. Ein Bild für die Götter muss er gewesen sein, er nannte sich selber passenderweise auch »magischer Bischof«. Das Kostüm war etwas unpraktisch, weil es ihm keinerlei Bewegungsfreiheit ließ, deshalb mussten ihn Freunde auf die Bühne tragen. Der Wucht seines Auftritts tat das keinen Abbruch, das erste Lautgedicht und alles, was danach im Cabaret Voltaire noch auf die Bühne kam, schlug in der Welt der Künstler ein wie eine Bombe. Ganz schnell fanden sich so viele Schriftsteller, Maler, Musiker und Schauspieler, die auch so etwas machen wollten, dass die ganze Chose einen Namen brauchte. Einen möglichst sinnlosen natürlich. Sie fanden ihn: Dada. Konnte jedes Kleinkind brabbeln, und Inhalt hatte es auch keinen, wunderbar. Die Künstler entwickelten auch ihre Form des Vortrags weiter.

Sie ließen nicht nur sinnlose Laute aus ihren Mündern kommen, sie seufzten, stöhnten und schluchzten auch dazu. Das würde ich Ihnen ja gern mal vormachen, geht leider nicht (Ja, ich weiß, einige sind darüber jetzt ganz froh … Aber glauben Sie mir: Dada macht echt Spaß, beim Vortragen und beim Zuhören!).

Sie halten das für Blödsinn? Sie haben ja recht. Und genau, weil es so konsequenter Blödsinn ist, kriegt so ein Dada-Text schon wieder Sinn. Nicht über den Inhalt, sondern nur über Laute, und das ist genial. Eins der berühmtesten Beispiele ist Hugo Balls Lautgedicht *Karawane* – da hört man die dicken Elefanten stampfen und die Kamele wanken, man hört die orientalische Musik, und man hört sogar die bunten Farben der Nomadengewänder. Weil's so schön ist, dürfen Sie es hier selber lesen, am besten laut:

jolifanto bambla ô falli bambla
grossiga m'pfa habla horem
égiga goramen
higo bloiko russula huju
hollaka hollala
anlogo bung
blago bung
blago bung
bosso fataka
ü üü ü
schampa wulla wussa ólobo
hej tatta gôrem
eschige zunbada
wulubu ssubudu uluw ssubudu
tumba ba- umf
kusagauma
ba – umf[11]

Na? Macht doch Spaß, oder? Dem Publikum gefiel das sehr, und die neue Literatur- und Kunstbewegung Dada eroberte ganz schnell ganz Europa. Die Kritiker bemerkten das und gaben – so sind Kritiker nun mal – dem Kind einen Namen: Dadaismus. Das war natürlich genau das, was Hugo Ball und die anderen nie wollten: in eine Ideologie eingeordnet werden! Also fingen sie an, Kunst gegen ihre eigene Kunst zu machen, und setzten eine Bewegung in Bewegung, die bis heute Künstler, Maler und Musiker beeinflusst.

Zu seinen Lebzeiten hat sich die Stadt Pirmasens zwar für Hugo Ball geschämt, heute sieht sie das anders und vergibt regelmäßig den renommierten Hugo-Ball-Preis an Schriftsteller, die eine Fach-Jury für würdig genug hält, als Erben von Hugo Ball zu gelten.

Hugo Ball hätte sich bestimmt dagegen gewehrt. Und bestimmt wäre ihm die ehrenvolle Veranstaltung rund um die Preisverleihung viel zu steif gewesen. Aber da kann er jetzt halt nichts mehr dran machen, er ist mit 41 Jahren in der Schweiz an Magenkrebs gestorben. Lassen wir also ihm die letzten Worte in diesem Kapitel:

Dada ist die Weltseele.
Dada ist der Clou.
Dada ist die beste Lilienmilchseife der Welt.[12]

Weil der Trapper Lederstrumpf aus der Pfalz kommt

Der berühmteste Amerikaner mit Pfälzer Wurzeln ist sicher Elvis, keine Frage. Aber es gibt noch einen anderen, der ganz schön Geschichte geschrieben hat, allerdings nicht mit Musik, sondern mit einem Roman. Korrekt gesagt, in einem Roman. Ganz korrekt gesagt, in fünf Romanen. Die drehen sich unter anderem um die Abenteuer des Trappers mit dem Namen Lederstrumpf, im Original

The Leatherstocking Tales. Geschrieben hat diese Indianergeschichten der amerikanische Schriftsteller James Fenimore Cooper.

Bevor ich erkläre, was die Pfalz in diesem Zusammenhang für eine Rolle spielt, kurz mal die *Lederstrumpf*-Story: Der Herr Lederstrumpf heißt mit richtigem Namen Natty Bumppo und ist als Trapper, also als Fallensteller und Jäger, unterwegs. Er trifft eine Menge Indianer, zum Beispiel den letzten Mohikaner, so heißt auch eins der Bücher aus der *Lederstrumpf*-Reihe. Lederstrumpf ist ein Naturbursche. Und das war im 19. Jahrhundert auch in Amerika keineswegs selbstverständlich. Lederstrumpf kämpft gern aufseiten der Indianer und gegen die bösen weißen Siedler, die die Natur kaputt machen und die armen Indianer ausbeuten wollen. Dazu gibt es jede Menge Irrungen, Wirrungen, Abenteuer und kleine Liebesgeschichten, die das Ganze zu einem spannenden Buchpaket machen.

Fünf Romane dieser Art, die denkt man sich nicht mal eben so aus, außer man heißt Karl May, aber so hieß J. F. Cooper ja nicht. Dafür war Mister Cooper ein bisschen unterwegs, das war Karl May nicht. James Fenimore Cooper kam bis in die Pfalz. Eine Zeit lang hat er in der Nähe von Edenkoben gewohnt. Möglicherweise hat er dort von Johann Adam Hartmann gehört. Der war 1748 in Edenkoben auf die Welt gekommen und ist mit 16 nach Nordamerika ausgewandert – als Trapper. Er kam in die Gegend um den Mohawk River, wo eine Menge Indianer wohnten, mit denen er sich angefreundet hat. Sie haben ihm eine ganze Reihe nützlicher Dinge beigebracht, die man in der Wildnis gut gebrauchen kann, zum Beispiel zu überleben. Hartmann hat dann im Amerikanischen Unabhängigkeitskrieg gegen die britische Kolonialmacht gekämpft und sich auch in einer späteren Schlacht auf die Seite der Indianer geschlagen. Toller Typ. Bietet genug Stoff für mehrere Romane ... So etwas Ähnliches muss sich J. F. Cooper gedacht haben und fing an, seinen *Lederstrumpf* nach dem Vorbild von Johann Adam Hartmann zu schreiben. Die Parallelen sind einfach zu auffällig, er muss ihn bzw. seine Lebensgeschichte gekannt haben.

Es hat sich gelohnt. James Fenimore Coopers Bücher würden heute monatelang auf der Spiegel-Bestsellerliste stehen. Goethe hat sie gelesen und war begeistert, und andere berühmte Autoren der Zeit wie Balzac und Victor Hugo auch (Mark Twain dagegen fand sie blöd, zu aufgesetzt, hat er gesagt). Cooper hat dann richtig viel Geld mit den *Lederstrumpf*-Geschichten verdient, Johann Adam Hartmann hatte allerdings nichts davon. Da war der schon lange verarmt in Amerika gestorben und in der Pfalz auch total vergessen. Bis der Maler Max Slevogt die *Lederstrumpf*-Romane entdeckte und verschlang. Und weil er Maler war, hat er die Bücher illustriert und gleich noch ein paar Indianerbilder gemalt. Ein paar Jahrzehnte später, 1952, hat die Stadt Edenkoben zu Ehren von Johann Adam Hartmann eine Gedenktafel aufgehängt. So was geht natürlich unter, deswegen gibt es mittlerweile in der Edenkobener Stadtmitte etwas Spektakuläreres, das an Hartmann, Lederstrumpf und Slevogt zusammen erinnert: den Lederstrumpf-Brunnen des Pfälzer Künstlerpaars Gernot und Barbara Rumpf. Überlebensgroße Bronzefiguren von Lederstrumpf mit Flinte und erschossenem Auerhahn, dem Indianer Chingachgook, dem zeichnenden Max Slevogt, einem Biber und anderen neckischen kleinen Details machen Lust, die alte Indianergeschichte noch mal rauszukramen. Und noch mal respektvoll den Hut vor dem Mut des Pfälzers Johann Adam Hartmann zu ziehen, der auszog, um in der Fremde sein Glück zu machen. Wahrscheinlich hätte er zu Hause in der Pfalz ein bequemeres Leben gehabt. Aber wenn einen Pfälzer die Abenteuerlust packt, dann verlässt er sogar seine Heimat. Wir Pfälzer sind stolz auf ihn.

Weil der Tenor mit der schönsten Stimme ein Pfälzer war

Die Besten sterben jung. Dieser Satz trifft leider auch auf Fritz Wunderlich zu, den Jahrhundert-Tenor aus dem westpfälzischen Kusel. Er starb eine Woche vor seinem 36. Geburtstag in der Hütte eines Jagdfreundes in Oberderdingen im Kraichgau. Um seinen Tod ranken sich die wildesten Gerüchte. In Wien soll behauptet worden sein, Fritz Wunderlich habe sich beim Russischen Roulette eine Kugel in den Kopf geschossen. Auch wurde gemutmaßt, er sei im Vollrausch eine Treppe hinuntergestürzt. Fakt ist, dass Wunderlich in der Jagdhütte tatsächlich so unglücklich hinfiel, dass er wenig später an seinen schweren Kopfverletzungen im Heidelberger Krankenhaus starb.

Der Pianist Hubert Giesen, ein enger Freund Wunderlichs, schreibt in seinen Memoiren, dass Wunderlich sich an jenem Abend vermutlich ein Buch aus der Bibliothek im ersten Stock habe holen wollen. Er sei wohl schnell in seine Schuhe geschlüpft und bei der Rückkehr in sein Zimmer über die offenen Schnürsenkel gestolpert. Beim Versuch, sich an einem Tau, das als Geländer diente, festzuhalten, sei das Tau aus der Verankerung gerissen und Wunderlich kopfüber ein Stockwerk tief auf die Steinplatten gestürzt. Es war das tragische Ende einer Weltkarriere. Nur wenige Tage danach hätte Fritz Wunderlich sein Debüt an der Metropolitan Opera in New York geben sollen.

Geboren worden war Friedrich Karl Otto Wunderlich, genannt Fritz, am 26. September 1930. Seine Karriere führte den westpfälzischen Bub aus ärmlichen Familienverhältnissen an die großen Opernhäuser und Nationaltheater dieser Welt, in Wien, München, Berlin und London. Er trat in Edinburgh und Buenos Aires auf, in Stuttgart oder auch bei den Salzburger Festspielen. Er setzte Maßstäbe als Mozart-Interpret, aber er sang mit seiner zwei Oktaven umfassenden, unverwechselbaren Stimme auch genauso hinreißend Operettenmelodien und Oratorien und tourte mit Liederabenden durch die Lande. Luciano Pavarotti antwortete einst auf die Frage, wer für ihn der herausragende Tenor aller Zeiten sei: Fritz Wunderlich.

Fritz Wunderlich stammt aus einer musikalischen Familie. Sein Vater Paul war Kapellmeister, brachte sich aber um, noch bevor Fritz in die Volksschule in Kusel kam. Mutter Anna spielte Geige und gab Musikunterricht. Fritz und seine ältere Schwester lernten sehr früh mehrere Instrumente. Um sich über Wasser halten zu können, trat die kleine Familie in Gaststätten und bei Tanzabenden in der Region auf. Die langen Musikabende an den Wochenenden waren für die Kinder anstrengend. Das fiel immer montags auf, wenn der kleine Fritz wieder mal übermüdet in seiner Klasse saß. Als Jugendlicher nahm Wunderlich Gesangsunterricht in Kaiserslautern, ehe er 1950 Kusel verließ, um an der Musikhochschule in Freiburg zu studieren. Der Rest ist Geschichte. Musikgeschichte.

Auch wenn Fritz Wunderlich fortan auf den Musikbühnen in Deutschland und Europa zu Hause war, sein Kusel hat er nie vergessen. Er hat dem kleinen Städtchen sogar ein selbst komponiertes Lied gewidmet: *Mein Kusel in der Pfalz.*

Ein Städchen liegt im Pfälzerland, im Tal, so wunderschön.
Dort ist's, wo meine Wiege stand, wohin meine Träume geh'n.[13]

So beginnt das Kusellied. Sich anhören kann man es auf der Homepage der Fritz-Wunderlich-Gesellschaft. Gesungen von Fritz Wunderlich selbst. Die Hymne an seine Geburtsstadt gibt einen kleinen Eindruck von Wunderlichs wunderbar geschmeidiger Tenor-Stimme.

Natürlich schmückt sich Kusel mit seinem berühmten Sohn. An vielen Stellen in dem kleinen Städtchen stößt man auf Wunderlichs Andenken. So hängt über dem Haupteingang des Rathauses ein

Glockenspiel. Jeden Tag Punkt 12.20 Uhr erklingen die 18 Glöck-
chen, und eine der Melodien ist das Kusellied. Außerdem gibt es
eine Fritz-Wunderlich-Halle, eine Fritz-Wunderlich-Straße und
einen Rad- und Wanderweg, der seinen Namen trägt. Das Geburts-
haus in der Trierer Straße 27 erinnert mit einer Gedenkplakette
an Wunderlich, und eine Bronzebüste von ihm steht unweit davon
im Benzinopark. Und im Kuseler Stadt- und Heimatmuseum kann
man sich durch das Leben und Wirken des großen Tenors stöbern.
Die Fritz-Wunderlich-Gesellschaft hat dort alles zusammengetragen, was man über Fritz Wunderlich nur zusammentragen kann.
Ein Besuch lohnt sich.

Weil in Kaiserslautern immer noch
die (philharmonische) Musik spielt

Als Entdecker von Fritz Wunderlich (siehe *Grund 61: Weil der Tenor mit der schönsten Stimme ein Pfälzer war*) gilt Emmerich Smola, der 2011 in Kaiserslautern starb. Der Dirigent Smola begegnete
dem jungen Sänger Wunderlich erstmals 1949 – bei Proben zu einer
Rundfunksendung in Kusel. Smola war ein Jahr zuvor Chefdirigent des neu gegründeten Funkorchesters Kaiserslautern geworden. Vom Fleck weg erkannte Smola das Talent Wunderlichs und
förderte ihn. An den Weltstar hat sich Smola sein Leben lang mit
tiefem Respekt und großer Bewunderung erinnert, »weil er nicht
nur die große Musik fantastisch interpretiert hat, sondern auch die
sogenannte kleinere, die nicht so komplizierte. Es gibt von uns eine
Aufnahme mit ihm – *Ich küsse Ihre Hand, Madame* – ich habe das
noch nie schöner gehört als von Fritz Wunderlich. Ich sitze vor dem
Lautsprecher und begreife gar nicht, wie man so etwas so schön
singen kann«.[14]

Ein Herz fürs Einfache, für die kleinen Dinge, das verband Fritz Wunderlich und Emmerich Smola. Beiden gelang es, eine Brücke zu schlagen vom Schlager zur großen und ernsten Musik – und das Publikum für beides zu begeistern. Smola gab dem jungen Wunderlich später den Rat, nach Freiburg zu fahren, um dort Musik zu studieren. Und Wunderlich war nicht der einzige Star, dem Smola den Weg bereitete. Erika Köth, Johannes Heesters oder Hermann Prey sind einige davon. Im Konzertsaal des damaligen Südwestfunks in Kaiserslautern gaben sich Stars wie Anneliese Rothenberger und Zarah Leander die Klinke in die Hand.

Emmerich Smola selbst hätte es sich als Kind nie träumen lassen, dass er mal ein berühmter Dirigent werden würde. Am 8. Juli 1922 war er in Böhmen an der Moldau zur Welt gekommen. Als Dreijähriger wurde er schwer krank. Sein Vater versprach ihm einen Besuch bei einem Tontechniker beim Radio, wenn er wieder gesund würde. Von da an war sein Berufswunsch klar: »Ich habe nie etwas gewollt, als zum Rundfunk und Musik machen.«[15]

Professor Smola kam aus einem musikalischen Elternhaus, sein Vater machte Kirchenmusik. Und der sorgte dafür, dass sein Sohn schon früh eine vielfältige musikalische Ausbildung bekam. »Ich habe Geige gelernt, Klavier, bin Organist gewesen. Mein erstes Amt in der Kirche habe ich mit neun Jahren gespielt, da kam ich noch gar nicht auf die Pedale runter. Beim Arbeitsdienst habe ich dann Posaune geblasen, bei der Marine habe ich Oboe geblasen. Ich habe eigentlich kein Hauptinstrument, wenn ich von der Orgel absehe.«[16]

Er spielte ab 1946 im Funkorchester als Kontrabassist, das er zwei Jahre später dirigierte. 1951, im zarten Alter von 26 Jahren, wurde er Chefdirigent des neuen Rundfunkorchesters des damaligen Südwestfunks – ebenfalls in Kaiserslautern. Er blieb dies vier Jahrzehnte lang. Mehr als 15.000 Aufnahmen spielte er mit dem Orchester ein, von der Barockmusik zur Neuen Musik, von Oper und Operette bis zu Jazz und Musical. Viele Arrangements schrieb er selbst. Unter seiner Leitung machte sich das Rundfunkorchester auch international einen klingenden Namen. Smola war gern gesehener Gastdirigent in vielen europäischen Rundfunkanstalten.

Ohne Emmerich Smola hätte es kein Rundfunkorchester in Kaiserslautern gegeben. Und ohne Smola gäbe es auch nicht die Deutsche Radiophilharmonie Saarbrücken-Kaiserslautern, die aus der Fusion des Kaiserslauterer Orchesters mit dem Rundfunk-Sinfonieorchester Saarbrücken entstanden ist. Und ohne Emmerich Smola würden heute keine Klassikliebhaber mehr hoch auf den Seß pilgern, um im Konzertsaal, der inzwischen Smolas Namen trägt, philharmonischen Klängen zu lauschen. Die Stadt Kaiserslautern, nein, die ganze Pfalz wäre um eine Kultur-Perle ärmer. Und so bleibt Smolas Vermächtnis über seinen Tod hinaus lebendig: die Menschen teilhaben zu lassen an dem schönen Götterfunken, jener Freude, die Musik in Menschen auslöst. Das war Smola ein Bedürfnis. Und er drückte es so aus: »Vor allem diese Wirkung auf den Menschen, ihnen etwas Schönes zu geben, ihnen die Werte des Gemütes näherzubringen. Es kommt dann nicht auf den Applaus an, sondern auf die Absicht, ihnen etwas Gutes zu tun.«[17]

Emmerich Smola durfte 89 Jahre alt werden. Smola war trotz seiner Erfolge und seines Könnens stets ein bescheidener Mensch, ein sehr nahbarer dazu, der wunderbar erzählen konnte und der auch viel zu erzählen hatte. Nach Emmerich Smola sind die Musikschule der Stadt Kaiserslautern und der Platz vor dem SWR-Studio Kaiserslautern benannt. Auch gibt es einen Emmerich-Smola-Preis, mit dem Nachwuchsmusiker gefördert werden. All das ist das große Erbe eines großen Dirigenten.

Weil die Liselotte aus der Pfalz war

»Madame sein ist ein elendes Handwerk«. Das ist einer der Sprüche, mit denen Liselotte von der Pfalz in die Geschichte einging. Genau betrachtet ist mit »Pfalz« die Kurpfalz, also das Kurfürstentum Pfalz, gemeint. Das hieß damals im 17. Jahrhundert kurz Pfalz, und dazu gehörte auch Heidelberg, was natürlich heutzutage nicht mehr der geografischen Realität entspricht. Damals jedenfalls machte man zwischen Pfalz und Kurpfalz keinen Unterschied, und deshalb hieß Liselotte einfach »von der Pfalz«. Und sie passt so gut zu uns, dass wir sie gern als eine echte Pfälzerin posthum integrieren.

Die Pfälzerin mit dem losen Mundwerk kam am 27. Mai 1652 auf die Welt, als Tochter des pfälzischen Kurfürsten Karl Ludwig und Charlotte von Hessen-Kassel. Die beiden waren zwar adlig, hatten aber genauso viel Stress mit ihrem Spross wie ganz normale bürgerliche Eltern auch. Und zwar von Anfang an. Elisabeth Charlotte – so war sie getauft worden – wollte keine feine Dame sein. Wurde sie auch nie. Schon als Kind wohnte sie im schnieken Heidelberger Schloss, aber dort rannte sie lieber im Garten herum und zerriss sich die Klamotten anstatt brav still zu sitzen und zu sticken oder was höhere Töchter sonst so den lieben langen Tag tun. Aus Puppen machte sie sich gar nichts, spielte stattdessen lieber mit den Flinten und Degen ihres Bruders. Das war eigentlich so weit ganz okay, aber dann war dem guten Kurfürsten sein Töchterlein doch zu naseweis – und er hatte was zu verbergen: seine Geliebte nämlich. Dabei verbarg er die gar nicht, sondern zeigte sich öffentlich mit ihr, was seiner Frau natürlich nicht gefiel. Die hatte ihm drei Kinder geboren, dann hat er sie abserviert, was weder die feine englische noch die feine pfälzische Art ist. Seine Geliebte, Luise von Degenfeld, hatte er augenscheinlich lieber, denn die kriegte immerhin 13 Kinder von ihm.

Nun ja, das nur nebenbei, hier soll es ja um Liselotte von der Pfalz gehen. Zumindest dürfte jetzt aber klar sein, dass ihre Kindheit und Jugend nicht nur rosig war, ständig mitten im Rosenkrieg ihrer Eltern. Der Herr Papa schickte die siebenjährige Liselotte deshalb auch zu seiner Schwester Sophie nach Hannover. Dort ging's ihr so gut wie nie wieder. Sie kam dann nach Jahren wieder zurück in die Pfalz, aber da machte sich der Kurfürst allmählich Sorgen um sie: *Papa hatte mich auf dem Hals, war bange, ich möchte ein alt Jüngferchen werden*, hat sie selbst geschrieben. Ein Ehemann musste her, ein passender. Der passendste, fand Papa Karl Ludwig, war der Herzog von Orléans, Philipp I., der Bruder von Sonnenkönig Ludwig XIV. Er selber, also Philipp, war nicht ganz so sonnig, zumindest nicht zu Liselotte. Er hatte lieber Jungs um sich rum, und Liselotte wusste und duldete das. Es war auch nicht schwer zu erraten, der pummelige Philipp trug mit Vorliebe hohe Absätze, war immer sehr stark parfümiert und widmete sich lieber seinem Kleiderschrank als der Jagd oder anderen männlichen Hobbys.

Irgendwie hat Liselotte es trotzdem geschafft, dem schwulen Regenten drei Kinder zu schenken, war aber froh, als das dann endlich erledigt war: *Ich habe das Handwerk, Kinder zu machen, gar nicht geliebt* und *glücklich, wer nicht geheurat ist*, das hat sie in ihren Briefen geschrieben. Traurig war sie deswegen, und das klang aus ihrem Mund so: *Wenn man wieder Jungfer werden kann, nachdem man in zehn Jahren nicht bei seinem Mann geschlafen hat, so bin ich es gar gewiss wieder.*[18] Klar, dass es ihr in Frankreich nicht gefiel. Ihr Mann war langweilig, und die ganzen Intrigen und Zickereien am Hof und die Prunksucht waren gar nicht ihr Ding. Trotzdem blieb sie dort 51 Jahre lang, selbst als Philipp schon tot war. Zum Glück vertrug sie sich mit dem Sonnenkönig ganz gut, und ihm gefiel ihre fröhliche Art. Ludwig nahm Liselotte mit auf die Jagd, und ins Theater sind sie auch oft gegangen. Mehr hatten die beiden auch nicht miteinander, aber das war doch eine Zeit lang auch ganz schön. Dann aber lachte sich der Sonnenkönig eine Mätresse an (Liselotte nannte sie nur »die alte Zott«), die konnte Liselotte gar nicht leiden, und das war's dann mit dem Spaß mit Ludwig.

Liselotte wurde immer einsamer und sehnte sich immer mehr in die schöne Pfalz zurück. Aber dort tobte gerade der Pfälzische Erbfolgekrieg, den Ludwig XIV. auch noch angezettelt hatte, und dabei ging unter anderem das Heidelberger Schloss in Trümmer. Und Liselotte litt. Um sich abzulenken, schrieb sie Briefe. Viele. Rund 60.000 sollen es gewesen sein, die meisten an ihre Tante Sophie in Hannover. Davon sind circa 5.000 erhalten, und die lesen sich heute noch sehr unterhaltsam: Drastische Worte, aber auch Bildung und Intelligenz ihrer Schreiberin werden da sichtbar. Mit 70 Jahren ist Liselotte schließlich völlig isoliert in der Nähe von Paris gestorben und nicht in ihrer geliebten Pfalz, also damals der Kurpfalz. Ihr Leben hat sie selbst am treffendsten in einem ihrer Briefe zusammengefasst:

Denn es ist mir all mein Leben leid gewesen, ein Weibsmensch zu sein, und Kurfürst zu sein wäre mir, um die Wahrheit zu sagen, besser angestanden als Madame zu sein.

64. GRUND

Weil für Pfälzer der Südpol ganz nah ist

Einmal im Jahr gehen 70 Flaschen Wein von der Pfalz aus auf Reisen. Wäre an und für sich nichts Besonderes, stünde auf der Kiste nicht folgende Adresse: Georg-von-Neumayer-Station, 70. Breitengrad Süd, 8. Längengrad West, Antarktis. Absender der guten Tröpfchen ist die Struktur- und Genehmigungsdirektion Süd (SGD) in Neustadt (siehe auch *Grund 101: Weil die Pfälzer ihr eigenes Parlament haben*). Der Wein ist im Schnitt vier Monate und 14.000 Kilometer unterwegs. Da für den Transport nicht die Deutsche Post, UPS oder DHL, sondern Eisbrecher und Pistenbullys zuständig sind, stehen die Chancen ganz gut, dass die Weinkiste rechtzeitig vor Weihnachten ankommt. In der ganzjährig betriebenen bundesdeutschen Forschungsstation trotzen im Sommer bis zu 50 Männer und Frauen den eisigen Temperaturen des Schelfeises. Dann wird's schon mal bis zu minus 25 Grad »warm«. Im südpolaren Winter dagegen nehmen die Minusgrade zu (auf minus 65), dafür die Besatzung ab und reduziert sich auf kaum ein Dutzend. Aber: Winter und Sommer sind genau umgekehrt wie bei uns auf der Nordhalbkugel, das bedeutet: Wenn die Weinkiste zu Weihnachten ankommt, ist die Station voll besetzt. Die 70 Flaschen müssen sich demnach 50 Forscher teilen. Für Silvester bleibt da kaum noch was …

Was die Pfalz mit der Antarktis verbindet, ist einfach erklärt: Georg Balthasar von Neumayer war gebürtiger Pfälzer. Er erblickte 1826 in Kirchheimbolanden das Licht der Nordpfälzer Welt, als fünftes Kind einer Notarfamilie. Er ging in Frankenthal, Speyer und in Kaiserslautern zur Schule und legte damit die Grundlage für seine Karriere als einer der berühmtesten Naturwissenschaftler Deutschlands und als Namensgeber jener Antarktis-Station. Denn das Forscherinteresse des Nordpfälzers galt, wenn auch nicht gleich, so später umso mehr dem Südpol.

Die notwendige Leidenschaft zum Reisen brachte Georg von Neumayer mit. In Wilhelmshaven und Melbourne gründete er jeweils Observatorien, er war Chef der Deutschen Seewarte in Hamburg, nahm an mehreren Seereisen und Expeditionen teil, erforschte Australien und den Südpol, die zwar nahe beieinanderliegen, aber die klimatechnisch Welten trennen. In seiner Hamburger Zeit wohnte bei Neumayer ein junger Mann, den im Jahre 1911 alle Welt bejubeln sollte: Roald Amundsen. Der Norweger schaffte es im Wettrennen mit dem Briten Robert Falcon Scott als erster Mensch, den geografischen Südpol zu erreichen (und heil wieder zurückzukommen).

Obwohl Georg von Neumayer als Geograf viel in der Welt herumkam und jede Menge interessanter Leute kennenlernte – die Pfalz vergaß er nie. Als Ruheständler kehrte er in die Pfalz zurück, nach Neustadt an der Weinstraße. Im zarten Alter von 80 Jahren gründete er eine Stiftung, die bis heute die Arbeit des Pfälzer Naturkunde- und Naturschutzvereins Pollichia finanziell unterstützt.

Die Sommermonate verbrachte der Admiralitätsrat a.D. gerne in Weisenheim am Berg, am Rande des Pfälzerwaldes, wo die Rheinebene beginnt. Das gepflegte Anwesen ist heute denkmalgeschützt, darin befindet sich ein (übrigens sehr gutes) Restaurant – das als Reverenz an Neumayer unter dem Namen »Admiral« zu finden ist. Im Garten der einstigen Sommerresidenz erinnert auch eine Büste an Georg von Neumayer.

1909 starb der Entdecker und Wissenschaftler. Er liegt begraben auf dem Hauptfriedhof von Neustadt. Sein Andenken aber lebt und wird in der Pfalz (und in Australien) hochgehalten. Nach ihm sind Schulen benannt, Straßen und Plätze. Sogar ein Mondkrater trägt seinen Namen. Der Krater liegt sinnigerweise am Südpol unseres Erdtrabanten.

Weil ein Pfälzer das Farbfernsehen erfunden hat

Als Walter Bruch am 2. März 1908 in Haardt, das heute ein Ortsteil von Neustadt an der Weinstraße ist, zur Welt kam, war das Fernsehen schon erfunden, zumindest die Technik dafür. Aber es gab noch eine Menge Spielraum, um es zu perfektionieren. Und es hat alle fasziniert, auch wenn sie sich natürlich nie hätten träumen lassen, dass sie so wie wir einmal rund um die Uhr Filme in der Flimmerkiste glotzen könnten. In Schwarz-Weiß hätte das auch bestimmt nicht so viel Spaß gemacht. Dank Walter Bruch hat sich das geändert.

Er war gerade mal 17, als er mit seinen Eltern nach München zur Großen Technikausstellung fuhr. Was er da an Fernsehgeräten sah, hat ihn so begeistert, dass er sie unbedingt weiterentwickeln wollte. Dafür hat er in München und Berlin Elektrotechnik studiert. Und mit 21 Jahren schon Baupläne für Fernsehgeräte in Fachzeitschriften veröffentlicht. 1935 ist er dann in die Forschungsabteilung der Firma Telefunken in Berlin eingestiegen.

Und ein Jahr später kam der große Durchbruch: Im Berliner Olympiastadion stellte er die erste elektronische Kamera vor, die er entwickelt hatte. Die sah ziemlich militärisch aus und hatte deshalb gleich den Spitznamen »Olympia-Kanone« weg. Hat Walter Bruch nichts ausgemacht, er war damit beschäftigt das Gerät zu bedienen. Es hat funktioniert: Das war die erste Liveübertragung der Welt. Und Walter Bruch war berühmt. Er hat auch die ersten vollelektronischen Fernsehstudios am Reichskanzlerplatz in Berlin mit eingerichtet und während des Zweiten Weltkrieges im Raketenzentrum Peenemünde ein Monitorsystem für die Starts der V1- und V2-Raketen konstruiert.

Aber sein größtes Verdienst kam erst noch. 1954 war es in den USA gelungen, das Fernsehen auch in Bunt flimmern zu lassen. Flimmern ist allerdings das richtige Wort: Es rauschte grässlich, und die Farben waren total verzerrt.

Aber dann saß Walter Bruch eines Abends in Berlin in der Oper. Vielleicht war ihm langweilig, vielleicht hat sie ihm einfach nicht gefallen, jedenfalls hatte er da die Erleuchtung. Ich will Sie jetzt nicht mit technischem Fachwissen zum Gähnen bringen, deshalb nur ganz grob: Der Fehler im amerikanischen System lag darin, dass durch die Verrechnung aufeinanderfolgender Bildzeilen Farbtonfehler entstanden. Walter Bruch kam auf den Kniff, die Zeilen phasenverschoben zu übertragen. Zusammen sollten die beiden Farbinformationen dann wieder das realistische Ausgangsbild ergeben. Es hat geklappt. 1963 entwickelte Walter Bruch das Farbfernsehsystem »PAL« (Phase Alternation Line), das als bestes der Welt gilt. Mehr als 60 Länder haben es übernommen.

Walter Bruch hat dafür zu Recht eine Menge Preise bekommen. Kurioserweise sogar 1967 die Goldene Kamera, obwohl er nie einen

Film gemacht hatte. Vielleicht hätten das mal ausprobieren sollen. Bei seinem großen Erfindungsgeist und seiner Fantasie hätte er das Fernsehen vielleicht auch inhaltlich revolutioniert und wir müssten heute nicht so oft über das Programm meckern. Aber ich bin ja schon ruhig, schließlich arbeite ich selbst beim öffentlich-rechtlichen Fernsehen. Also: Danke, Walter!

66. GRUND

Weil wir extrem hilfsbereit sind

Pfälzer helfen gerne. Vor allem helfen wir gerne anderen auf die Sprünge. Begriffsstutzigkeit regt Pfälzer auf. Und wenn wir was erklären, beginnt das meist mit der Aufforderung *Bassemoluff* (»Pass mal auf«). Dann folgt eine längere Abhandlung, die bei Pontius und Pilatus beginnen kann – oder noch früher, denn die Schöpfungsgeschichte ist für bibelfeste Pfälzer ein Quell der Inspiration. Nachdem also Adam und Eva abgehandelt sind, die frühgermanische Epoche gestreift und das Mittelalter im Parforceritt überwunden ist, landet der Pfälzer mit seiner Erklärung nach circa einer halben Stunde (sofern keine unqualifizierten Zwischenrufe erfolgen) bei einem Ratschlag, der unabhängig vom Thema mit den Worten endet: *So mach'sches jetzt. Wersch sieje, donn klappt's* (»Mach es so und nicht anders, dann passt's« – frei übersetzt).

Hilfsbereitschaft ist eine der vielen Kernkompetenzen von uns Pfälzern. Wir helfen Omas über die Straße, Kindern ins Bett, Frauen beim Einparken oder Männern beim Nachhauseweg. Ein Slogan der rheinland-pfälzischen Landesregierung hieß mal: »Wir machen's einfach«. Könnte aus der Pfalz stammen, der Slogan. Wir packen gerne an, wenn Not am Manne oder der Frau ist.

Hilfsbereitschaft in ihrer selbstlosesten Form praktizierte nachweislich ein gewisser Isidor Straus aus Otterberg bei Kaiserslautern.

Er war gerade mit seiner Frau Ida, die aus Worms stammte, auf der Rückreise von Europa nach Amerika. Jener 14. April 1912 war ganz angenehm gewesen, mit Sonnenschein und milden Temperaturen, zumindest für den Nordatlantik zu jener Jahreszeit. Erst der Abend wurde schneidend kalt. Vom Schiff aus konnte man einen wunderbaren Blick auf den sternenklaren Neumond-Himmel genießen. Das Ehepaar Straus hatte eine Kabine gebucht auf dem mächtigsten Schiff seiner Zeit, das auf seiner Jungfernfahrt mit 21 Knoten durchs eiskalte Wasser etwa 300 Seemeilen südlich von Neufundland pflügte. Es war 20 Minuten vor Mitternacht, als unglücklicherweise ein Eisberg die Route des Luxusdampfers kreuzte. Zum Leidwesen der Passagiere war das als unsinkbar geltende Schiff keineswegs unsinkbar, was zu diesem Zeitpunkt zwar noch niemand wusste, was sich aber später mit tödlicher Konsequenz herausstellen sollte.

Bekanntermaßen gab es viel zu wenige Rettungsboote für viel zu viele Menschen. Aber Isidor Straus und seine Frau waren nicht nur privilegierte Erste-Klasse-Passagiere, sie waren auch rechtzeitig an einem der Rettungsboote, in die eigentlich nur Frauen und Kinder durften. Der zuständige Offizier hätte Isidor Straus dennoch durchgelassen, denn er wollte einen betagten Mann im Alter von 67 Jahren nicht zurückweisen. Was dann folgte, hat als dramatisches Element in späteren Verfilmungen des Untergangs der Titanic die Zuschauer zu Tränen gerührt. Isidor lehnte ab, das Rettungsboot zu besteigen, solange noch andere Frauen und Kinder auf dem Schiff waren. Obwohl er seine Frau Ida bedrängte einzusteigen, weigerte auch sie sich, das Schiff ohne ihn zu verlassen. Wo er hingehe, da wolle auch sie hingehen, soll sie zu Isidor gesagt haben. Seit jungen Jahren waren die beiden verheiratet. Ihrer Liebe entsprangen sieben Kinder. Isidor und seine Frau wurden später noch von anderen Überlebenden gesehen, als sie an Deck nebeneinander auf Liegestühlen saßen und gemeinsam den Tod erwarteten.

Nur das Dienstmädchen des Ehepaares Straus war damals ins Rettungsboot eingestiegen und hatte überlebt. Sie erzählte die Geschichte bei ihrer Ankunft in New York. Passagiere, die bereits in dem Rettungsboot gesessen hatten, bestätigten die Schilderung des Dienstmädchens.

Die Leiche von Isidor Straus konnte später aus dem Nordatlantik geborgen werden. Ida Straus wurde nie gefunden. Den beiden wurde in New York ein Denkmal gesetzt. Es steht in dem nach ihnen benannten Straus-Park in Manhattan.

67. GRUND

Weil der Weihnachtsmann aus der Pfalz stammt

Hohoho! Der gutmütige alte Mann mit Pausbacken und weißem Rauschebart, mit langer Pfeife, rotem Mantel und breitem Gürtel, der zu Weihnachten den Kindern die Geschenke bringt, ist jedem von uns geläufig. Nicht ganz so geläufig ist, dass diese verklärte und verkitschte Variante des himmlischen Sendboten aus den USA stammt. In den 1930er-Jahren vereinnahmte Coca-Cola die Figur des Weihnachtsmannes für sich. Fortan warb Santa Claus für die braune Brause, und weil der heilige Claus bei den Leuten so gut ankam: muss er auch heute noch für Coca-Cola kräftig die Werbetrommel rühren. Im Nebenjob sitzt Santa Claus in Kaufhäusern unter künstlichen Weihnachtstannen und nimmt die kleinsten unter den Kunden auf den Schoß. Oder er ziert Häuserfassaden, Balkone und Schornsteine als kletternder, hängender oder wie auch immer um Haltung ringender »Einbrecher«. War mal originell, ist aber wie alles, was inflationär daherkommt, mittlerweile eher nervig.

Noch weniger bekannt ist jedoch die Tatsache, dass Santa Claus einen Vater hat, der aus der Pfalz stammt – aus Landau: Thomas Nast. Jener Nast war der bedeutendste Karikaturist Amerikas im 19. Jahrhundert. Geboren wurde Nast 1840 in der Roten Kaserne von

Landau, das damals bayerische Garnisonsstadt war. Im Innenhof der Kaserne erinnert heutzutage eine zusammengerollte Zeitungsseite aus Stahl an den vormals in den Vereinigten Staaten berühmten, aber in Europa weithin unbekannten Sohn der Stadt.

Nast ist gerade mal sechs Jahre alt, als er zusammen mit seiner Schwester und seiner Mutter nach Amerika auswandert. Der Vater, ein Regimentsmusiker, kommt vier Jahre später nach. Wie viele andere Pfälzer damals auch, will die Familie den elenden Lebensverhältnissen entfliehen. Im Falle Thomas Nast gelingt es. Der Junge hat ein Talent zum Zeichnen, und schon als 15-Jähriger verdient er sein Geld als Pressezeichner einer New Yorker Wochenzeitschrift. 1862 wird er bei der populären Zeitung *Harper's Weekly* angestellt, und für die zeichnet er auch den oben erwähnten Weihnachtsmann.

Der sieht zunächst ganz anders aus als der heutige. Er ist weniger dick, hat auch keinen roten Mantel an, und vor allem: Er verteilte seine Gaben nicht an Kinder, sondern an Soldaten. In der im Januar 1863 veröffentlichten Zeichnung sitzt Santa Claus auf seinem Rentierschlitten und verteilt Geschenke an Nordstaatler. Auf seiner Winterkleidung trägt er das Sternenbanner. Im Hintergrund ist das Heerlager zu sehen und ein Schild mit der Aufschrift: *Welcome Santa Claus*. Der amerikanische Bürgerkrieg ist voll im Gange, und Nast setzt sich gegen Sklaverei, gegen politische Unterdrückung und Willkür ein – und für die Nordstaaten. Sein Santa Claus trägt Züge des pfälzischen Belzenickels. Nast kennt die Figur aus seiner Kindheit. Der Name »Belzenickel« oder »Belznickel« kommt von »pelzen«, was prügeln bedeutet, und der Nickel kommt von Nikolaus. Damit ist ja schon alles gesagt: Der Belzenickel hat für die pfälzischen Kinder nicht nur gute Gaben dabei, sondern auch die Rute. Unartige Kinder machen durchaus Bekanntschaft mit selbiger. Amerikanische Kinder hingegen scheinen von Natur aus brav zu sein.

Jedenfalls wurde Nast sehr schnell sehr populär, und seine politischen Karikaturen waren eine Waffe. Über seine entlarvenden

Zeichnungen stürzte beispielsweise der korrupte Kongressabgeord-
nete William Marcy Tweed, der heimliche Herrscher New Yorks.
Nast beeinflusste mehrere Präsidentenwahlen, und seine teils sa-
tirischen Kreationen sind auch heute noch in Umlauf. So schuf er
den Elefanten als Symbol für die Partei der Republikaner, zudem
machte er die Figur des Uncle Sam populär. Präsident Theodore
Roosevelt ernannte Nast 1902 zum amerikanischen Generalkonsul
in Ecuador. Dort starb Nast noch im selben Jahr am gelben Fieber –
einen Tag nach Nikolaus.

Nast hat seinen Santa Claus nicht nur einmal gezeichnet, sondern Dutzende Male. Nach und nach wurde der Weihnachtsmann
gütiger und fülliger. Als Coca-Cola die Figur für sich entdeckte, war
Nast schon lange tot. Es ist müßig, darüber zu diskutieren, ob er mit
dem, was aus seinem Santa Claus gemacht wurde, einverstanden
gewesen wäre.

KAPITEL 7

VIPP

very important Pfälzer products

Weil in Ludwigshafen die größte Chemiefabrik der Welt steht

»2015 feiern wir 150 Jahre BASF. Seit jeher glauben wir: Wenn Liebe eine chemische Reaktion ist, dann muss die Chemie die Welt doch etwas harmonischer machen können. Chemie stellt gute Beziehungen nicht nur zwischen Elementen her. Sie findet geheime Formeln, dass selbst offene Verpackungen und frischer Geschmack kein Widerspruch sind. Letztendlich schafft Chemie also nicht nur bessere Beziehungen zwischen den Menschen, sondern auch zu dem, was sie täglich zum Leben brauchen. Darum machen wir nicht einfach nur Chemikalien: Wir machen Chemie, die verbindet.«   BASF – The Chemical Company[19]

Das ist kein Gebet, auch wenn es fast so klingt. Das ist das Leitmotto, das im BASF-Jahreskalender 2015 auf der ersten Seite steht. So einen Kalender bekommt jeder der knapp 40.000 Mitarbeiter in Ludwigshafen jedes Jahr. Und die anderen 75.000, die an 390 BASF-Niederlassungen auf der ganzen Welt arbeiten, auch. Und jedes Jahr steht in dem Kalender so ein Spruch, mehr oder weniger abgewandelt. Ob jeder Mitarbeiter allerdings auf das Buch mit diesem wohlklingenden Motto schwören muss oder ob die ganze Belegschaft jeden Morgen gemeinsam die BASF-Hymne singt, wurde mir nicht zugetragen. Vorstellen könnte ich mir's aber, wenn ich diese Worte lese.

Nix für ungut, die BASF ist die größte Chemiefabrik der Welt, und darauf ist jeder Pfälzer stolz. Die Zigtausende von Pfälzern, die dort ihre Brötchen verdienen, sind es sowieso. Auch wenn es in den vergangenen Jahren immer mal wieder schlechte Presse gegeben hat, weil die genmanipulierten Kartoffeln auf den Versuchsäckern in der Vorderpfalz ihre Samen und damit auch ihre manipulierten Gene leider auch auf die Bioscholle in der Nachbarschaft geweht haben. Davon abgesehen, und von den manchmal doch sehr ungesund duftenden Brisen, die von den zahllosen Schornsteinen in die Gegend ziehen, werden in der BASF Erfindungen gemacht, die in ein paar Jahren mit Sicherheit unsere Welt ein bisschen verändern werden, obwohl sich das heute noch kein Normalsterblicher vorstellen kann. Für die Chemiker, Physiker und Biologen der BASF ist die Zukunft längst Alltag. Solarzellen aus nachwachsenden Rohstoffen, Autos ohne Benzin, Baumaterial aus Müll, da können die BASF-Forscher nur gähnen, das haben sie doch alles längst entwickelt.

Was sie im Moment an Forschung interessiert, das lassen wir ihnen einfach, wir werden es früh genug erfahren, wenn es mal wieder unsere Alltagswelt revolutioniert. Stattdessen müssen wir jetzt erst mal ein Kuriosum klären: Warum heißt diese gigantische Firmenansiedlung im eindeutig rheinland-pfälzischen Ludwigshafen ausgerechnet »Badische Anilin- und Sodafabrik«? Weil sie tatsächlich in Baden gegründet wurde. Und zwar zu einem Zeitpunkt, als es Rheinland-Pfalz noch gar nicht gab, 1865 nämlich. Der Mannheimer Unternehmer Friedrich Engelhorn, gelernter Goldschmied, war es, der damals zusammen mit acht Gesellschaftern die BASF gründete. Er tat es aus der Not heraus, weil die 48er Revolution eine Wirtschaftskrise ausgelöst hatte, in der man als Goldschmied gerade wenig zu melden und schon gar nichts zu verdienen hatte. Da wollte er es lieber mit der Herstellung von Farben probieren, die konnte man auch in schlechten Zeiten brauchen, das erschien ihm sicherer. Das Anilin war gerade ein paar Jahre vorher erfunden worden, und das war ein Stoff, den man prima zum Färben, Gerben und auch sonst in der Chemie gebrauchen konnte. Außerdem suchte sich Friedrich Engelhorn ein paar pfiffige Chemiker zusammen, die sich mit modernen Mittelchen gut auskannten, und schon nach kürzester Zeit brummte der Laden. So sehr, dass die Fläche, auf der die Fabrik stand, nicht mehr reichte. Gegenüber von Mannheim, in Ludwigshafen, gab es aber Platz, und es gab dort den bayrischen König Maximilian II. Der fand es toll, wenn sich Industrieunternehmen ansiedelten, und ließ sich das auch gern etwas kosten. Die BASF zog also freudigen Herzens um und bekam dafür vom guten Max 1,5 Millionen Gulden als Subventionen zugebuttert. Das klingt reichlich, war es auch.

Die Investition hat sich gelohnt. Derzeit macht die BASF mehr als 70 Milliarden Euro Umsatz im Jahr, und da bleiben dann schon mal rund fünf Milliarden Gewinn hängen, so steht es jedenfalls 2013 in den Büchern. Wer so viel verdient, der gönnt sich auch gern mal was Schönes. Und deshalb will ich an dieser Stelle unbedingt erwähnen, dass die BASF auch ein exzellentes Kulturprogramm bietet, bei dem sich im BASF-Feierabendhaus in Ludwigshafen die größten Künstler unserer Zeit die Klinke in die Hand geben. Und der überaus reich gefüllte Weinkeller der BASF birgt Schätze von allerhöchstem Wert, da sind sich die Weinkenner auf der ganzen Welt einig. Da stimmt die Chemie einfach.

69. GRUND

Weil die Schlabbeflicker Schlabbe flicke, aber nicht schlapp machen

Stellen Sie sich vor, Sie stünden eines Abends in einer Kneipe und führten ein nettes Gespräch mit einem netten Mann. Nennen wir ihn Herrn P. Irgendwann im Verlauf des Gesprächs erklärt Ihnen Herr P., dass man im Leben dreimal bauen müsse. Beim ersten Mal – in jüngeren Jahren – baue man, wie man das für richtig halte, aber mit der Zeit stelle sich heraus, dass man einiges anders gebaut hätte, wenn man es nur gewusst hätte. Deshalb baue man beim zweiten Mal so, wie man es eigentlich schon beim ersten Mal gewollt habe. Aber dann komme man allmählich schon in die Jahre. Die Bedürfnisse im gesetzteren Alter seien andere, und deshalb müsse man ein

drittes Mal bauen, um dort auch seinen Lebensabend verbringen zu
können. Herr P. sagt dies alles ohne einen Anflug von Arroganz, als
sei es das Normalste der Welt.

Falls Sie glücklicher Besitzer eines nicht ganz abbezahlten Klein-
wagens sind und am Wochenende für eine Bäckereikette als Fahrer
ab vier Uhr morgens Geld dazuverdienen müssen, um sich eine
Studentenbude leisten zu können, dann stutzen Sie ob der Ausführungen von Herrn P. doch ein- bis viermal und denken sich: Was
hab ich bloß falsch gemacht?

Ich kann Sie beruhigen. Sie haben nichts falsch gemacht, Sie
kennen sich halt nur nicht mit Schuhen aus. Und nicht, dass Sie
glauben, dieses Gespräch sei eine Erfindung. Nein, es hat tatsächlich stattgefunden, ist allerdings auch schon ein paar Jährchen her.
Um das Gespräch zu verstehen, muss man wissen: Herr P. ist – wie
von Ihnen wohl schon vermutet – steinreich. Er hat mit seinem
Schuh-Unternehmen in Thaleischweiler-Fröschen bei Pirmasens
sehr viel Geld gemacht. Herr P. gehört zu jenen Unternehmern in
der Region Pirmasens, die viel von Schuhen verstehen und daraus auch gehörig Kapital schlagen oder geschlagen haben. Solche
Unternehmer wie Herrn P. gab es früher in Pirmasens noch viel
mehr. Die Stadt hatte weltweit die höchste Dichte an Schuhfabriken
(ergo von Schuhfabrikanten) und auch heute noch ist Pirmasens
in der deutschlandweiten Spitzengruppe der Städte mit den pro-
zentual meisten Millionären – und nicht wenige davon beziehen
ihren Reichtum aus der Schuhbranche.

Geld ist in Pirmasens demnach vorhanden, nur die Stadt selbst
hat keines. Deshalb hätte sie sich eigentlich den Rheinland-Pfalz-
Tag 2013 gar nicht leisten können. Aber dank großzügiger Privat-
spenden konnte sie das Landesfest dennoch ausrichten. Oder nehmen wir das Bahnhofsgebäude: Lange Zeit verwahrlost, gab es eine
denkbar schlechte Visitenkarte für die Stadt ab. Erst eine großzügige
Spende der Rheinberger-Stiftung machte eine ebenso großzügige Sanierung möglich. »Der Rheinberger« war eine Pirmasenser

Schuhfabrik, die zweitgrößte Deutschlands. Gegründet von Eduard Rheinberger. Zu Glanzzeiten in den 1950er-Jahren arbeiteten bei Rheinberger 2.500 Modelleure, Zwicker, Zuschneider, Stepperinnen, Stanzer, Lageristen und Schuhvertreter. Die Schuhfabrik ist mit dem Niedergang der Schuhindustrie untergegangen. In dem riesigen Gebäudekomplex ist jetzt das Dynamikum untergebracht. In dem Mitmach-Museum werden Besuchern spielerisch Phänomene aus Naturwissenschaft und Technik nähergebracht. Wer in Pirmasens vorbeischaut, sollte unbedingt einen Besuch im Dynamikum einplanen.

Dass in Pirmasens durchaus Geld vorhanden ist, wenn auch in privaten Händen, mag ja an und für sich nichts Schlechtes sein. Es wundert aber den unbeleckten Besucher, denn die Stadt ist wahrlich keine Stadt der Schönen und Reichen. Dafür sorgten einst die Schuhfabrikanten höchstpersönlich. Die mächtige Schuh-Lobby saß auch im Stadtrat und hatte ein gewichtiges Wort in der Politik mitzureden. Sie verstand es, die Löhne in der Schuhindustrie niedrig zu halten, indem sie ansiedlungswillige Betriebe anderer Branchen, in denen besser bezahlt wurde, vergraulte. Das führte zu einer Monoindustrie. Solange es ihr gut ging, ging es auch der Stadt gut. Pirmasens hatte mehr als 60.000 Einwohner, um die Hälfte mehr als jetzt. Mit dem Niedergang der Schuhindustrie durch die internationale Konkurrenz, die noch billiger produzieren konnte, schlug das Pendel aber zur anderen Seite durch. Die höchste Arbeitslosenquote von Rheinland-Pfalz, leere Fabriken und leere Geschäfte waren nur einige der negativen Folgen.

Aber die Pirmasenser sind leidensfähig und erfindungsreich. Das waren sie schon im 18. Jahrhundert. Landgraf Ludwig IX. von Hessen-Darmstadt hatte ein Faible fürs Militärische. Er siedelte eine ganze Garnison in einem kleinen Dorf mitten im Pfälzerwald an und ließ mehrere Exerzierplätze, eine Exerzierhalle und Unterkünfte für die Langen Kerls, die Grenadiere, errichten. Der Sold war gering, deshalb lernten viele Soldaten das Schuhmacher-

Handwerk. Von Schuhemachen konnte aber kaum die Rede sein, denn Lederschuhe herzustellen war eine teure Angelegenheit. Im Wesentlichen besserten die Schuhmacher die alten Treter aus.

Das Dorf wuchs schnell und bekam die Stadtrechte. 1790 aber starb der Landgraf, die Garnison wurde aufgelöst. Die Soldaten und ihre Familie standen vor dem Nichts. Aus der Not machten sie eine Tugend. Aus den Uniformen fertigten sie einfache Schuhe, die *Schlabbe*. Frauen und Kinder zogen los und verkauften die *Schlabbe* überall in der Pfalz und darüber hinaus. Die gute Qualität sprach sich herum. Schon bald florierte das Gewerbe und die Pirmasenser wurden ob ihrer *Schlabbe* und der Fähigkeit, sie zu flicken, landauf, landab anerkennend als *Schlabbeflicker* betitelt.

Mit der industriellen Revolution entstanden im 19. Jahrhundert die ersten Schuhfabriken in Pirmasens, etwa die von Peter Kaiser im Jahre 1838, die älteste deutsche Schuhfabrik. Auch zwei Weltkriege konnten den Aufschwung der Schuhindustrie nicht bremsen. Ende der 1960er-Jahre beherbergte die Stadt bis zu 300 Schuhfabriken mit rund 22.000 Arbeitsplätzen.

Nur einige wenige Schuhfabriken wie Peter Kaiser, K&S oder Carl Semler produzieren die Schuhe auch heute noch am Stammsitz in Pirmasens. Das geht nur über die Qualität, die auch ihren Preis hat. Die meisten Schuhunternehmen aber lassen im billigeren Ausland produzieren oder handeln lieber nur noch mit Schuhen, anstatt sie herzustellen. Die Kompetenz rund um den *Schlabbe* ist nach wie vor in Pirmasens vorhanden. In der Deutschen Schuhfachschule werden Modelleure ausgebildet, Schuhtechniker oder Fertigungsleiter. In Pirmasens ist auch das Deutsche Prüf- und Forschungsinstitut beheimatet. Aus der Schuhindustrie heraus entstanden, testet das PFI auf wissenschaftlicher Basis die Tauglichkeit von Schuhen und Lederwaren. Mittlerweile hat sich das Aufgabenspektrum auf Branchen wie Bekleidung und Spielzeug ausgeweitet. Dazu bietet die Fachhochschule in Pirmasens einen Bachelor-Studiengang für Kunststoff-, Leder- und Textiltechnik an.

Und auch der Verband der deutschen Schuhindustrie in Rheinland-Pfalz hat in *Bärmesens* seinen Sitz.

Allmählich erholt sich die Stadt auf den sieben Hügeln (immerhin das hat Pirmasens mit Rom gemeinsam) von den Nackenschlägen der Vergangenheit. Sie tut viel, um das Negativ-Image abzustreifen und ist dabei schon ein gutes Stück vorangekommen. Pirmasens ist eine Arbeiterstadt. Sie hat die Arme hochgekrempelt und arbeitet an einem neuen Image. Das hat sie anderen Städten mit weitaus besseren Bedingungen voraus. Und einen großen Bonuspunkt hat Pirmasens obendrein: Die Bauplätze sind vergleichsweise erschwinglich. Wenn Sie also planen – wie Herr P. –, dreimal in Ihrem Leben zu bauen, wäre Pirmasens eine optimale Wahl.

70. GRUND

Weil Hauenstein das größte Schuhdorf Deutschlands ist

Eine Geschichte über die Schuhindustrie in der Pfalz wäre unvollständig ohne Hauenstein, den kleinen Bruder des großen Pirmasens. Wobei: Inzwischen ist unklar, wer hier der kleine und wer der große Bruder ist. Zwar ist Hauenstein einwohnermäßig klar zweiter Sieger. *Häschde*, wie die *Häschdner* zu ihrem Ort sagen, misst mit 4.000 Einwohnern nur ein Zehntel der Bevölkerung von Pirmasens. Im Schuheverkaufen haben die Hauensteiner aber ganz sicher die Nase vorn. Auf der »Schuhmeile« direkt am Ortseingang wartet ein Schuhgeschäft neben dem anderen auf Kunden, die ihrerseits aus mehr als einer Million Paar Schuhe auswählen können. Nicht nur an den Wochenenden werden busweise von überallher die Kunden angekarrt und fluten die Läden.

Sicher übernachten auch einige davon in Hauenstein, denn wer kann schon an einem Tag eine Million Paar Schuhe anprobieren? Außerdem liegen der Wasgau und die angrenzenden französischen

Vogesen direkt vor der Tür. Ideal für ein Wanderwochenende. Und wer schon mal da ist, kann auch gleich beim Schuhmuseum in Hauenstein vorbeischauen. In den Räumen einer ehemaligen Schuhfabrik kann man sich die Fußballschuhe von Bastian Schweinsteiger anschauen, die Wanderschuhe von Helmut Kohl oder auch die High Heels von Michelle Hunziker. Auf mehreren Etagen wird die Geschichte der Schuhe und ihrer Herstellung nacherzählt. Auch lohnt ein kurzer Abstecher ins Pfälzische Sportmuseum, das unter dem Dach des Schuhmuseums vereint ist. Ach ja, bei gutem Wetter fährt auf dem Vorplatz ein eigens konstruierter Tieflader mit dem größten Schuh der Welt vor (Größe 1.071).

Hauenstein bezeichnet sich als größtes Schuhdorf Deutschlands. Das hat weniger mit der relativ jungen Schuhmeile zu tun, sondern hat historische Gründe. 1886 gründeten die Brüder Carl-August und Anton Seibel die erste Schuhfabrik in Hauenstein. Innerhalb von 30 Jahren kamen 13 weitere Fabriken dazu. Der Höhepunkt war dann 1961 erreicht – mit 36 Schuhfabriken.

An die große Zeit der Schuhfabrikation erinnert das Winterkirchel Maria Himmelspforte. Es steht auf dem Winterberg zwischen Hauenstein und Erfweiler. Die Schuhfabrikarbeiter aus Erfweiler mussten jeden Tag etwa eine Stunde Fußmarsch auf sich nehmen, um zu ihren Arbeitsplätzen in den Hauensteiner Fabriken zu gelangen. Eine Stunde hin und abends auch eine Stunde zurück. Jedes Mal führte der beschwerliche Weg über den Winterberg. Dort hatte einst eine Wallfahrtskapelle gestanden, die aber schon lange zerstört worden war. Während der beiden Weltkriege gelobten Soldaten, dass sie erneut eine Kapelle dort errichten würden, falls sie jemals in die Heimat würden zurückkehren dürfen. Die, denen die Rückkehr gelang, hielten ihr Versprechen – mithilfe von etwa 250 Schuhfabrikarbeitern aus Erfweiler. Die Frauen und Männer nahmen während der Bauzeit beim täglichen Weg zur Arbeit Backsteine und Ziegel mit hinauf auf den Winterberg. Ein Jahr lang ging das so, bis das neue Winterkirchel im Sommer 1949 eingeweiht werden konnte.

Der offene Bau mit seinen acht Säulen und dem kleinen Glockenturm überrascht viele Wanderer, die unverhoffter Dinge plötzlich mitten im Wald auf die Kapelle treffen. Zur Einweihung kamen 5.000 Menschen und sogar der Bischof aus Speyer. Heute noch gehen viele Gläubige hinauf zum Winterkirchel – zum Beten oder einfach nur zur inneren Einkehr.

Doch auch den Schuhfabrikarbeitern aus Erfweiler und Hauenstein erging es nicht besser als denen in Pirmasens. Als in den 1960er-Jahren die Schuhindustrie einbrach, verloren auch sie ihre Arbeitsplätze. Von den 36 Schuhfabriken in Hauenstein ist nur eine geblieben – oder zwei, wie man's nimmt. Die eine ist die Schuhfabrik Josef Seibel. Der Name ist kein Zufall. Die Seibels, die 1886 die erste Schuhfabrik in Hauenstein errichtet hatten, ließen das Unternehmen in Familienhand, sodass sich nur der Vorname geändert hat. Durch Zukäufe, wie etwa die bekannte Marke Romika, hat sich das Familienunternehmen zu einem kleinen Schuh-Imperium mit weltweit 3.500 Mitarbeitern entwickelt.

Die zweite Hauensteiner Schuhfabrik ist gar keine richtige, obwohl sie zur Firma Josef Seibel gehört. Sie ist nur zur Schau da. Es ist die Gläserne Schuhfabrik. Wer sich dafür interessiert, bekommt die einzelnen Arbeitsschritte vom Zuschneiden des Leders bis zum fertigen Schuh vor Augen geführt. Kaufen kann man die dort gezeigten Schuhe nicht. Dafür gibt's die Schuhmeile, in der die Gläserne Schuhfabrik steht.

71. GRUND

Weil die Pfalz das Maß aller Dinge hat

Ja, *hat*, nicht *ist*. Obwohl die Pfalz für Pfälzer sicherlich auch das Maß aller Dinge *ist*. Aber worauf ich hier hinauswill, ist Folgendes: In Maikammer lebten im 19. Jahrhundert die Brüder Anton und

Franz Ullrich. Bastler und Tüftler waren sie, Anton noch mehr als Franz. Franz hatte neben seinem handwerklichen Geschick und seinem Erfindungsgeist, die er mit seinem Bruder teilte, darüber hinaus auch noch ein Händchen fürs Geld. Diese Eigenschaften zusammen sind schon mal eine gute Kombi, um ordentlich zu verdienen, aber dann hatten die beiden auch noch eine bahnbrechende Idee. Für die sind ihnen die Heimwerker noch heute dankbar. Anton und Franz Ullrich haben nämlich den Klappmeter erfunden. Also den »Gelenkmaßstab mit Federsperrung«, wie er ganz korrekt heißt. Den man so schön praktisch zusammenfalten kann. Und der immer wieder gern aus Versehen abbricht, wenn man ihn nicht mit der nötigen Sorgfalt zusammenklappt.

Anton und Franz waren es nämlich leid, immer nur quer, aber nicht hochkant messen zu können. Waagrecht war ja relativ einfach, aber senkrecht? Jedes Band mit Maßeinteilung machte da schlapp, sie brauchten etwas Stabileres. Viele Jahre hatten sie schon überlegt, und dann fanden sie 1886 im Klappmeter die Lösung. Sie ließen ihn auch gleich patentieren und stellten ihn 1889 auf der Weltausstellung in Paris vor. Gut, der Klappmeter reichte nicht ganz, um die Höhe des damals brandneuen Eiffelturms zu vermessen, aber er war mindestens so revolutionär wie der schicke Turm, der heute zum Pariser Wahrzeichen geworden ist. Der klappbare Zollstock ist mittlerweile auch das Wahrzeichen von Maikammer.

Auf der Weltausstellung war er der Renner. Die Zollstöcke gingen weg wie warme Semmeln. Weil sie eben so schön stabil waren. Die Ullrich-Familie ahnte gleich, dass sich die Dinger gut verkaufen würden, und Gustav Ullrich, Franz' Sohn und Antons Neffe, gründete klugerweise eine Firma mit Fabrik. Der gab ihr den treffenden Namen »Stabila«, und der steht heute noch für höchste Qualität und Messgenauigkeit, nicht nur bei Klappmetern, sondern auch bei allem anderen, was Stabila herstellt, wie zum Beispiel Wasserwaagen, Senklote, Nivelliergeräte, Laser-Messtechnik und Ähnliches.

Ein bisschen ungünstig für Maikammer war allerdings, dass Gustav Ullrich die Firma Stabila in Annweiler ansiedelte, rund 25 Kilometer weiter, weil er dort gerade zwei Mühlen kostengünstig kriegen konnte.

Heute beschäftigt Stabila in Annweiler und in einem Zweigwerk in Tschechien mehr als 500 Mitarbeiter und ist in rund 60 Ländern vertreten.

Den Ur-Meter, den ersten, den Anton und Franz eigenhändig gebaut haben, gibt's immer noch. Er liegt in Annweiler im Firmensafe und wird gehütet wie ein Augapfel. Es ist ein wirklich schönes Stück und noch dazu ausgesprochen elegant: Aus schwarzem Ebenholz, an den Enden silberne Nieten, und wenn man seine acht Ellen zusammenklappt, ist er gerade mal so lang wie ein Bleistift. Er funktioniert übrigens auch noch. Und er ist derart perfekt, dass sein Patent bis heute weltweit unverändert geblieben ist.

Maikammer hat zwar die Firma nicht bekommen, aber immerhin den Ruhm der beiden wichtigen Söhne des Ortes. Die Maikammerer haben ihnen vor ein paar Jahren auch ein Denkmal gesetzt. Einen bunten überdimensionierten Klappmeter nämlich. Darauf steht: *Was ist das Maß aller Dinge?* Jetzt wissen Sie's.

Die Pfälzer wären aber nicht die Pfälzer, wenn sie nicht aus so einem trockenen Thema wie dem Klappmeter auch einen Bezug zum Wein herstellen könnten. Können sie natürlich. Und haben es ebenfalls in Maikammer in die Tat umgesetzt. Mit einem Schoppen-Denkmal.

Über den Schoppen gibt es in diesem Buch ein eigenes Kapitel, und das Schoppendenkmal gibt es nur in Maikammer. Seit mehr als 30 Jahren. Damals wollten einige Gastronomen das Schoppenmaß von 0,5 auf 0,4 Liter reduzieren und lösten damit eine Pfälzer Protestbewegung revolutionären Ausmaßes aus. Eine Bürgerabordnung und die Weinbruderschaft der Pfalz gingen auf die Barrikaden und zwangen die verachteten Gastronomen schließlich, ihr unsinniges Ansinnen zu begraben. Als Grabstein, Verzeihung, als

Gedenkstein ließen sie vom Ludwigshafener Bildhauer Berlejung einen Sandstein gestalten: der Schoppen als Maß aller Dinge.

Das Schoppendenkmal wurde 1984 würdevoll vom damaligen Ministerpräsidenten von Rheinland-Pfalz, Bernhard Vogel, eingeweiht. Es steht übrigens mitten auf dem Marktplatz von Maikammer. Das Klappmeterdenkmal steht seit dem Jahr 2000 am Ortsrand, auf dem Verkehrskreisel, eingeweiht vom Ortsbürgermeister. Da sieht man doch wieder, was für den Pfälzer das Maß aller Dinge ist.

Weil in der Pfalz die Zukunft schon heute gemacht wird

Früher an später denken. Ein Motto, das aus der Pfalz stammen könnte. Wie viel hier in die Zukunft investiert wird, wie viel hier darüber nachgedacht wird, wohin unser (pfälzischer) Weg führen wird, wie viel hier getan wird, damit die Pfalz weiterhin eine blühende Landschaft bleibt, das ist aller Ehren wert und sucht Seinesgleichen.

Nehmen wir das Pirmasenser Prüf- und Forschungsinstitut. Dort testen Wissenschaftler, wie oft ein Fußball gegen eine Wand geschossen werden kann, bevor er platzt. Kein Witz. Adidas und andere Ballproduzenten lassen in Pirmasens prüfen, ob ihre Kunststoffkugeln (Leder ist da schon lange keines mehr dran und drin) den FIFA-Richtlinien entsprechen. Warum sind solche Richtlinien überhaupt notwendig? Nun, damit sich die Brasilianer, wenn ihre *Seleção* in einem Halbfinale mal wieder eine 1:7-Klatsche gegen Deutschland gefangen hat, nicht damit herausreden können, der Ball sei schuld gewesen. Gleiches gilt für die Italiener, wenn ihre Azurblauen mal wieder frühzeitig aus einer Weltmeisterschaft ausgeschieden sind. Die Liste ließe sich beliebig fortsetzen. Das PFI in

Pirmasens testet natürlich nicht nur Fußbälle, sondern auch Schuhsohlen, Laser oder auch Armbanduhren.

Eine ganze Latte von Forschungseinrichtungen hat sich rund um die Technische Universität Kaiserslautern angesiedelt. Da gibt es ein Max-Planck-Institut für Softwaresysteme, gleich zwei Fraunhofer-Institute (eins für Experimentelles Software-Engineering und eins für Techno- und Wirtschaftsmathematik) und eine Handvoll weiterer Forschungseinrichtungen, mit vielen ganz gescheiten Leuten und vielen ganz gescheiten Ideen, von denen aber viele so gescheit sind, dass sie selbst in einem populärwissenschaftlichen Buch wie *111 Gründe ...* nur schwerlich der geneigten Leserschaft vermittelbar sind. Deshalb lasse ich das.

Auch die Pfälzer Unternehmen forschen, was das Zeug hält. Die BASF (Ludwigshafen) forscht an ihrer Chemie, Karl Otto Braun (Wolfstein) an Verbandstoffen, Gienanth (Eisenberg) an Gießtechniken, Hornbach (Neustadt) forscht nach Heimwerkern, die Pfalzwerke forschen überall nach Stromkunden, KSB (Frankenthal) forscht an Pumpen, die Wasgau (Pirmasens) forscht nach neuen Wurst- und Brotvarianten, Mercedes-Benz (Wörth) forscht an seinen Lastwagen, Borg Warner (Kirchheimbolanden) an Turboladern, in Kaiserslautern forscht Opel an Opeln und Recaro an Autositzen, in Edenkoben forscht Tenneco an Rußpartikelfiltern, wie überhaupt in der Pfalz ganz viel an Fahrzeugen geforscht wird; und, und, und. Der Forschung in der Pfalz sind keine Grenzen gesetzt. Außer bei gentechnisch veränderten Kartoffeln. Der Pfälzer liebt seine *Grumbeere* so, wie sie sind. Und nicht wie sie sein könnten.

Neben Firmen und Forschungseinrichtungen forscht bei uns auch die Jugend. Ein herausragendes Beispiel aus jüngster Zeit soll nicht unerwähnt bleiben. Drei junge Schüler aus Winnweiler haben sich eines drängenden Problems in der Schweinemast angenommen. Weil die Schweine in der Mast tagein, tagaus nur rumstehen und fressen, damit sie möglichst schnell dick und schlachtreif werden, knabbern sie aus lauter Langeweile am Ringelschwänzchen des Vorderschweins herum. Kannibalismus in seiner schweinischsten Form. Eine Lösung wäre, die Ringelschwänzchen schon bei den Ferkelchen abzuschneiden, analog dem Kupieren bei Hunden. Die drei Gymnasiasten hatten da eine andere, weniger blutrünstige Idee: Warum nicht einfach den Schweinen die Langeweile nehmen? Das Problem daran: An speziellen Borstenvieh-Spielzeugen verlieren Schweine, die zu den intelligentesten Tierspezies gehören, nach kurzer Zeit schon das Interesse. Die drei Jungforscher entwickelten daher einen Automaten, der verschiedene dieser schweinischen Spielzeuge abwechselnd den Tieren vor die Schnauze hält. Und siehe da, die Schweine beschäftigten sich viel mehr mit den Spielzeugen und viel weniger mit den Ringelschwänzen der Nachbarn. Ein voller Erfolg. Damit wurden Jonathan Kreilaus, Julian Merkel und Jonas Opp sogar Landessieger im Wettbewerb »Jugend forscht«. Schwein muss man haben!

73. GRUND

Weil die Pfälzer Ackerknolle die dickste ist

Unter den Durchschnittskreuzworträtsellösungsanhängern (44 Buchstaben) hat es sich vermutlich schon herumgesprochen. Für alle anderen möchte ich in aller Bescheidenheit darauf hinweisen, dass der Kreuzworträtsellösungsjahresalmanach (36 Buchstaben) auf die Frage nach einer Ackerknolle gleich drei Antworten parat hält:

Mit fünf Buchstaben: *Rübe* – wegen des Umlautes mit »ue« geschrieben.

Mit neun Buchstaben: *Kartoffel*.

Und jetzt kommt die verzwickte Variante. Mit acht Buchstaben: *Erdapfel* (Hochdeutsch) oder auf Pfälzisch: *Grumbeer*.

Ich habe beim letzten Kreuzworträtselkomplettausfüllversuch (37 Buchstaben und damit einer mehr als Kreuzworträtsellösungsjahresalmanach) meiner patriotischen Pflicht als Pfälzer Genüge getan und demonstrativ *Grumbeer* hingeschrieben (waagerecht). Mit einiger Verwirrung stellte ich fest, dass die *Grumbeer* dazu führte, dass aus dem Organ einer Kuh mit fünf Buchstaben (senkrecht) ein *Guter* wurde, wo ein *Euter* hingehörte. Gott sei Dank bin ich Pfälzer. Ich habe die *Grumbeer* natürlich nicht korrigiert, sondern den Guter ignoriert. Wir Pfälzer können über derartige Kleinigkeiten durchaus hinwegsehen, ohne gleich den Sinn des Lebens hinterfragen zu müssen.

Meinem ignoriert folgte ein indigniert: Hätte der Kreuzworträtselausdenkerlehrling (32 Buchstaben – und ein Lehrling muss derjenige ja wohl gewesen sein) sich auch nur einen Hauch um uns Pfälzer geschert, hätte er in seiner Kreuzworträtselerschaffungsphase (32 Buchstaben, was exakt der Länge des Wortes Kreuzworträtselausdenkerlehrling entspricht, aber das nur als kleine Randnotiz) – wo war ich? Ah ja –, also, hätte der Kreuzworträtselausdenkerlehrling in seiner Kreuzworträtselerschaffungsphase nur einen Hauch an uns Pfälzer gedacht – oder wie wir sagen würden: *gedenkt* –, dann wäre er nicht umhin gekommen, für die *hundsforzgewöhnliche* Ackerknolle die Neunbuchstabenalternative (läppische 25 Buchstaben!) zu nehmen: nämlich die althergebrachte *Kartoffel*. Hat er aber nicht, dieser Kreuzworträtselausdenkerlehrling.

Bevor meine Ausführungen nun bei Ihnen vollends in kompletter Verwirrung münden: Natürlich weiß ich, dass Erdapfel nur ein Synonym für Kartoffel ist und die Kartoffel nur ein Synonym für *Grumbeer* und die entsprechend auch nur ein Synonym für den Erdapfel sein kann. Aber damit wäre das jetzt ein für alle Mal geklärt!

Nun ist die Pfälzer *Grumbeer* zwar nicht die längste – die Kartoffel ist ja kreuzworträtsellösungstechnisch (exakt 30 Buchstaben) die längste mit ihren neun Buchstaben –, aber die *Grumbeer* ist die dickste unter den drei Ackerknollen, denn sie kommt aus der Pfalz. Bei uns ist die Ackerkrume so vollkommen, der Bauer so beflissen, der Dung so beschissen und das Wetter so wachstumsfördernd, dass die Pfälzer *Grumbeere* nachweislich die dicksten sind. Und am besten schmecken. Das ist der Pfälzer Grumbeerehöchstleistungs-superlativ (34 Buchstaben).

Weil unsere Ackerknollen so vielfältig sind

Noch mal was zu unseren *Grumbeere*. Ohne die würden wir Pfälzer glatt verhungern. Ohne *Grumbeere* gäbe es keine *Grumbeersupp*, keine *Grumbeerpannekuche* und auch keinen *Grumbeeresalat*. Unsere Landfrauen, die Obst- und Gartenbauvereine und diverse Ortsgruppen des Pfälzerwald-Vereins könnten nicht mehr zum ge-selligen *Grumbeerbrode* einladen. Es würde kein Feuer mehr ent-facht, um die notwendige Glut zu bekommen, in der die *Grumbeere* mit oder ohne Alufolie garen. Dazu gäbe es dann keine *Blut- und Lewwerworscht* und keinen *Weißen Käs'* (Quark mit Schnittlauch und Zwiebeln). Es gäbe keine *Hoorische Knepp* (Klöße aus rohen Kartoffeln), es gäbe auch keinen richtigen Saumagen, es gäbe kei-ne *Zwiwwelgereeschde* (fein geschnittene Kartoffeln, mit Zwiebeln geröstet), es gäbe keinen *Schdambes* (für Nichtpfälzer: Püree. Der Name kommt davon, dass man für das Püree, sofern es nicht aus der Tüte kommt, die Kartoffeln mit einem Stampfer durch das Sieb stampfen muss), und folglich gäbe es auch kein *Bohnen- oder Gelle-riewe-Schdambes* (früher eigentlich ein Armeleuteessen, wie ich aus meiner Kindheit leidvoll zu berichten weiß). Wir hätten auch keine *Gequellte* (Pellkartoffeln), ebenfalls vorzugsweise zu *Weißem Käs'*.

Ein Horrorszenario, das für viele Pfälzer in seiner Schrecklichkeit nur übertroffen wird von Niederlagen des 1. FC Kaiserslautern, von

Windrädern in unserem schönen Pfälzerwald oder wenn die BASF pleiteginge; vielleicht auch noch von einer geschlossenen Pfälzerwald-Hütte. Aber Gott sei Dank haben wir ja unsere *Grumbeere*. In allen Variationen. Wir haben *Frühgrumbeere* und *Spätgrumbeere*, *Speisegrumbeere* und *Futtergrumbeere*, *Biogrumbeere* und *Delikatessgrumbeere*, wir haben gewöhnlich geformte und außergewöhnlich geformte, wir haben festkochende und mehlige und halb feste, gebratene und gedünstete, wir haben alte Sorten wie die Annabelle, frühe Sorten wie die Berber und kuriose wie die Blauen Schweden. *»Pfälzer Grumbeere«* ist darüber hinaus ein Markenzeichen, das von den Kartoffelanbauern vergeben wird, die sich in der Erzeugergemeinschaft Pfälzer Kartoffeln zusammengeschlossen haben.

Das milde Klima der Pfalz ist verantwortlich dafür, dass nirgendwo bundesweit die Frühkartoffeln früher geerntet werden als bei uns, in der Toskana Deutschlands. Wir sind bundesweit auch das größte zusammenhängende Frühkartoffelanbaugebiet.

Weil uns die *Grumbeere* so ans Herz gewachsen sind, steht das Deutsche Kartoffelmuseum natürlich in der Pfalz, in Fußgönheim. Dort erfährt man vieles über die lange Tradition des Kartoffelanbaus in der Pfalz. Die reicht bis ins 17. Jahrhundert zurück. Die Kartoffel hat in jener Zeit viele Pfälzer vorm Verhungern bewahrt. Heute haben wir so viele *Grumbeere*, dass wir sie sogar verkaufen – auch ins Ausland oder an ein bekanntes Kartoffelchips-Unternehmen bei Frankenthal.

Die Firma hat nichts mit dem gleichnamigen Springturnier in Aachen zu tun. Jenes CHIO steht für »Concours Hippique International Officiel«, klingt fantastique et chique, ist aber simple et banale ein offizielles internationales Pferdesportturnier, das nur so heißt wie unser Pfälzer Unternehmen. Das wiederum hat seinen Namen nicht aus dem Französischen, sondern ganz profan von den Initialen der Gründerfamilie: Carlo, Heinz und Irmgard von Opel.

Irmgard – das war die Mutter von Carlo und Heinz, und sie war Enkelin des berühmten Adam Opel. Ihr Sohn Carlo entschied sich dafür, statt Autos zu bauen, lieber Kartoffeln in hauchdünne Scheibchen zu schneiden, zu frittieren und zu würzen. *Pfälzer Grumbeere* gab es damals, 1962, schon mehr als genug. Die Produktion startete auf dem familieneigenen Hofgut Petersau bei Frankenthal. Und daraus entwickelte sich ein deutschlandweiter Marktführer in Sachen Kartoffelchips.

Nicht verschwiegen werden soll, dass man aus unseren *Grumbeere* auch Hochprozentiges destillieren kann. Der *Grumbeereschnaps* ist aber eher eine – sagen wir – Geschmacksfrage. Man muss ihn probiert haben, um diese Frage beantworten zu können. Man muss die Frage aber nicht unbedingt beantworten wollen. Theoretisch könnte man aus *Pfälzer Grumbeere* auch Wodka machen. Der schmeckt ungefähr genauso wie *Grumbeereschnaps*. Deshalb überlassen wir das auch gerne den Russen.

75. GRUND

Weil die Pfalz aus grünen Blättern blauen Dunst macht

Rauchen ist gesund. Nein, nein, natürlich nicht für die Raucher, sondern für die Tabakpflanzer in der Südpfalz. Denen ging es jahrhundertelang richtig gut, mittlerweile kränkeln sie aber ziemlich. Manche haben sogar Angst, dass sie bald ganz aussterben. Und zwar nicht wegen Raucherlunge oder wegen Raucherbeins, sondern wegen Rauchermangels.

Rauchen ist unmodern und an vielen Orten verboten, das nimmt den Tabakpflanzern die Luft, die sie zum Überleben brauchen. In der Südpfalz liegt das größte zusammenhängende Tabakanbaugebiet in Deutschland. In der ganzen Republik gibt es derzeit rund 500 Tabakbetriebe, allein 130 davon sind in der Südpfalz zu Hause. 1960 waren es noch 6.200 – nur in der Pfalz. Nach mehr als 400 Jahren Tradition geht dem Gewerbe die Puste aus.

An der Qualität liegt es nicht. Der Südpfälzer Tabak, allen voran die Sorten Virgin und Burley, wird auf der ganzen Welt gern in Zigaretten gewickelt. Für Zigarren eignen sich die dunklen Tabaksorten Geudertheimer und Friedrichstaler besser. Auch wenn sie immer schon als leicht, mild und dennoch aromatisch galten, so ganz von allein haben es die deutschen Tabake nicht an die Spitze geschafft. Bis zur Mitte des 20. Jahrhunderts gab es ein Gesetz, das die deutschen Zigaretten-, Zigarren- und Zigarillohersteller zwang, in ihre Rauchwaren auch immer ein bisschen deutschen Tabak zu mischen, nicht nur solchen aus Sumatra, Kuba oder sonst woher. Heute muss das keiner mehr, die Schwarzwälder Firma Roth-Händle macht das aber immer noch. Warum, wissen selbst eingefleischte Raucher nicht, die sich aber immerhin sicher sind, dass diese Marke die stärksten Kippen zu bieten hat, die einen dafür auch am schnellsten und sichersten unter die Erde bringen. Da hat die heimische Tabakindustrie dann auch nichts mehr davon.

Nicht nur die Tabakindustrie trauert um die Betriebe, die immer weniger werden. Der Staat weint auch. Er kriegt nämlich jedes Jahr rund 14 Milliarden Euro an Tabaksteuer. Die ist neben der Bier-, Strom- und Kaffeesteuer eine der wichtigsten Quellen, um das Staatssäckel vollzumachen. Doof, dass Rauchen so ungesund ist. Da kann der Staat nicht so schön Werbung machen. Politiker haben immer wieder mit der ihnen eigenen Logik versucht, aus dieser Zwickmühle herauszukommen, indem sie gerne mal Projekte im Gesundheitswesen mit der Tabaksteuer finanziert haben, Mutterschaftsgeld oder Unterstützung für Schwangere zum Beispiel.

Ob das nun Sinn macht oder nicht, dafür können die Südpfälzer Tabakpflanzer nichts. Sie bauen halt Tabak an, weil sie schon so lange Tabak anbauen. Dabei kam die Idee dazu von woanders. Im 16. Jahrhundert kamen holländische Tabakbauern und fingen an, in der Südpfalz Tabak anzupflanzen, weil der Boden hier so schön krümelig-luftig war und niedriges Grundwasser hatte. Und das Klima hat auch prima gepasst. Die allererste Tabakpflanze soll im

Pfarrgarten in Hatzenbühl bei Speyer gewachsen sein. Tabak anzubauen wurde damals ein extrem lohnendes Geschäft, weil nämlich gerade Dreißigjähriger Krieg war. Die Söldnerheere zogen zu Tausenden durchs Land, wüteten und zerstörten – und rauchten! Und wie. Anbau und Verarbeitung des Knasters (der hieß damals ganz offiziell so) wurde einer der wichtigsten Wirtschaftszweige in dieser Zeit, das war so ziemlich das einzig Gute an diesem Krieg. Bis zum Zweiten Weltkrieg war Rauchen das Hobby aller Soldaten, und auch nach dem Krieg hatte jeder, der cool sein wollte oder eben einfach süchtig war, die Fluppe im Mund. Als die Leute später anfingen, an ihre Gesundheit zu denken, kam die EU und subventionierte den Tabakanbau, da war auch noch alles gut. »Wenn der Tabak blüht, blüht die Pfalz«, schwärmten sie in der Südpfalz.

Aber allmählich verflog der Erfolg. Rauchen gefährdet Ihre Gesundheit, das ließ sich immer schwerer leugnen. Die Subventionen wurden gestrichen, die Raucher wurden begraben, was nun? Die Pfälzer Tabakbauern hatten ihre Quadratkilometer großen Tabakfelder in Hayna, Hatzenbühl, Bellheim, Schwegenheim, Harthausen, Gommersheim und in der ganzen Gegend dort. Da wollten sie etwas pflanzen. Sie versuchten es mit Majoran. Netter Versuch, schließlich sind Majoran-Kartoffeln (*Majraan-Grumbeere*, wie der Pfälzer sagt) eine Delikatesse in der Pfälzer Küche. Aber es ist eben nur ein Gewürz, so arg viel braucht man davon nicht. Dann haben sie es direkt mit Kartoffeln versucht. Das hat auch nicht richtig hingehauen, weil die Kartoffeln sich mit dem Spargelanbau, der anderen Tradition in der Kante, nicht vertrugen. Ganz Verzweifelte haben es dann mit dem Anbau von Pfefferminze probiert. Für Tee. Für Tee! In der Pfalz! Liebe Tabakpflanzer, so gern ich euch helfen würde: So oft kann ich es mir nicht leisten, krank zu sein, und zu anderen Gelegenheiten trinkt ein Pfälzer keinen Pfefferminztee …

Strom, Biogas, Radwege. Das sind die jüngsten Ideen, von denen sich die ehemaligen Tabakbauern in der Südpfalz einen neuen Sinn für ihre Anbauflächen und eine neue Existenz erhoffen. An den

Tabakanbau erinnern in einigen Dörfern nur noch ein paar der großen hölzernen Tabakschuppen, die früher an jeder Ecke standen, weil darin die Tabakblätter zum Trocknen hingen. Wenn sie Glück haben, werden sie als Kulturscheunen oder Ähnliches weitergenutzt. Für die Kultur, die der Tabak jahrhundertelang geprägt hat, gibt es heute nur noch ein Museum. Das Sozialhistorische Zigarrenfabrikmuseum in Rödersheim-Gronau. Klingt recht trocken, ist es auch. Es gibt dort so viel Theorie, dass einem der Kopf raucht. Immerhin. Dafür bietet die örtliche Volkshochschule ab und zu mal einen Kurs im Zigarrenrollen an. Das dürfen Sie sich ruhig mal gönnen, vom Rollen hat noch keiner eine schwarze Lunge gekriegt.

Weil die Pest bei uns keine Chance hat

Jetzt brauchen wir ein bisschen Musik. Gregorianische Choräle. Klingen ein bisschen dumpf und auch ein bisschen gruselig in den unterirdischen Sandsteingewölben, in denen wir gerade sind. Wir tragen lange schwarze Gewänder mit Kapuze und warten. Auf den Pestarzt. Er kommt, ebenfalls im langen schwarzen Umhang. Zusammen gehen wir in den Essigkeller. Dort stehen die Holzfässer, in denen der Essig reift. Wir können ihn riechen.

Das ist die Show, die Sie geboten kriegen, wenn Sie im Doktorenhof in Venningen an der Südlichen Weinstraße eine Essigführung machen. Sieht aus wie eine Tour durch eine mittelalterliche Geisterbahn, ist aber die Möglichkeit, Wirkungen und Aromen des Essigs kennenzulernen, die Sie sich nie hätten träumen lassen. Essig ist zu viel mehr nütze, als nur als Zutat zur Salatsoße sein Dasein zu fristen.

Zum Beispiel für die Gesundheit. Essigdoktor Georg Heinrich Wiedemann, der Chef des Doktorenhofs in Venningen – der Mann hat wirklich einen Doktortitel –, erklärt, dass schon Pfarrer Kneipp seinen Patienten mit Essig getränkte Lappen um die Waden gewickelt hat, damit sie wieder gesund würden. Und Alexander der Große ließ seine Soldaten Essig trinken, um die Darmflora fit zu halten. Und dann natürlich in den Zeiten, in denen die Pest wütete, da hat der Essig Leben gerettet. Wer die feinsauren Essigdämpfe eingeatmet hat, wurde möglicherweise vom Pesthauch verschont. Schorsch Wiedemann, wie die Pfälzer den Georg nennen, liebt Essig, man spürt es. Aber seine Leidenschaft gehört nicht den Wickeln und Arzneimittelchen, sondern dem Genuss-Essig, den man trinken kann. Den macht er selbst, und damit hat er sich international einen Namen gemacht. Gourmetköche in ganz Deutschland, das schwedische und sogar das saudische Königshaus kaufen seine Essigkreationen. Die machen einem schon den Mund wässrig, wenn man nur ihre Namen liest, sie heißen zum Beispiel »Engel küssen die Nacht«, »Casanova«, »Essenzia der Liebe«, »Wenn Schmetterlinge lachen«, »Rosenmondbalsam«, um nur mal ein paar zu nennen. Sie merken schon an den Namen: Diese Essige haben mit Salatsoße nichts mehr zu tun.

Die Gourmet-Essige aus der Pfalz sind das Ergebnis einer vier- bis sechsjährigen Reifung edler Pfälzer Bio-Weine im Holzfass, dazu kommen erlesene Früchte wie Feigen, Aprikosen und Granatäpfel, raffiniert aromatisiert mit Safran, Vanille und anderen feinen Gewürzen. Wie der Essig im Einzelnen hergestellt wird, bleibt Wiedemanns Familiengeheimnis, eine ganz besonders wichtige Rolle spielt dabei die Essigmutter. Das ist der Essigpilzklumpen, der die Essigsäuregärung in Gang setzt. Georg Wiemann hütet seine Essigmütter wie seinen Augapfel. Die ganze Geschichte klingt hochwertig, es ist auch nicht ganz billig, was man da in einem mundgeblasenen, eigens für den Essig kreierten filigranen Stielgläschen kredenzt bekommt. Aber man trinkt ja auch nur wenig davon. Richtig, man trinkt diesen Essig. So wie einen Aperitif oder Digestif zu einem feinen Essen. Es ist ein sehr spezielles, aber auf jeden Fall genussreiches Erlebnis.

Georg Wiedemann nennt seine Essigproduktion Manufaktur, und in der Tat machen er und seine Familie fast alles, was zum Essig gehört, mit der Hand. Die Pfälzer haben ihn am Anfang dafür belächelt, mittlerweile gibt es schon einige, die ihn kopieren. Das Geschäft floriert nämlich. Und das zeigt, dass in der Pfalz sogar eine so saure Angelegenheit wie Essig zu einer süßen Delikatesse werden kann. Sauer macht lustig? Ja, schon, aber in der Pfalz heißt es darüber hinaus: Sauer macht Lust – auf mehr!

KAPITEL 8

Renne un Schwitze un e bissel Fußball

Pfälzer Sportler

Weil der »Kran von Schifferstadt«
der stärkste Mensch der Welt war

»Hä? Wer?« Ich erntete im Kreise einiger geselliger Zeitgenossen nur ein Stirnrunzeln und ein mitleidiges Lächeln. Hatte ich doch zuvor in einer Diskussion um herausragende sportliche Leistungen den »Kran von Schifferstadt« erwähnt. Ja, so geht es einem, wenn man sich nicht klarmacht, dass man locker Vater derer sein könnte, mit denen man sich gerade unterhält und die den »Kran von Schifferstadt« tatsächlich für eine Arbeitsmaschine zum Heben von Lasten halten. Die Erläuterung »na, Wilfried Dietrich«, machte es nur noch schlimmer. »Jaja« und »Ach der!« waren noch die am wenigsten sarkastischen Kommentare. Erst der Hinweis, da gäbe es doch bestimmt noch ein Video auf YouTube, ließ so etwas wie leises Interesse aufkommen. Tatsächlich findet sich auf YouTube noch heute der legendäre Ringkampf von Wilfried Dietrich gegen den US-Amerikaner Chris Taylor. Einer holte sein Smartphone heraus und gab auf YouTube »Wilfried Dietrich« ein. Und da war es. In miserabler Qualität und ruckelig, aber sichtbar für all jene Spötter. Manchmal hat die schöne neue Welt auch ihre Vorzüge.

Das Video zeigt Wilfried Dietrich, zigfacher deutscher Meister sowohl im Einzel als auch mit der Mannschaft seines pfälzischen Heimatvereins VfK Schifferstadt. In Rom 1960 gewann er die olympische Goldmedaille im Freien Stil, im Jahr darauf wurde er in Japan Weltmeister. Das war seine Glanzzeit. Aber in die Geschichtsbücher des Ringens und ins kollektive Gedächtnis der Älteren unter uns schrieb sich Dietrich erst zum Ende seiner Karriere. Es war einmal – und es war tatsächlich wie im Märchen – bei den Olympischen Spielen 1972 in München. Superschwergewicht griechisch-römischer Stil. Dietrichs Gegner war ein Koloss. 182 Kilo schwer. Ein Fleisch- und Fettberg von nahezu vier Zentnern. Chris Taylor war auch kein guter Ringer. Er brauchte sich mit seinem Gewicht einfach nur auf die Gegner zu werfen und sie plattzumachen. Die Ringrichter mussten dabei höllisch aufpassen, dass Taylors Gegner nur den Kampf und nicht auch noch ihr Leben verloren. Der Mann war so enorm an Masse, dass Dietrich dagegen wie ein Hänfling wirkte.

Diesen Hünen zu besiegen war eine Herkulesaufgabe, denn im Griechisch-Römischen sind Beinwürfe nicht erlaubt, das heißt, der Ringer muss den Gegner oberhalb der Hüften irgendwie packen und dann zu Boden bringen. Dietrich aber konnte seine Arme hinter Taylor nur mit Mühe und Not und bloß mit den Fingerspitzen verschränken. Wie sollte er diesen Koloss besiegen?

Dann, in Runde zwei, passierte etwas, was das Publikum in der Münchner Halle zuerst in Staunen und dann ins Rasen versetzte. Dietrich hob Taylor aus, genauso wie es ein Kran von Schifferstadt tun musste. Er ging ins Hohlkreuz und warf den menschlichen Berg rückwärts über sich. In der Zeitlupe sieht man, wie knapp es war, dass Dietrich nicht einfach unter Taylor begraben wurde und sich der Schifferstadter dabei nicht das Genick brach. Dietrich sprang sofort unter dem unbeweglichen Taylor hervor, warf sich auf ihn und schulterte ihn. Es waren keine drei Sekunden, die aus Dietrich einen Helden für die sportliche Ewigkeit machten.

Leider blieb Dietrich der Lohn für diesen Triumph versagt. Er schied danach ohne Medaille bei den Münchner Spielen aus. 1977 beendete Wilfried Dietrich seine aktive Laufbahn. Schifferstadt ernannte ihn zum Ehrenbürger. Seinen letzten Kampf aber verlor er. 1992 erlag Dietrich einem Herzinfarkt. Der »Kran von Schifferstadt« durfte nur 58 Jahre alt werden. Aber in der Erinnerung und im 1. Deutschen Ringermuseum, das nirgendwo anders als in Schifferstadt stehen kann, leben Wilfried Dietrich und dieser Kampf weiter. Unvergessen, zumindest bei den Älteren …

Weil man von der Kalmit runter mit dem Fahrrad bis nach Neustadt rollen kann

Die Kalmit. Mit 672,6 Metern über dem Meeresspiegel der höchste Berg des Pfälzerwaldes und nach dem Donnersberg der zweithöchste Gipfel der Pfalz. Jaja, alle Bayern oder sonstigen Menschen, denen schneebedeckte Bergketten die Aussicht versperren, mögen über den Begriff »Gipfel« bei einer Höhe von nicht mal einem Tausender müde lächeln. Aber wenn die erst mal mit dem Fahrrad die Kalmit hoch geächzt sind, dann werden sie anders reden. Nämlich mit Respekt! Auf der Kalmitstraße, die Steigungsgrade aufweist, die der Tour de France zur Ehre gereichen würden, ist schon so mancher Tourist abgestiegen, und wenn der Drahtesel noch so modern, vielfach schaltbar und aus Carbon war. Ha! Mit solch neumodischem Schnickschnack ist die Kalmit für den echten Pfälzer Radler keine Herausforderung. Nein, der oder natürlich auch die soeben Genannte fahren einmal im Jahr die Kalmit mit einem Klapprad hoch.

Ja, mit einem Klapprad! Und zwar mit einem echten aus den 1970er-Jahren, also ohne Schaltung, mit nur einem Gang. Der Kalmit-Klapprad-Cup ist mittlerweile legendär und lockt jedes Jahr Tausende von begeisterten Zuschauern an die Strecke. Die kriegen wirklich Großartiges zu sehen: Tapfere Strampler, die nicht nur sportlichen Ehrgeiz haben, sondern auch jede Menge Humor, Fantasie und unbeschreiblich viel Spaß. Jedes Jahr steht der Klapprad-Cup unter einem anderen Motto, da gab es schon »Die Teleklappies«, »Asterix und Klappix«, »Wähl mich du Sau« oder auch »Junge, schalt nie wieder«. Wie die Kostüme der Radler bei den ersten drei Themen aussahen, liegt auf der Hand. Bei dem Seemanns- und Matrosenmotto »Junge, schalt nie wieder« sind ganze Schiffe mitgefahren, d. h. Klappräder mit Aufbauten, Wänden, Segeln, Ankern und was ein ordentliches Hochseegefährt noch so alles braucht. Aber immer noch ohne Gangschaltung. Begleitet wurde das Klappitänspektakel übrigens vom Hasslocher Shanty Chor, der derart originalgetreu Seemannslieder schmetterte, dass Freddy Quinn vor Rührung die Tränen gekommen wären.

Der Klapprad-Cup ist mittlerweile ein solcher Renner, dass die Teilnehmerzahl auf 500 beschränkt werden musste. Altersbeschränkungen gibt es dagegen keine: Der jüngste Teilnehmer war bisher sechs, der älteste 78 Jahre alt.

Wer kein Klapprad hat oder auch lieber mit weniger Mitradlern oder allein die Straße zur Kalmit hochfährt, darf das natürlich auch. Und er darf natürlich auch sein 7- oder 21-Gang-Tourenrad, sein Rennrad oder sein superschniekes Carbonrad nehmen. Oder sein Liegerad. Der Kenner schwört darauf, dass es keine angenehmere und schnellere (und coolere) Methode gäbe, den Berg zu bewältigen, weil die Steigung den liegend Bewegten geradezu hochziehe. Und zwar in einem Tempo, das alle aufrecht an die Pedale Geklickten alt aussehen lässt.

Anstrengend ist die Geschichte trotzdem, aber die Belohnung ist jeden Schweißtropfen wert: Irgendwann ist ja jeder mal oben, auf dem Kalmitgipfel. Und das bedeutet, dass es nach gebührender Verschnaufpause, ordentlicher Verpflegung und Schoppen im Kalmithaus dann auch wieder runtergeht. Downhill, wie der Fachmann sagt. Nicht zu Unrecht klingt allein dieses Wort schon nach rasender Geschwindigkeit, und genau die ist einer der ganz großen Genüsse, die die Kalmit zu bieten hat, wenn man sie wieder verlässt. Neun Kilometer lang ist die Strecke vom Gipfel bis nach Neustadt hinunter. Neun Kilometer – ungebremst … Nein, das ist nicht zu empfehlen, auch wenn es abschnittsweise schon sehr verlockend ist, es einfach mal rollen zu lassen. Die Rennrad-, Carbon- und Liegeradbesitzer und -liebhaber (oder einfach auch kurz gesagt: die Mutigen) schwärmen von km/h-Zahlen, die gefühlt mindestens dreistellig sind und in der Realität auf dem Tacho immerhin stolze 70 erreichen. Es soll sogar Liegeradler geben, die sich darüber ärgern, dass die Autos vor ihnen immer so langsam fahren und sie ausbremsen, wenn's doch gerade am schönsten ist. Aber dafür dauert die Fahrt durch die wunderbar waldigen Kurven dann wenigstens noch ein bisschen länger.

Ach so, wandern kann man auf die Kalmit natürlich auch. Ist auch schön.

79. GRUND

Weil wir die eingefleischtesten Skifahrer haben

Skifahren in einem deutschen Mittelgebirge ist Geduldssache. Man muss nur so lange warten, bis ein Winter so viel Schnee produziert, dass er sogar im Pfälzerwald eine gewisse Höhe erreicht. Erschwerend muss es dann eine Zeit lang so kalt sein, dass die weiße Pracht auch liegen bleibt. Das kann in Zeiten der Klima-Erwärmung schon mal dauern, mehrere Jahre unter Umständen.

Der Pfälzer an sich ist aber ein optimistisches Wesen, und deshalb glaubt er fest daran, dass auch der Pfälzerwald für Wintersport geeignet ist. Sichtbar wird das gleich an mehreren Skigebieten. Ja, Sie lesen richtig. Skigebiete. Zum Beispiel in Queidersbach bei Kaiserslautern. Das dortige Skigebiet nennt sich Katzenhalde. Nichts gegen Katzen, aber »Halde« lässt schon ahnen, dass selbst wenig routinierte Skihaserl und deren männliche Pistenbegleiter in etwa 4,56 Sekunden die Abfahrt hinter sich haben – falls sie nicht stürzen, was auf einer Länge von 300 Metern und einem Gefälle von 20 Prozent eher unwahrscheinlich ist. Immerhin gibt es einen Schlepplift (für Sessel oder eine Gondel ist einfach zu wenig Platz). Und es sollen auf der Katzenhalde sogar schon Skiläufer gesichtet worden sein.

Nun ist die Katzenhalde nur eines von mehreren höchst interessanten Skigebieten im Pfälzerwald. Ein anderes Wintersport-

Eldorado existiert bei Hofstätten und dem Nachbarort Hermersbergerhof. Dieses (fast) zusammenhängende Skigebiet liegt auf den Höhen des Pfälzerwaldes mitten im Dreieck zwischen Landau, Pirmasens und Kaiserslautern. Vermutlich deshalb hat der Pfälzer Skiclub seinen Sitz in Clausen, einem kleinen Dorf, das ebenfalls innerhalb des besagten Dreiecks liegt. Die Anreise nach Hofstätten und zum Hermersbergerhof ist von Clausen aus sehr kurz, sodass man auch mal nach Feierabend schnell auf die dortigen Pisten, Loipen und die beiden Rodelbahnen kommt – sofern halt Schnee liegt.

Wer von den Skigebieten im Pfälzerwald schreibt, kommt an Zweibrücken nicht vorbei. In der dortigen Ice-Arena kann man mit der ganzen Familie eislaufen. Oder man schaut den Hornets vom örtlichen Eishockey-Club beim Puckspielen zu. Oder aber man kauft sich eine Tageskarte für den 50 Meter langen Skilift des Skiclubs 1965 Zweibrücken und lässt sich in die Höhe der verkehrsgünstig direkt an der Autobahn gelegenen Fasanerie-Abfahrt katapultieren. Karten gibt's an der Talstation (!). Dieser Skilift ist nach Angaben der Stadt »Zugang zu fünf Abfahrten und einer 1,5 Kilometer langen Langlaufloipe, professionell mit Flutlicht und Skihütte«. Das mit dem Flutlicht und der Skihütte ist natürlich kein Alleinstellungsmerkmal des Zweibrücker Skigebiets, denn die Pfälzer messen dem Après-Ski eine besondere Bedeutung bei. »Geöffnet sind die Einrichtungen natürlich nur bei geeigneter Wetterlage«, heißt es bei der Stadt weiter. Dies gilt leider auch für die Skihütte.

Da das alpine Skivergnügen im Pfälzerwald von kürzerer Dauer ist, haben die Ski-Langläufer bessere Voraussetzungen. Die 1,5-Kilometer-Langlaufloipe in Zweibrücken ist selbstredend ein Rundkurs und kann daher immer wieder gelaufen werden, bis man halt seine Kilometer zusammen hat – oder einen Drehwurm. Komfortabler ist da schon die Langlaufloipe am Donnersberg (siehe auch *Grund 44: Weil es nur bei uns den Donnersberg gibt*). Es gibt eine kurze (vier Kilometer) und eine lange (acht Kilometer) Loipe, die vom Ski-Club Donnersberg gespurt werden. Auch hier gilt: Schnee muss schon liegen.

Die Aufzählung der Skigebiete des Pfälzerwaldes erhebt keinen Anspruch auf Vollständigkeit. Da das leidige Thema Schnee selbst den optimistischsten Pfälzer aber auf Dauer mürbe machen kann, bieten die zahllosen Ski- und Schiclubs in der Pfalz jedes Jahr Ausflüge an. Ziele sind insbesondere die Alpen, aber auch der Feldberg im Schwarzwald, der in der halben Fahrzeit zu erreichen und etwas schneesicherer als der Pfälzerwald ist. Sollte in einem guten Jahr überraschenderweise der Pfälzerwald doch winterweiß sein, dann hat man das doppelte Vergnügen. Übers Wochenende für einen Kurztrip nach Sölden oder Ischgl und unter der Woche Katzenhalde oder Hermersbergerhof. Was will der Wintersportler mehr?

80. GRUND

Weil die Pfälzer nicht nur hoch hinauswollen, sondern das manchmal auch schaffen

Wir befinden uns in der Welt des Sports. Des Pfälzer Sports. Pfälzer waren schon von jeher sehr sportlich. Ein paar von uns haben es sogar zu internationalen Weihen gebracht. Weil wir uns hochgesteckte Ziele setzen – und auch erreichen. Die Messlatte liegt bei uns hoch. Bei Raphael Holzdeppe lag sie im Jahr 2013 bei ganz genau 5,89 Meter. Das war bei der Leichtathletik-Weltmeisterschaft in Moskau. Für unseren Goldjungen, geboren in Kaiserslautern und aufgewachsen in Zweibrücken, war das kein Problem. Er siegte und holte sich den WM-Titel.

Goldjungs gibt es in der Pfalz mehrere. Einem unserer Olympiasieger ist ein eigenes Kapitel in diesem Buch gewidmet (siehe *Grund 77: Weil der »Kran von Schifferstadt« der stärkste Mensch der Welt war*). Ein anderer Goldjunge war der inzwischen gestorbene

Helmut Bantz. Der Speyerer holte bei Olympia 1956 in Melbourne die Goldmedaille im Pferdsprung. Bantz wollte eigentlich Fußballer werden. Wie gut, dass ihn sein Vater, der Vorsitzender des Turnvereins Speyer war, zum Turnsport überreden konnte.

Lang ist die pfälzische Liste der erfolgreichen Radsportler. Darauf steht Gregor Braun aus Neustadt. Sein Spitzname »Bär von der Weinstraße« deutet schon darauf hin, dass Braun ein (Wand-)Schrank von einem Mann war. Aber der »Bär« war nie bärbeißig, sondern ein angenehmer Zeitgenosse, jovial und freundlich. 1976 wurde er in Montreal zweifacher Olympiasieger in der Einer- und der Mannschaftsverfolgung.

Wir haben aber nicht nur Goldjungs unter den Radsportlern, sondern auch Goldmädels. Miriam Welte gewann 2012 bei den Olympischen Spielen in London den erstmals ausgetragenen Teamsprint-Wettbewerb. Im selben Jahr und im selben Wettbewerb wurde die sympathische junge Dame aus Otterbach auch Weltmeisterin.

Auch wenn er nie Olympia-Gold geholt hat: Ein Name darf unter den pfälzischen Radsport-Assen nicht fehlen. Udo Bölts aus Heltersberg. Sein »Quäl dich, du Sau« ist legendär. Damit feuerte er seinen Teamkollegen Jan Ullrich bei der Tour de France 1997 an. Ullrich trug das Gelbe Trikot des Spitzenreiters, aber bei der 18. Etappe schwächelte er. Und tatsächlich riss sich Ullrich zusammen und holte sich den Gesamtsieg. Bölts selbst ist zwölf Mal hintereinander bei der Tour de France an den Start gegangen und nicht ein einziges Mal vorzeitig aus dem Sattel gestiegen. Chapeau!

Mit einem Olympiasieger im Feldhockey verbindet mich eine schöne Kindheitserinnerung. 1972, München: Die deutsche Hockey-Nationalmannschaft siegt im Finale gegen den amtierenden Weltmeister aus Pakistan 1:0. Den Adler auf der Brust trägt dabei Peter Trump, jüngster Spieler des Teams und Linksaußen aus der Hockey-Hochburg Frankenthal. Nach diesem Triumph wollten alle Jungs in Deutschland plötzlich Hockey statt Fußball spielen. Wir spielten auf der Straße und in Hinterhöfen mit selbst gebastelten Schlägern und alten Gummibällen, denen die Luft ausgegangen war, weil keiner von uns Geld für richtige Schläger oder Hockeybälle hatte. Der Hockey-Boom hatte auf Dauer aber keine Chance gegen König Fußball. Schön war's trotzdem.

Die allerersten Olympiasieger aus der Pfalz waren Ruderer. 1912 holte sich der deutsche Vierer mit Steuermann in Stockholm die Goldmedaille. Alle fünf Bootsinsassen kamen vom Ludwigshafener Ruderverein: Unter Steuermann Otto Maier pullten sich Albert Arnheiter, Rudolf Fickeisen, Hermann Wilker und Otto Fickeisen aufs Siegertreppchen. Bei ihrer Rückkehr bereiteten die Stadt Ludwigshafen, der Verein (LRV) und Tausende von Bürgern den Rudern einen begeisterten Empfang. Die Stadt schenkte dem Verein in Anerkennung und Dankbarkeit ein neues Viererboot.

Im Fußball hat die Pfalz zwar keine Olympiasieger aufzubieten, aber Weltmeister – und zwar über die 1954er-Weltmeister um Fritz Walter hinaus. Den Ludwigshafener André Schürrle zum Beispiel, der 2014 in Brasilien mit der deutschen Nationalmannschaft triumphierte und den lang ersehnten vierten Stern holte. Dass auch die Pfälzer Frauen kicken können, beweist Nadine Keßler. Die junge Dame aus dem südwestpfälzischen Weselberg ist vielfach dekoriert: Mit dem VfL Wolfsburg holte sie die Deutsche Meisterschaft und den Champions-League-Sieg, dazu mit der Nationalmannschaft den Europameistertitel und ist 2015 von der FIFA zur Weltfußballerin gekürt worden. Weltschiedsrichter darf sich der Otterbacher Markus Merk nennen. Gleich dreimal erhielt er diese Auszeichnung. Das hatte er nicht zuletzt der Tatsache zu verdanken, dass er als gelernter Zahnarzt den renitenten Kickern auf dem Platz sehr schnell den Zahn ziehen konnte.

Weil »die Klub« fast so berühmt geworden wäre wie der FCK

Die Klub ist nicht irgendein Club und schon gar nicht *der* Club. *Der Club,* den gibt's in Nürnberg. *Die Klub* gibt's nur in Pirmasens. Der FK 03 Pirmasens. »*Die Klub*« nennen die Einheimischen ihren Renommierverein und sagen Sätze wie: *Ich geh raus zu de Klub,* weil das »Stadion an der Zweibrücker Straße« am Stadtrand lag. Oder sie sagen: *Die Klub hat widda gewunn/verlor/unentschieden gespielt* (Zutreffendes bitte unterstreichen). Jeder Pirmasenser, selbst wenn er nichts mit Fußball am Hut hat, weiß dann, welcher Club gemeint ist. Auch unter Fußballkennern in ganz Deutschland hat *die Klub* einen klangvollen Namen, wenn auch die wirklich glanzvollen Zeiten schon etwas zurückliegen.

Damals war der FKP die Nummer 1 in der Pfalz. Nicht der 1. FC Kaiserslautern. Wir reden hier von den 1930er- und den 1950er-Jahren. Die Blauweißen aus der Schuhstadt Pirmasens wurden zwischen den beiden Weltkriegen mehrfach Meister der damals höchsten Spielklasse, der Bezirksliga Saar – vor den großen Rivalen aus der großen Nachbarstadt Kaiserslautern. Beim FKP spielte damals ein gewisser Heinrich Hergert (*de Schepp*), ein waschechter Pirmasenser. Der kantige Mittelläufer war so gut, dass er fünf Länderspiele für Deutschland absolvierte.

Auch nach dem Zweiten Weltkrieg zeigte der FKP den Roten Teufeln mehrfach die Hörner: Dreimal hintereinander holte sich *die Klub* den Meistertitel in der Oberliga Südwest (1958–1960) und verwies den FCK auf die Plätze. Auf dem Platz standen damals Pirmasenser Eigengewächse wie Horst Schmitt oder August Käfer. Dazu Hermann Laag, Hans Breitzke oder auch der überragende Torjäger Helmut Kapitulski, der einmal – gegen Österreich – das Nationaltrikot überstreifen durfte. Pirmasenser Fußballfans bekommen noch immer glänzende Augen, wenn sie diese Namen hören.

Übrigens hat nicht nur der FCK 1954er-Weltmeister in seinen Reihen, sondern auch der FKP: Torwart Heinz Kubsch war im Aufgebot dabei, bestritt allerdings kein Spiel. Eine unglückliche, ja, geradezu dämliche Verletzung ruinierte Kubschs Hoffnung auf einen WM-Einsatz. Eigentlich sollte er im Gruppenspiel gegen Ungarn zwischen den Pfosten stehen. Was den Unfallhergang angeht, gibt es mehrere Versionen, von denen niemand – außer den Betroffenen – weiß, welche wahr ist. Fritz Walters Version zufolge fiel bei einem Ruderboot-Ausflug der Freund und Zimmergenosse von Kubsch, Heinrich Kwiatkowski, in den Thuner See. Kubsch sei hinterhergesprungen und habe sich dabei die Schulter verletzt. Eine andere Version besagt, die Schulterverletzung rühre von einer Rangelei um das letzte freie Ruderboot her. Und die dritte schließlich behauptet, Kubsch habe Kwiatkowski dazu veranlasst, von einer Kaimauer ins Ruderboot zu springen, was aber misslungen sei. Der Nichtschwimmer Kwiatkowski sei in den See geplumpst, und Kubsch habe ihn mit einem Ruck herausgezogen. Daher die Verletzung. Wie dem auch sei, Tatsache ist: Kubsch war verletzt, fiel aus und konnte den WM-Triumph nur außerhalb des Feldes erleben.

Als 1963 die Bundesliga gegründet wurde, war der FCK dabei, *die Klub* nicht. Das wurmte zahllose FKPler. Dabei hatte der FKP weiterhin eine Mannschaft mit Ambitionen für die 1. Liga.

Einer vom FKP, der es zu einigem Ruhm brachte, war Horst Nußbaum. Kennen Sie nicht? Das ist nicht überraschend. Als Horst Nußbaum und als Fußballer kennt ihn so gut wie niemand, unter seinem Pseudonym als »Jack White« kennen ihn viele. Aus seiner Feder stammen Hits wie *Schöne Maid* von Tony Marshall oder *Fußball ist unser Leben*, den er für die deutsche Nationalmannschaft für die WM 1974 schrieb. Als Jack White produzierte er auch internationale Stars wie Paul Anka und David Hasselhoff. Für eine Saison trug Nußbaum das FKP-Trikot, dann wechselte er – ebenfalls für eine Saison – zum TSC Zweibrücken. Er war kein schlechter

Fußballer und beendete seine Profi-Karriere beim PSV Eindhoven. Aber als Musiker war er doch klar besser.

In den 1970er-Jahren schaffte es der FK Pirmasens zum Gründungsmitglied der 2. Bundesliga Süd. Mehrfach klopften die Pirmasenser in den 1960er- und 1970er-Jahren an das Tor zur Bundesliga, aber geschafft haben sie es nie. Trotz Assen wie Horst Brill, Peter Bernhardt, Robert Jung, Harry Erhart und allen voran Dieter »Steps« Weinkauff, einem brillanten Techniker, der Bälle genauso gut auflegen wie im Netz versenken konnte.

Aus den alten Zeiten rührt auch die außerordentliche Rivalität mit dem 1. FC Kaiserslautern her, die, das muss man offen sagen, auf beiden Seiten manchmal sogar in Hass umschlug. Der große Fritz Walter wusste zu berichten, dass bei Schopp (liegt zwischen Pirmasens und Kaiserslautern) die »Grenze« begann. Dahinter, Richtung Pirmasens, wurden die FCK-Spieler beleidigt und bespuckt. Davor, Richtung Kaiserslautern, bekamen die FKPler ihr Fett weg. Inzwischen gibt es auch in Pirmasens – wie überall in der Pfalz – sehr viele Lautern-Fans. Aber die Aussage, nirgendwo gibt es mehr Leute, die den FCK gerne verlieren sehen, dürfte genauso zutreffen.

Dass *die Klub* doch noch irgendwann den 1. FC Kaiserslautern als Nummer 1 im pfälzischen Fußball ablösen könnte, wird wohl ein Traum der FKP-Fans bleiben. Die großen Zeiten der Pirmasenser Schuhindustrie sind vorbei; und damit auch der Schuhfabrikanten, die den Traditionsclub großzügig unterstützten und die entsprechenden Spieler finanzierten. So sorgte der FKP auch nur noch einmal in der jüngeren Vergangenheit für bundesweite Furore. Im Pokalwettbewerb 2006. Da besiegte *die Klub* im neuen städtischen Stadion auf der Husterhöhe (das marode alte Stadion musste einer Kunststofffirma weichen) sensationell Werder Bremen nach Verlängerung und Elfmeterschießen.

Ein Gefühl wie in guten alten Tagen.

Weil der Alte Fritz bei uns sogar kicken konnte

Überraschung! Bei diesem Grund geht es um Fritz Walter. Idol, Mythos, Ehrenspielführer der deutschen Fußballnationalmannschaft, Weltmeister von 1954, Urgestein des 1. FC Kaiserslautern, in späteren Jahren Förderer des berühmtesten Fußballdorfvereins Deutschlands (des SV Alsenborn), begnadeter Mittelfeldstratege, Pfälzer durch und durch, Namensgeber des Stadions auf dem Betzenberg, einer sozialen Stiftung und des berühmten Wetters, bei dem er am liebsten spielte: Regen, nicht zu warm. Hitze vertrug er nicht, weil er im Zweiten Weltkrieg an Malaria erkrankt war.

Über Fritz Walter zu schreiben ist, wie Wasser in den Rhein zu tragen, wie Eulen nach Athen oder Saumagen in die Pfalz. Es gibt faktisch nichts, was nicht irgendwo in Büchern, im Internet oder sonst wo geschrieben steht. Es gibt Fotos von, Filme über und Tondokumente mit Fritz Walter, und es gibt – was vielleicht am meisten zählt – die fortdauernde Erinnerung an ein großartiges Vorbild in den Köpfen von Millionen von Menschen, die ihn – wenn sie Glück hatten – vielleicht sogar noch kennenlernen durften.

Unmöglich, alles aufzuführen. Gut, man könnte sich auf die sportlichen Höhepunkte beschränken (WM-Endspiel gegen Ungarn, zwei deutsche Meisterschaften mit dem FCK, Jahrhundert-Hackentor in Leipzig etc.). Die Liste wäre ellenlang und doch unvollständig. Das Phänomen Fritz Walter lässt sich nicht allein auf das Sportliche reduzieren. Also müssten hier auch die persönlichen Momente seines Lebens aufgeführt werden, sein gesellschaftliches Wirken, sein Einsatz für die Völkerverständigung und vieles mehr. Das wäre dann aber eine Platzfrage (fragen Sie den Verleger) sowie eine Geldfrage (fragen Sie den Buchverkäufer) und auch eine Geduldsfrage (fragen Sie sich selbst) – denn wer wollte an dieser Stelle all das, was ohnehin schon bekannt ist, noch einmal lesen wollen.

Wäre vielleicht auch eine Zeitfrage (da können Sie fragen, wen Sie wollen). Ich denke darüber nach, ein weiteres Buch zu schreiben mit dem Titel: *111 Gründe, Fritz Walter zu lieben*. Falls es je geschrieben wird, gebe ich Bescheid. Aber auch dieses Buch hätte das Manko, dass es nichts Wissenswertes über Fritz Walter gibt, was nicht schon gewusst, veröffentlicht oder sonst wie für die Nachwelt festgehalten wurde.

Was also bleibt über Fritz Walter zu sagen? Außer dass er ein tadelloser Sportsmann und Mensch war, eine leider nicht mehr lebende Legende. Vielleicht dies: Fritz Walter war ein Glücksfall – für den deutschen Fußball, für den FCK und für alle Menschen, die mit ihm zu tun hatten. Punkt. Nein: Ausrufezeichen! Dreifach!!!

83. GRUND

Weil der FCK gefühlt immer 1. Liga spielt

Mit dem 1. FC Kaiserslautern ist es so ein bisschen wie mit Fritz Walter. Was soll man zu diesem Traditionsverein noch schreiben, was nicht schon irgendwann einmal geschrieben worden wäre. Was könnte einem Gründungsmitglied der Fußball-Bundesliga, einem vierfachen Deutschen Meister und zweifachen DFB-Pokalsieger gerecht werden? Welche Hymnen müssten gesungen, welche Laudationes gesprochen und welche Huldigungen diesem Verein gewidmet werden?

Das größte Lob ist, dass sich am Wochenende zehntausendfach in der Pfalz folgende Abschiedsszene abspielt (frei erfunden und doch wahr):

Sie: »*Wo gehsche donn hie?*«
Er: »*Uff de Betze.*«
Sie: »*Schuwidda?*«

Er: »*Was häßt schuwidda? Alle zwä Woche. Do konn vunn schuwidda kä Redd sinn.*«

Sie: »*Du warsch awwer erscht um Mittwoch drowwe.*«

Er: »*Do war Pokal.*«

Sie: »*Is dess vielleicht kää Fußball?*«

Er: »*Fongt des schuwidda o.*«

Sie: »*Vu weesche alle zwä Woche.*«

Er: »*Pokal zählt nett. Außerdäm isses noch net emol alle zwä Woche,
wonn mer's Johr nämmt. Es gäbbt die Winterpaus und die Sum-
merpaus, wo de FCK gar net schbielt.*«

Sie: »*Verzehl mer nix, donn sinn Vorbereitungsspiele. Und nät nur des:
Monschmol bische sogar unner de Woche bei denne do drowwe und
gucksch'ne beim Training zu. Wie bekloppt muss ma donn sinn!*«

Er: »*Ich bin net bekloppt. Ich bin halt e Fan.*«

Sie: »*Des is es selwe.*«

Er: »*Wonn de määnsch. Ich muss jetzt fort, de Zuuch waat net.*«

Sie: »*Wonn kommsche donn widda?*«

Er: »*Wie immer.*«

Sie: »*Also zwische halb sechs un Mitternacht.*«

Er: »*Dir wär's liebschde, ich ging gar nirschends hie.*«

Sie: »*Stimm net. Uff die Arweit derffsche vu mir aus jede Daa gehe.*«

Er: »*Irschend änner muss jo es Geld verdiene.*«

Sie: »*Des du donn im FCK in de Rache schmeiße duusch!*«

Er: »*Is jo a moi Geld.*«

Sie: »*Unser Geld.*«

Er: »*Gut, unser Geld. Donn zahl ich halt de FCK vunn moim Andääl.*«

Sie: »*Sinn die eigentlisch widda erschde Liga.*«

Er: »*In moim Herz schbielt de FCK immer erschde Liga.*«

Sie: »*Un ich? Was schbiel donn isch in doim Herz?*«

Er: »*Äh – ich muss jetzt zum Zuuch …*«

An dieser Stelle wollen wir uns aus dem Gespräch ausklinken. Es
ist ohnehin beendet. Für sie. Und für ihn auch. Er muss ja zum Zug.

Weil es 111 Gründe gibt, den FCK zu lieben

Weil der FCK der beste Aufsteiger der Bundesliga-Geschichte ist. Weil der Weltmeistertitel 1954 ohne den FCK undenkbar gewesen wäre. Weil Olaf Marschall das Nasenpflaster im deutschen Fußball salonfähig gemacht hat. Weil Otto Rehhagel der Bundesliga unfreiwillig die Ausländer-Regel erklärt hat. Weil die Welt in Kaiserslautern zu Gast bei Freunden war. Weil die »Walz aus de Palz« Italien erobert hat. Weil der FCK sich herzerwärmend um ausrangierte Bundesligastars kümmert. Weil Miroslav Kloses erstes TV-Interview legendär ist. Weil sich die Politik mehr als einmal zum FCK bekannt hat. Weil Co Prins vom FCK- zum Hollywoodstar wurde. Weil die Lauterer Vereinsführung offen zugab, ein Defizit an Durchblick zu haben. Weil wir stolz darauf sind, ein Provinzverein zu sein. Weil beim FCK auch die Fans mal ein Spiel gewinnen. Weil Paul Breitner die Punkte mit der Post nach Kaiserslautern schicken wollte. Weil mit Mario Basler einer der letzten Paradiesvögel in Lautern gespielt hat. Weil die FCK-Spieler auch stimmlich überzeugen konnten. Weil niemand so bitter um den Abstieg getrauert hat wie Andy Brehme. Weil Ciriaco Sforza gleich dreimal nach Kaiserslautern wechselte. Weil der FCK den besten Schweden-Import nach IKEA hatte. Weil man in der Pfalz keine ordinären Kerle mag. Weil mit Miroslav Kadlec die schönste Halbglatze der Bundesliga beim FCK spielte. Weil der FCK beinahe eine Abteilung für Kunstradfahrer gegründet hätte. Weil der FCK der Angstgegner des 1. FC Köln ist. Und noch viel mehr Weils.

Gänsehaut, Tränen, Freud und Leid: Nirgendwo sonst im deutschen Fußball liegt all das so nah beieinander wie auf dem Betzenberg in Kaiserslautern. Schon vor der Gründung der Bundesliga waren die Roten Teufel weit über die Grenzen der Pfalz hinaus für ihren Spielstil bekannt. Angeführt von Fritz Walter, prägten der

1. FC Kaiserslautern und die deutsche Nationalmannschaft die Nachkriegsgeschichte. Und noch immer sorgt der FCK für Schlagzeilen: als Absteiger-Pokalsieger, als erster Aufsteiger-Deutscher-Meister, dann die Beinahe-Insolvenz und der Fast-Absturz in Liga 3. In Kaiserslautern scheint nichts unmöglich.

Die hochgeschätzten Autorenkollegen Fabian Müller und Sebastian Zobel liefern 111 Gründe, diesen verrückten Fußballverein mit all seinen Facetten zu lieben, auch wenn es zugegebenermaßen nicht immer ganz leichtfällt. Wer den Verein dennoch oder gerade deswegen liebt, findet in diesem Buch garantiert mehr als einen weiteren Grund für seine Leidenschaft.

KAPITEL 9

Mir un die annere

Wir Pfälzer und die anderen

Weil Elvis ein Pfälzer war

Na ja, nicht direkt, aber über ein paar Ecken schon. Der Ur-Ur-Ur-Ur-Urgroßvater des King of Rock 'n' Roll hieß Valentin Pressler und wohnte in Hochstadt in der Südpfalz. Behauptet der Hochstadter Heimatforscher Gerd Pressler, der auch noch weitläufig mit Elvis verwandt sein will. Laut seinen Recherchen ging es Valentin Pressler und seiner Familie in Hochstadt nicht so arg gut, deshalb beschloss dieser, mit Sack und Pack umzuziehen. Irgendwohin, wo es besser war als in der Pfalz. Schwer vorstellbar, dass es so einen Ort überhaupt geben könnte, aber damals, kurz nach dem Dreißigjährigen Krieg, scheint es so gewesen zu sein. Valentin Pressler wollte sein Glück in Amerika probieren und wanderte 1709 mit seiner Familie aus.

In Amerika ging es Presslers offenbar gleich besser, und es gefiel ihnen auch ganz gut. Sie fühlten sich immer mehr als Amerikaner, und im Lauf der nächsten Generationen wollten sie echte Amis werden. Dazu gehörte auch ein anderer Name, zumindest einer, der ein bisschen mehr nach Ausland und nicht so sehr nach pfälzischer Scholle klang. Aus Pressler wurde erst Pressley und dann Presley.

Mehr als 200 Jahre, nachdem Valentin Pressler aus Hochstadt ausgewandert war, kam in der Familie einer auf die Welt, den sie Vernon Elvis nannten. Der war 17, als er Gladys Love Smith, die war gerade 21, kennenlernte und mit ihr durchbrannte. Die beiden wurden die Eltern von Elvis Aaron Presley, *dem* Elvis.

Elvis war zwar öfter in Deutschland, unter anderem als Soldat, aber er war nie in Hochstadt. Die Hochstadter zählen ihn trotzdem zu den berühmten Söhnen ihrer Stadt. So besonders viele gab es da bisher auch nicht, neben Elvis wird immerhin noch der ehemalige protestantische Kirchenpräsident Eberhard Cherdron erwähnt. Dass er mal in einem Atemzug mit dem hüftschwingenden Rock 'n' Roll-Gott erwähnt wird, hätte sich der Theologe wohl auch nie träumen lassen.

Die Hochstadter haben ganz offiziell eine Straße nach Elvis Presley benannt. Sie liegt am Ortsrand, aber immerhin. Und sie hat eine Konkurrentin. Auch in Eschenbach in der Oberpfalz gibt es eine Elvis-Presley-Straße, weil Elvis in der Nähe von Eschenbach auf dem Truppenübungsplatz Grafenwöhr stationiert war. Aber das juckt die Pfälzer nicht.

Die sind sich ganz sicher: Elvis konnte nur der berühmte Elvis werden, weil er pfälzisches Blut in den Adern hatte. Von den Pfälzern hat er all das geerbt, was ihn ausgemacht hat: Temperament, Lebensfreude, Musikalität, Humor, Talent zum Tanzen, Lust an gutem Essen und Trinken, sein strahlendes Lächeln und nicht zuletzt sein blendendes Aussehen. Diese Eigenschaften zeichnen die Pfälzer schon immer aus, ganz klar, dass Elvis sie auch nach zwei Jahrhunderten nicht verleugnen konnte.

Wie stolz die Pfälzer auf ihren Elvis sind, zeigen zahlreiche Elvis-Imitatoren aus der Pfalz. (Ich möchte in diesem Zusammenhang unbedingt auf meinen geschätzten Südpfälzer Kollegen Frank Krones hinweisen, der nicht nur durch seine journalistische Fachkompetenz glänzt, sondern mit seiner Kenntnis und vor allem seiner Interpretation der Elvis-Songs die komplette Redaktion beeindruckt hat.)

Eine ganz besondere Variante, den großen, aber leider toten Elvis weiterleben zu lassen, hat die Bischoff-Brauerei in Winnweiler gefunden. Ihr Maskottchen ist eine kleine Plastik-Elwetritsche. Und der haben sie den klangvollen Namen »Elwis« gegeben. Das legendäre Pfälzer Fabeltier und die Legende des Rock 'n' Roll in Personalunion. Elvis hätte sich bestimmt über die Ehre gefreut.

Weil bei uns viele Bills leben

Sein Name ist Bill. Bill ist bei der US-Armee beschäftigt, hat eine Frau und Kinder. Ein ganz durchschnittlicher US-Amerikaner, wenn man von zwei Dingen absieht. Bill spielt gern Fußball, was für einen G.I. außergewöhnlich ist. *Soccer*, wie die US-Amerikaner unseren Fußball nennen, ist in den Vereinigten Staaten ein Kinder- und Frauensport, kurz: eine Randsportart. Mit »richtigem« Fußball, dem Männersport, meinen Amerikaner immer Football – und das ist wieder was ganz anderes.

Außerdem kann Bill nicht grillen. Ein Ami, der nicht grillen kann! Wie ernährt der sich?, hab ich mich gefragt. Wahrscheinlich kann er Hamburger grillen, aber sicher keine deutsche Bratwurst, oder wie Bill sagen würde: *Brraadwörst*. Wir waren mit unserer Alt-herrenmannschaft, in der Bill spielte, bei ihm zu Hause in Sippers-feld, einem kleinen Ort im Donnersbergkreis, eingeladen – zum Grillen. Die erste Fuhre *Brraadwörst* war schwarz wie die Nacht und ging locker als Brikett durch. Für die zweite Fuhre hat's dann nicht mehr ganz gereicht, weil Bill zu wenig *Brraadwörsts* einge-kauft hatte. Wir haben dann einfach mehr Salat gegessen und ein (deutsches) Bier mehr getrunken.

Inzwischen fehlt uns Bill. Die US-Armee hat ihn wieder in die Staaten zurückbeordert. Außerdem sollen seine Kinder dort ihren Schulabschluss machen und vermutlich auch studieren. Bill fehlt uns sogar sehr. Er war ein sehniger Läufertyp, der rennen konnte bis zum Umfallen. So was ist in AH-Kreisen eher selten. Und Bill hatte sich auch spielerisch gemausert. Am Anfang wussten wir nicht, ob er wusste, wo er überhaupt hinlaufen sollte. Ob seine Art, *Soccer* zu spielen, nicht eher auf Football oder Basketball oder womög-lich auf Hochseeangeln hinauslief. Aber Bill war gelehrig und wie Amerikaner so sind: unerschütterlich. Am Ende spielte er sogar

Außenristpässe, die ankamen, und lief dahin, wo sein Gegenspieler stand, um ihm den Ball abzunehmen. Tore schoss er auch.

Bill war einer von ungefähr 50.000 US-Amerikanern, die in der Westpfalz leben. Vielleicht sind's auch ein paar Tausend mehr oder weniger, die Angaben über die Größe der amerikanischen Militärgemeinde rund um Kaiserslautern und der Airbase Ramstein schwanken.

Wie Bill sind viele der hier lebenden Amerikaner: umgänglich, offen, unkompliziert. Das US-Militär achtet darauf, dass die Mehrheit der Soldaten und ihrer Angehörigen nicht abgeschottet in Kasernen lebt, sondern unter ihren Gastgebern, den Deutschen. An Amerikaner zu vermieten ist zudem ein rentables Geschäft, das vielen westpfälzischen Familien ein schönes Zusatzeinkommen sichert; sofern man weiß, was Amis wünschen. Sie wollen großzügig geschnittene Wohnungen und Häuser, am besten mehrere Schlafzimmer und mehrere Bäder, dazu einen Garten, der Platz bieten sollte für spielende Kinder und für ausladende Grills. Unter 100 Quadratmetern braucht man US-Amerikanern (auch Einzelmietern) erst gar nichts anzubieten. Im Gegenzug sind die Amerikaner auch bereit, für entsprechend großräumige Objekte entsprechend hohe Mieten zu zahlen. Das Geld dafür kommt ohnehin meist vom Arbeitgeber, dem Militär, und damit vom amerikanischen Steuerzahler.

Folglich sind die Amerikaner in der Westpfalz ein bedeutender Wirtschaftsfaktor. Die 50.000 wohnen nicht nur hier, sie gehen auch einkaufen, essen, verbrauchen Wasser und Strom und so weiter. Vom Wirt bis zum Autoverkäufer, von den Stadtwerken bis zu den Schwimmbädern – sie alle rechnen mit den Amerikanern. Eine Win-win-Situation, denn die Amerikaner bekommen einen Eindruck von *good old Germany*, von Schnitzeln und *Brraadwörsts*, von deutschen Autobahnen, wo sie endlich einmal mehr als 80 Meilen fahren dürfen, von den *Froilleins* und den Pfälzern, von *Weck, Worscht und Woi*. Manchen Amerikanern gefällt's in der Pfalz so gut, dass sie ihr restliches Leben hierbleiben.

Auch Bill wollte eigentlich hierbleiben. Zu seinem Leidwesen musste er wieder in die Staaten. Aber er hat versprochen, wenn seine Kinder auf eigenen Füßen stehen, kommt er mit seiner Frau in die Pfalz zurück, irgendwo in die Nähe von Sippersfeld. Ich freu mich schon drauf, ihn wiederzusehen. Er muss auch nicht grillen.

87. GRUND

Weil die USA ohne die Pfälzer ganz anders aussähen

Die weitläufige Landschaft rund um Kusel in der Nordpfalz ist schön. Wirklich. Aber außer schöner Landschaft gibt's da ehrlich gesagt nicht viel (jaja, doch – die Burg Lichtenberg und die Musikanten haben ihr eigenes Kapitel, keine Sorge!). Heute dient die ruhige Gegend Erholungssuchenden zum Entspannen und Runterfahren. Vor 300 Jahren war dieser Zustand für die Menschen, die dort lebten, aber eine Katastrophe.

Der Dreißigjährige Krieg hatte gerade das Land verwüstet, und dann kam auch noch der Hunger. Die Felder waren in schlechtem Zustand, die Winter waren hart, die Sommer waren nass, die Ernten fielen aus – das war kein Leben mehr, im wahrsten Sinne des Wortes. Wer überleben wollte, musste weg. Am besten weit weg. Als gelobtes Land galten die USA.

Die Pfälzer aus der Kuseler Gegend waren nicht die Einzigen, die es ab 1709 nach Amerika trieb, aber es waren die meisten. Im Grunde ist der ganze Landstrich ausgewandert. Das führte dazu, dass die Amerikaner bald alle Auswanderer, die aus Deutschland kamen, als »Pfälzer« oder »Palatines« bezeichneten, auch wenn sie aus einer ganz anderen Ecke stammten.

Die aus dem Kuseler Raum waren übrigens nicht die ersten Pfälzer, die auf die Idee mit dem Auswandern kamen. Schon rund 50 Jahre vorher machte sich der Hugenotte Abraham Hasbrouck aus der Nähe von Bergzabern in der Südpfalz zusammen mit mehreren anderen Hugenotten-Familien auf und landete im Tal des Hudson. Sie kauften den Indianern dort ein großes Stück Land ab und bauten sich eine Siedlung. Ein bisschen Heimweh hatten sie aber oder zumindest einen gesunden Stolz auf ihre Herkunft, sie nannten ihre neue Heimat nämlich »New Paltz«.

Dabei war die Pfalz für die Hugenotten eigentlich nur eine Zwischenstation. Sie waren dahingekommen, weil sie aus Frankreich fliehen mussten, wo sie verfolgt und vertrieben worden waren. Sie wären vielleicht auch in der Pfalz geblieben, wenn nicht irgendwann der englische Quäker William Penn bei ihnen aufgetaucht wäre. Der hatte von seinem Vater eine Privatkolonie in Nordamerika geerbt, und damit die florierte, brauchte er Einwohner. Um die anzuwerben, machte Penn mehrere »Missionsreisen«, auf denen er sogar richtige Werbebroschüren fürs Auswandern verteilte, unter anderem in die Pfalz. Mit Erfolg.

Die Pfälzer zogen zu Tausenden nach Amerika. Das machte wiederum den daheimgebliebenen Regierenden Angst. Der pfälzische Kurfürst Johann Wilhelm befürchtete eine »Depopolierung« des Landes, so nannte er es ganz vornehm, und versuchte, die Auswanderer mit allen Mitteln am Auswandern zu hindern. Erst mal hat er das Auswandern verboten, das hat allerdings wenig Eindruck auf die Pfälzer gemacht. Also hat er versucht, ihnen die ganze Sache madig zu machen, nannte die Reise langwierig, gefährlich und mühselig, womit er durchaus recht hatte. Und er warnte die »einfältigen armen Leuthe« – so hat er sie tatsächlich angesprochen –, dass sie zu Hause besser aufgehoben wären, da sie ansonsten »jämmerlich ertrinken möchten«.

Geglaubt haben die Pfälzer es ihm nicht, so einfältig waren sie nämlich gar nicht. Sie sind dann einfach heimlich ausgewandert. Bis etwa zur Mitte des 18. Jahrhunderts waren es rund an die 80.000 »Palatines«, die in Nordamerika eine neue Heimat fanden und dieser bald einen »gründlich deutschen Charakter« gaben, wie es in einem Bericht aus der *ZEIT* heißt. Und Benjamin Franklin, einer der Gründerväter der Vereinigten Staaten, der die amerikanische Unabhängigkeitserklärung mitunterschrieben hatte, äußerte sich 1751 sogar noch drastischer:

»Warum sollen wir leiden, dass die Pfälzer Bauernlümmel sich in unsere Ansiedelungen drängen, und, indem sie in Rudeln zusammenwohnen, ihre Sprache und Sitten befestigen zum Verderben der unsrigen. Warum soll Pennsylvanien, das von Englischen begründet wurde, eine Kolonie von Fremdlingen werden, die bald so zahlreich sind, dass sie uns germanisieren, anstatt dass wir sie englisieren, und die ja so wenig unsere Sprache und Gebräuche annehmen, wie sie unsere Hautfarbe erlangen können?«[20]

Mister Franklin hat es auf den Punkt gebracht: Einmal Pfälzer, immer Pfälzer. Egal wohin er auswandert, seine Pfalz nimmt er mit. Und das ist auch gut so.

88. GRUND

Weil die Pfälzer Wandermusikanten die USA gerockt haben

Von den Pfälzer Auswanderern habe ich Ihnen ja schon im letzten Kapitel berichtet. Und die Geschichte geht noch weiter. Bevor ich sie Ihnen erzähle, muss ich aber erst mal den Mann ehren, dem wir die allermeisten der umfassenden Forschungsergebnisse zu den Pfälzer Auswanderern verdanken. Das ist der Pfälzer Historiker Roland Paul, Direktor des Instituts für Pfälzische Geschichte und Volkskunde in Kaiserslautern. Für ihn, dessen Vorfahren zum Teil selbst ausgewandert sind, ist die Auswanderergeschichte eine Herzensangelegenheit, die er mit großer Liebe und genauso viel Sachverstand immer wieder gern teilt und mitteilt. Und er hält immer noch persönlichen Kontakt zu Menschen, deren Vorfahren vor fünf (!) Generationen ausgewandert sind.

Ein besonderes Augenmerk verdienen die Pfälzer Auswanderer, die Musik machen konnten. Und das waren viele. Die Kuseler Gegend heißt heute noch Kuseler Musikantenland, und die Mackenbacher Musikanten – man nannte sie alle »Mackenbacher«, auch wenn sie aus anderen Dörfern kamen – waren vor 300 Jahren mindestens so berühmt und umjubelt wie heutzutage die Zillertaler Schürzenjäger oder Robbie Williams. Um mal kurz die Bandbreite der Kapellen von damals anzudeuten.

Wer Musik machen konnte, hatte beim Auswandern einen entscheidenden Vorteil: Er konnte im Ausland Geld verdienen. Und zwar zügig und viel. Das lag daran, dass die pfälzischen Musikkapellen zwar als Wandermusikanten von Ort zu Ort zogen, aber aus lauter Profis bestanden und auf Orchesterniveau spielten. Sie hatten umfassendes Notenmaterial dabei und komponierten und arrangierten auch während ihrer Reisen ständig Neues. Wer diese Musik hörte, war meistens begeistert. Und wie das im Leben so ist, wenn man mal Glück hat: Ab und zu war auch einer im Publikum, der sagte, die Männer kann ich gut für meine Show im Sound-so-Theater oder in der Trallalla-Konzerthalle gebrauchen, und sie gebucht hat. Und hohe Gagen bezahlt.

Die Pfälzer Wandermusikanten kamen stolz nach Hause in die Pfalz zurück, zumindest für ein paar Monate. In den Dörfern rund um Kusel erkennt man noch heute, wo ein Wandermusikant gewohnt hat. Der konnte es sich nämlich leisten, ein – nach damaligen Ansichten – modernes, schickes Haus aus Sandstein zu bauen. Ein Musikantenhaus hatte einen ganz typischen Giebel, der oft mit einem Musikinstrument verziert war. Und vor allem strahlte das ganze Haus Wohlstand aus.

Damit der Wohlstand schön einer blieb, fuhren die Wandermusikanten nach einer Weile wieder zurück nach Amerika, um dort weiterzuarbeiten. Manche blieben auch für immer dort, zum Beispiel Daniel Kuntz aus Oberstaufenbach, Gründungsmitglied des Bostoner Symphonie-Orchesters. Oder Karl Rech aus Etschberg und die Brüder Jakob und Heinrich Christmann aus Kaulbach, die bei den New Yorker Philharmonikern spielten. Rudolph Schmitt aus Essweiler wurde Soloklarinettist an der Chicago Civic Opera und beim San Francisco Symphony Orchestra. Aber den größten Ruhm hat Georg Drumm aus Erdesbach abbekommen: Er wurde Komponist und Arrangeur am Broadway, und er hat einen Marsch geschrieben, der heute noch im Weißen Haus gespielt wird, und zwar immer dann, wenn ein neuer Präsident dort einzieht und seinen offiziellen Amtsantritt feiert. Die ganze Geschichte können Sie sich im Musikantenlandmuseum auf der Burg Lichtenberg bei Kusel in Ruhe ansehen und die Musik zum Teil sogar in Originalaufnahmen hören.

Das große musikalische Talent haben die Pfälzer Musiker aus der Kuseler Kante noch heute im Blut. Einer davon war mein Kollege, der Journalist, Radio- und Fernsehmoderator und Musiker Peter Jochen Degen. Er hat jahrzehntelang selbst in vielen Bands Schlager und Blues gesungen und ist immer wieder gern in die USA gefahren, um dort Musik zu hören und zu machen. Er war dann aber doch verblüfft, als er eines Tages mal wieder in einen Blues-Keller stieg, es muss in der Gegend um New Orleans gewesen sein, und sein Blick auf ein großes Porträt fiel, das über dem Treppenabsatz hing. Peter staunte nicht schlecht, den kannte er nämlich! Es war einer seiner Großonkel, der offensichtlich als Musiker in Amerika schwer Eindruck gemacht hat.

In unserer Gegenwart ist die Wandermusikantentradition so lebendig wie lange nicht mehr. Und das verdanken wir den blasenden Zwillingen Bernhard und Roland Vanecek aus dem beschaulichen Schneckenhausen. Obwohl das nun nicht gerade der Nabel der Welt ist, haben die beiden von dort aus für Furore gesorgt, wie es nur echte »Mackenbacher« können. Beide Brüder haben schon als Jugendliche satt Preise für ihre Musik abgeräumt, der eine an der Posaune, der andere an der Tuba. Dann haben sie Musik studiert und spielen seitdem in zahlreichen Orchestern, Ensembles, solo und in ihrer ganz speziellen Formation, dem Twintett, schließlich sind sie ja eineiige Zwillinge. Das Kuseler Land hat es zuerst Roland Vanecek gedankt und ihm 2005 den renommierten Musikantenlandpreis verliehen. Als er ihn drei Jahre lang hatte und der nächste Preisträger ausgeguckt werden musste, hat ihn der Kreis – ein wenig einfallslos vielleicht, aber konsequent – seinem Bruder Bernhard gegeben.

Die beiden haben sich auf ihre Weise bedankt, viele alte Kompositionen neu arrangiert, viel Neues komponiert, und sie haben die Neuen Wandermusikanten gegründet, mit denen sie als *Bardie* so auf Tour gehen, wie ihre Vorfahren: mit Sack, Pack, Instrumenten auf dem Leiterwagen, einer Menge Musik und vor allem einer Menge Spaß. Und wenn Sie das Glück haben, die Jungs mal live zu hören, dann wissen Sie auch sofort, was »*Bardie*« heißt: Partie. Oder, wie der Amerikaner sagt, Party. Die ist dann auch angesagt, garantiert.

Weil man noch heute Spuren der Römer bei uns findet

In Rheinzabern in der Südpfalz zum Beispiel. Wer da wohnt und seinen Garten umgräbt, der kann nur gähnen, wenn er mal wieder ein Stück römische Keramik findet. Passiert ja dauernd. Die Rheinzaberner kennen sich aus: Meistens handelt es sich um TS. Also um Terra Sigillata, Alltagsgeschirr aus rotem Ton mit glatter glänzender Oberfläche. TS-Scherben aus Rheinzabern gibt es Millionen. Kein Wunder, Rheinzabern war das »Meißen der Römerzeit«. In dieser Siedlung – die damals noch Tabernae hieß, daraus hat sich das »-zabern« entwickelt – produzierten die Römer die Keramik für ihre Legionen. Und deren Zahl war ja nun Legion, wie der Volksmund so treffend sagt.

Viele Leute brauchen viel Geschirr, und Geschirr geht kaputt. Manchmal schon beim Brennen. Es gab mehrere große Öfen, in denen fabrikmäßig Keramik angeliefert, gebrannt, rausgeholt, verpackt, verladen, und auf den Römerstraßen, die sich hier verkehrstechnisch günstig kreuzten, abtransportiert wurde. Wenn was in Trümmer ging, ist es im Boden verarbeitet worden, auf Müllhalden gelandet. Schlendern Sie mal durch Rheinzabern oder dort über ein Feld, ich wette, Sie finden was.

Ich hab da schon was gefunden. Und zwar ganz offiziell im Auftrag des Landesamts für Denkmalpflege. Das beschäftigt Archäologen, und die suchen immer mal wieder Notgräber. Das sind diejenigen, die ganz schnell anrücken und altes Römerzeug ausbuddeln müssen, wenn mal wieder irgendwo ein Haus, eine Straße oder eine Tiefgarage gebaut wird. Ich war ein paar Mal Notgräberin und hab mir damit zu Studienzeiten was dazuverdient. Das war ein ausgesprochen interessanter Job. Einmal ging es um eine Baustelle mitten in Rheinzabern – ein Haus mit Tiefgarage sollte dahin –, da fanden die Archäologen gleich drei römische Gräberfelder übereinander. Also richtige Gräber, mit toten Römern. 16 Bestattungen auf engstem Raum, und die Zeit drängte. Ein paar andere Studenten und ich machten uns also daran, die Skelette vorsichtig freizulegen, zu zeichnen, anschließend die Knochen einzusammeln und relativ pietätlos in Kartons zu stapeln. Für mich war's das erste Mal, dass ich einen toten Menschen berührte. Der dazu noch 1.600 Jahre im Boden gelegen hatte, und jetzt kam ich, um seine Ruhe zu stören. Ganz schön aufregend. Leider war der Gute ein bisschen mürbe, vielleicht hatte er aber auch seinerzeit an Osteoporose gelitten. Jedenfalls zerbröselte sein Gesicht beim Freilegen, obwohl ich mir wirklich Mühe mit seinem Schädel gegeben hatte. Da kam der Grabungsleiter, schaute mich mitleidig an und sagte: »Ach schade. Ich finde, die erste Leiche sollte einen anlächeln.«

Ja, sie haben Humor, die Archäologen. Nicht nur die mit abgeschlossenem Studium. Die fachfremden Notgräber wie ich hatten alle ziemlichen Respekt vor den toten Römern. Die Archäologiestudenten dagegen, die hier ihr Praxissemester absolvierten, waren echt abgebrüht. Vor allem der eine. Der sich in der Mittagspause ein halbes Hähnchen holte und sich damit neben das Grab setzte, an dem er arbeitete. Er war gerade damit beschäftigt, die Hände der Leiche freizulegen. Und die Hühnerknochen, die er abnagte, sahen genauso aus wie die Finger dieses Skeletts, das da neben ihm lag …

Aber es gibt natürlich auch schöne Momente im Leben eines Archäologen. Und im Leben eines Kiesgrubenbesitzers. Für beide ist es toll, wenn sie einen Schatz finden, und das ist in der Nähe von Rheinzabern mehrfach passiert. Der berühmteste dieser Gegend und in Europa einzigartige Schatz aus der Römerzeit ist der Hort von Neupotz. 700 Kilogramm Metall, darunter große Bronzekessel, die Asterix alle Ehre gemacht hätten. Mehrere antike Handschellen waren auch dabei. Offenbar hatten die Germanen die Sachen auf ihren Raubzügen erbeutet. Dann wollten sie damit zurück über den Rhein, aber da wurden sie schon von römischen Patrouillenbooten erwartet und gestellt. Beim Kampf fiel die Beute ins Wasser. Der Schwimmgreifbagger des Kieswerks der Gebrüder Kuhn aus Neupotz hat sie von 1967 bis 1997 Stück für Stück wieder hochgeholt. Den Gebrüdern gehört der Fund immer noch. Sie haben ihn aber als Dauerleihgabe dem Historischen Museum der Pfalz in Speyer überlassen, das ist anständig von ihnen. So können Sie da mal hinfahren und sich den Barbarenschatz und die ganze Römergeschichte auch mal anschauen. Lohnt sich.

90. GRUND

Weil wir die schönsten Saarländerwitze machen

Sie sind nicht einmal eine Million an der Zahl, und ihr Territorium ist – obwohl das eines deutschen Bundeslandes – nicht einmal halb so groß wie die großartige Pfalz. Statistisch gesehen ist das Saarland also eine vernachlässigbare Größe im bundesrepublikanischen Gefüge. Vielleicht auch deshalb haben die Saarländer eine ausgeprägte Wagenburg-Mentalität entwickelt. Eine Art *Mia san Mia* in klein, ähem: in ganz klein.

Die Saarländer haben einen eigenen Fluss (die Saar), einen eigenen Sender (den Saarländischen Rundfunk), einen eigenen Flughafen (weil das Saarland so klein ist, ist auch die Landebahn relativ kurz) und ganz eigene Essgewohnheiten. Dazu gehört die Fleischwurst, die im frankophilen Saarland natürlich Lyoner heißt, weil diese spezielle Brühwurst aus der französischen Stadt Lyon importiert wurde. Auch der Schwenker gehört dazu. Dabei ist Schwenker nicht nur die Bezeichnung für den Schwenkbraten, dessen Zubereitung tief im genetischen Code des Saarländers verankert ist – gleich zwischen den Genen zur Bildung des Verdauungstraktes und dem Geschmacksempfinden. Schwenker heißt zudem der dreibeinige Standgrill mit Kette, an der ein schwenkbarer Rost baumelt. Und Schwenker heißt schließlich auch derjenige (Grillen ist auch im Saarland männerdominiert), der den Schwenkbraten auf dem Schwenkgrill schwenkt. Der Schwenker schwenkt den Schwenker auf dem Schwenker – sozusagen.

Die Grundeinstellung des Saarländers definiert sich – aus pfälzischer Sicht – irgendwo zwischen Savoir-vivre und Laisser-faire, deren Kulminationspunkt sich in der saarländischen Sicht der Dinge auf den einfachen, aber treffenden Ausspruch reduziert: *Hauptsach gudd gess* (»Hauptsache gut gegessen«).

Das macht die Saarländer sehr sympathisch. Es stimmt nämlich nicht, dass die Pfälzer mit den Saarländern eine Hassliebe verbindet, wie es die Saarländerwitze, die in der Pfalz immer wieder gerne gerissen werden, glauben machen wollen. Es ist vielmehr so, dass, wer sich liebt, auch neckt. Zum Beispiel lieben die Pfälzer den Heinz Becker, grandios gespielt vom waschechten Saarländer Gerd Dudenhöffer. Heinz Becker ist die fleischgewordene Karikatur eines Saarländers, aber eben eine sehr treffende Karikatur.

Die Neckereien zwischen Pfälzern und Saarländern haben ihren Ursprung vermutlich im Jahre 1955. Weltkriegsbedingt war das Saarland damals französisches Einflussgebiet. Das hatte dazu geführt, dass in den Jahren davor, 1952 und 1954, das Saarland sogar eigene Mannschaften zu den Olympischen Spielen nach Helsinki geschickt und an der Qualifikation zur Fußballweltmeisterschaft in der Schweiz teilgenommen hatte. Das Gerücht, die Flagge des Saarlandes sei ein Schwenker mit einem Ring Lyoner außenrum gewesen, ist nachweislich falsch. Schließlich, 1955, durfte im Saarland das Volk über seine Zukunft abstimmen. Die Saarländer wollten partout nicht zu Frankreich gehören, also kam es zur »kleinen Wiedervereinigung« und das Saarland zur Bundesrepublik Deutschland – mit der Pfalz als innerdeutschem Nachbarn. Somit wurde die Grundlage für die saarländisch-pfälzische Rivalität und das gegenseitige Sich-auf-die-Schippe-Nehmen gelegt. Mit Ausländern würden das Pfälzer nie machen …

Fast alle Saarländerwitze funktionieren auch als Pfälzerwitze. Zum Beispiel: Eine blöde Blondine, ein intelligenter Saarländer, der Osterhase und der Weihnachtsmann befinden sich in einem Raum. In der Mitte liegt eine Million Euro. Wer bekommt die Million? Ganz klar die blöde Blondine. Alle anderen gibt es nicht.

Und dann sind da noch Witze, die nur mit Pfälzern funktionieren: Was ist acht Meter lang, drei Meter hoch, zwei Meter breit und stinkt nach Leberwurst? Richtig, ein Bus mit Pfälzern.

Viel besser sind natürlich Witze, die nur mit Saarländern funktionieren, wie dieser: Ein saarländischer Bauarbeiter bekommt auf einer Baustelle in der Pfalz einen Tipp vom pfälzischen Polier: »Wenn du jetzt gleich für die Mittagspause Fleischwurst holst, dann sag bitte nicht, du hättest gerne einen Ring Lyoner. Dann wissen die sofort, dass du aus dem Saarland bist.« Der Saarländer hält sich dran und bestellt im Geschäft einen Ring Fleischwurst. Dennoch fragt die Verkäuferin sofort: »Sind Sie aus dem Saarland?« Fragt der Saarländer: »Woher wissen Sie das?« Antwort: »Wir sind ein Blumenladen.«

Und dann gibt es noch Witze, die eigentlich gar keine sind, sondern traurige Realität: Was ist die meistbefahrene Wasserstraße der Welt? Die Saarbrücker Stadtautobahn. Dazu muss man wissen, dass die Saar bei heftigen Regenfällen gerne mal über ihre Ufer tritt und dass die Saar quer durch Saarbrücken strömt. Unglücklicherweise verläuft neben der Saar – teilweise in gleicher Höhe – die A 620, die Saarbrücker Stadtautobahn. Wenn's richtig schüttet, gibt's von der Stadtautobahn statt Staumeldungen die Pegelstände. Und auch dazu gibt's – zum Abschluss – einen Witz:

In Saarbrücken herrscht Hochwasser. Ein Saarländer hat zu seinem Geburtstag auch Verwandte aus der Pfalz eingeladen. Als diese nicht kommen, ruft er an und fragt, wo sie bleiben. »Wir wollen nicht kommen, bei euch herrscht doch Krieg«, bekommt er als Antwort. »Quatsch«, sagt der Saarländer, »hier ist doch kein Krieg.« – »Ja hörst du keinen Saarländischen Rundfunk? Die geben doch dauernd Meldungen durch: Saarbrücken gefallen acht, Völklingen gefallen sechs …«

KAPITEL 10

Pälzer Viecher

Pfälzer Tierwelt

Weil Pfälzer Pferde pfundig finden

Ich gehöre nicht dazu. Vielleicht lag es an meiner ersten Reitstunde, oder sollte ich sagen: dem Versuch zu reiten. Ich war damals noch ein Jugendlicher, hatte überhaupt keine Ahnung vom Reiten und wollte es einfach mal ausprobieren. Das wussten die auf dem westpfälzischen Reiterhof auch, weil ich sie geflissentlich darauf hinwies, aber offenbar stuften sie meine Ausführungen als unwesentlich ein. Sie stellten mir das Pferd vor (den Namen habe ich aus meinem Gedächtnis gestrichen), drückten mir die Zügel in die Hand und sagten: »Dann kann's ja losgehen.«

Es ging los. Aber nicht weit. Das Pferd – rückblickend war es wohl eher ein Pony – trug mich kaum einige Meter außerhalb des Reiterhofs und blieb dann wie angewurzelt stehen. Meine Versuche, die Mähre irgendwie zum Bewegen zu bewegen, scheiterten kläglich. Weder das altbewährte »Hü, hott!«, das Schnalzen mit der Zunge oder das Zerren an den Zügeln bewirkte etwas. Abzusteigen traute ich mich nicht, weil ich dachte, dann rennt mir das Viech davon. Also harrte ich aus, bis eine halbe Ewigkeit später eine Frau geritten kam, der ich mein Malheur erklärte. Sie schüttelte den Kopf, stieg ab und brachte mich und die Rosinante zurück in den Reiterhof. Gerittene Strecke: 150 Meter.

Ich hätte es also wissen sollen, aber ich bin eine Kämpfernatur. Einige Jahre später in einem Urlaub auf Lanzarote hielt ich es für eine gute Idee, es noch einmal mit Reiten zu versuchen. Geritten wurde in Gruppen, was mir insoweit Mut machte, als ich in Gesellschaft war. Falls mein Pferd streikte, würde schon irgendjemand wissen, was zu tun sei. Wieder wurde mir das Pferd vorgestellt (auch diesen Namen habe ich aus meinem Gedächtnis gestrichen). Der Vierbeiner war, obwohl relativ klein (was ich gut fand), leicht dicklich (was ich komisch fand). Dennoch stellte ich mit diesem

Pferd einen persönlichen Rekord auf, denn ich kam zumindest über den nächsten Hügel. Der Anführer der Gruppe meinte dann, vom Trab in leichten Galopp übergehen zu müssen, was mich ins Schwitzen brachte (im Gegensatz zum Pferd). Mit Müh und Not konnte ich mich oben halten. Während dieser recht kurzen Phase des Reitausflugs schossen mir einige Gedanken über den Sinn des Lebens, über langes Siechtum und über den Tod durch den Kopf. Überhaupt ist es mir bis heute ein Rätsel, was der Rücken der Pferde mit dem Glück der Erde zu tun haben soll.

Dann tauchten plötzlich einige niedrige Mauern auf, etwas höher als Bordsteine, und ich sah, wie die ersten Pferde mit einem leichten Hopser drübersprangen, sehr zur Freude ihrer Reiter und sehr zum Entsetzen meinerseits. Was kam, war unvermeidlich. Beim ersten Hopser meines vierbeinigen Untersatzes fiel ich runter und hatte Glück, dass ich mich nicht ernsthaft verletzte.

Zurück auf dem Reiterhof (ein Wagen holte mich ab, denn ich weigerte mich standhaft, noch einmal aufzusitzen), bekam ich ein paar Pflaster und die Auskunft, dass ich mit dem Pferd hätte gar nicht ausreiten dürfen. Der Gaul war nämlich eine Gäulin und trächtig dazu. Seither sind Pferde für mich gestorben. Sie sind zu groß, zu unberechenbar, zu gefährlich und manchmal sogar zu zweit.

Viele Pfälzer sehen das ganz anders. Sie sind stolz auf ihre Pferdetradition. Zweibrücken wirbt mit dem Attribut »Stadt der Rosen und Rösser«. Seit dem Jahr 1755 werden dort Pferde gezüchtet – im Landgestüt. Sogar eine eigene Pferderasse – der Zweibrücker, ein robustes Warmblut – wurde dort hervorgebracht. Damals noch, indem der Herr Hengst die Frau Stute glücklich machte. Heute herrscht die glückfreie künstliche Besamung vor.

Auch in Quirnbach im Kreis Kusel sind Pferde wohlgelitten. Zum beliebten Quirnbacher Pferdemarkt strömen stets am zweiten Mittwoch im November die Menschen in Massen, sodass das kleine Örtchen vorübergehend statt von den üblichen 450 von mehr als 10.000 Menschen bevölkert wird. Der Pferdemarkt hat sich zu einem veritablen Volksfest ausgeweitet. Beheizte Festzelte sind im November was Wunderbares. Ende des 19. Jahrhunderts hatte der Quirnbacher Pferdemarkt eine zusätzliche Funktion als Heiratsmarkt (für Menschen wohlgemerkt). Dem ist nicht mehr so, aber immer noch werden Pferde vorgeführt, prämiert, ver- und gekauft.

Auch Wanderreiter kommen in der Pfalz voll auf ihre Kosten. An knapp 30 Stationen können Ross und Reiter übernachten (getrennt), um am nächsten Morgen in aller Gemütlichkeit weiterzutraben und die sensationellen Landschaften zu erkunden. An allen Ecken und Enden trifft man auf Reit- und Fahrvereine, Ponyfarmen und Pferdezentren, Voltigierclubs und Reitsportvereine. Der Pferdenarr wird schier närrisch ob des Angebots.

Für mich gilt aber weiterhin: Alles, was größer ist als eine Katze, ist per se gefährlich.

92. GRUND

Weil wir unsere eigenen Rindviecher haben

Die Rede ist nicht von zweibeinigen Vertretern dieser (Un-)Art. Die Rede ist von tatsächlichen, vierbeinigen, muhenden Rindviechern, die der Nordpfalz entstammen. Es geht um das Glanrind. Der Glan ist ein Fluss. Er entspringt im Saarland, besinnt sich dann aber eines Besseren und fließt größtenteils durch die Pfalz, bis er in die Nahe mündet. In den Tälern des Glan waren die Ahnen und Urahnen der Glanrinder zu Hause. Als Ahnherr fungierte Herzog Christian IV. von Pfalz-Zweibrücken. Der verfügte in der Körverordnung vom 12. September 1773, dass das vorhandene rote Landvieh mit zwei anderen Hausrindrassen gekreuzt wurde. Das freute sowohl die Landvieh-Kühe als auch die Deckbullen der beiden anderen Hausrindrassen, und am Ende freute es sogar die Züchter. Im Glantal entwickelte sich fortan nach Angaben des Verbandes zur Erhaltung und Förderung des Glan- und Lahnviehs (VEFGL) »ein leichterer, edler, milchergiebiger, einfarbiger Rindviehschlag« – das Glanrind.

Kurzum: Die Kreuzung war gelungen. Aber es kam noch besser. Unweit des Glantales, am Donnersberg, wurden sogenannte Donnersberger gezüchtet – massige, gescheckte Arbeitsrinder. Im Laufe der Zeit näherten sich die beiden Schläge (so heißt das halt) durch verschiedene Zuchtmaßnahmen immer weiter an; zum Glan-Donnersberger. Diese waren anspruchslos, widerstandsfähig und ausdauernd. Sie gaben Milch, taugten aber auch zum Pflügen, und am Ende gaben sie auch noch ein gutes Steak auf dem Teller ab. Das sahen die Bauern gerne. Und weil die Glan-Donnersberger obendrein fruchtbar waren, vermehrten sie sich erfolgreich, sodass es im 20. Jahrhundert bis zu 400.000 ihrer Art gab.

Aber, wie der Mensch so ist: Gut allein reicht ihm nicht, er will immer mehr und immer Besseres. So fing er an, die Glanrindrassen weiterzuzüchten, damit sie mehr Milch gaben oder mehr Fleisch oder am besten beides zusammen. Das hätte fast das Ende des Glanrindes bedeutet. Es wäre vermutlich ausgestorben, »wenn es nicht sieben beherzte Bauern gegeben hätte, die sich am 18. Januar 1984 mit gerade noch 25 Glankühen zur Erhaltung des Glanrindes entschlossen hätten. (…) Ihnen allein ist es zu verdanken, dass sich die kleine Tierpopulation erholte und zu einem bescheidenen Höhenflug ansetzte, sodass heute wieder mehr als 1.000 Glanrinder gezählt werden können.«[21] Der Züchterverband des Glanrindes spricht sogar von 2.000 Tieren.

Glanrinder sind sanftmütige Familientiere und mittlerweile auch gern gesehene Landschaftspfleger. Ihr Grasen verhindert, dass Täler und Wiesen zuwuchern. Im Pfälzerwald gibt es eine ganze Reihe von Beweidungsprojekten mit Glanrindern – etwa im Karlstal zwischen Kaiserslautern und Trippstadt.

Inzwischen haben auch Gourmets das Glanrind wiederentdeckt: geschmackvoll und BSE-frei. An den Donnersberger Glanrind-Wochen beteiligen sich Jahr für Jahr mehrere Restaurants und tischen ihren Gästen Fleisch vom Glanrind auf. Und die Bewegung »Slow Food Deutschland« hat die traditionelle Hausrindrasse in ihre »Arche des Geschmacks« aufgenommen. Ob das dem lebensfrohen Glanrind recht ist, steht auf einem anderen Blatt.

Einen kleinen Schönheitsfehler hat das Glanrind aber doch: Es gibt keine reinrassigen Tiere mehr. Trotz des heldenhaften Bemühens von besagten sieben Bauern in den 1980er-Jahren konnte damals kein reinrassiger Bulle mehr aufgetrieben werden – nicht einmal mehr tiefgefrorenes Sperma derselbigen. So ist in jedem heutigen Glanrind stets und unvermeidbar ein gewisser Anteil anderer Rindviecher enthalten. Aber besser so als ausgestorben.

93. GRUND

Weil es nur bei uns Elwetritsche gibt

Keiner weiß, wie sie aussehen, keiner hat sie je gehört, keiner hat sie jemals angefasst, und dennoch: Jeder Pfälzer kann Elwetritsche beschreiben, und zwar auf das Genaueste: wie sie aussehen, welche Laute sie von sich geben, welche Farbe ihr Gefieder hat, und, und, und … Die Elwetritsch ist für uns das, was der Wolpertinger für die Bayern ist. Ein Fabelwesen, das nur uns gehört. Und das es – wenn überhaupt – nur in der Pfalz gibt.

Die Fabel will es, dass eine Elwetritsch im Wald wohnt, im Pfälzerwald natürlich, wo sonst. Der ist bekanntermaßen ziemlich groß, da kann's schon sein, dass sich da mehr hinter Baum und Strauch versteckt, als man vermutet. Die Elwetritsche jedenfalls sind wohl in etwa so groß wie Truthähne und ähneln so einem Tier auch irgendwie, zumindest in Gestalt und Gewicht. Ihre Gesichter sind unterschiedlich, aber auf jeden Fall ziert jedes ein großer Schnabel, der ab und zu ein lautes »Ui-ui-ui« ertönen lässt. Sie haben Entenfüße und einige haben Menschenhände. Es gibt Männchen und Weibchen. Letztere sind leicht zu erkennen, denn spätestens seit der Pfälzer Bildhauer Gernot Rumpf in Neustadt den Elwetritsche-Brunnen mit zahlreichen lebensgroßen Bronze-Elwetritschen gestaltet hat, wissen wir es: Elwetritsche-Weibchen haben geflochtene Zöpfe und tragen ihre knackigen Brüstchen selbstbewusst nackt durch die Gegend. Die Elwetritsch-Männchen sind dann die anderen und sehen auch gut aus, nur männlicher eben, mit etwas kernigerem Gesichtsausdruck und breiter, nicht minder stolzer Brust.

Wer es ganz genau wissen will, kann das Elwetritsche-Museum in Speyer besuchen oder Experten fragen. Es gibt in der Pfalz eine ganze Reihe von selbst ernannten und nichtsdestotrotz anerkannten Tritschologen (wie zum Beispiel Gust Espenschied aus Dahn), die die Tritschologie als Wissenschaft betreiben, Bücher über Elwetritsche geschrieben haben und schreiben. Sie haben einen Elwetritsche-Lehrpfad im Dahner Felsenland eingerichtet, auf dem man auch Führungen buchen kann und dann erfährt und sieht (!) man Erstaunliches, und zwar nicht nur auf den sieben Schautafeln, sondern in freier Wildbahn: Zum Beispiel eine Elwetritsche-Eiablagestelle im Buntsandstein, eine Gesteinsformation mit lauter nebeneinanderliegenden eigroßen Aushöhlungen, in die die Elwetritsch-Mama ihre Windeier ablegt, damit sie die Sonne bestrahlen kann. Die freundliche Pfälzer Sonne und der warme Sandstein genügen, um die Eier auszubrüten. Oder einen versteinerten Elwetritsche-Fußabdruck. Oder ein Elwetritsche-Nest, hoch oben in einem Baum. Sie werden eine ganze Stunde unterwegs sein, bis Ihnen der Tritschologe alles erklärt hat. Das ist gut und schön und sehr nett, die wahre Elwetritsch-Erfahrung ist aber eine ganz andere: die Elwetritsche-Jagd.

Dabei ist zuallererst festzuhalten, dass sie nicht der Tötung gilt, obwohl das zarte Elwetritsche-Fleisch ausgesprochen schmackhaft sein soll. Nein, sie dient dem naturkundlichen Interesse und der Freude an der Tatsache, die Elwetritsche erlebt zu haben. Sagen die Tritschologen. Eigentlich ist es aber ein wunderbarer Gag, um

Fremde, Gäste, aber auch Pfälzer ordentlich zu veräppeln, sie nachts in den Wald zu locken und da seinen Schabernack mit ihnen zu treiben. Und das geht so:

Eine Gruppe von Menschen, die Jäger, finden sich bei Vollmond irgendwo im Wald ein. Der Vollmond ist ganz wichtig, sonst sieht man ja nix. Und es soll sich ja keiner die Haxen brechen. Die Jäger bekommen zwar auch eine Laterne in die Hand, aber die dient nicht dazu, den Weg auszuleuchten, sondern dazu, die Elwetritsche aus ihren Verstecken zu locken. Die Viecher sind ja neugierig und wollen wissen, was da nachts so hell ist.

Zweites wichtiges Jagdutensil ist der Sack. Jeder Jäger kriegt einen. Er trägt ihn halb geöffnet und hält die Laterne direkt davor, damit er die Elwetritsch gleich schnappen kann, sobald sie sich die Laterne näher ansehen will. Ist die Elwetritsch im Sack, macht er den zu und trägt die Beute stolz nach Hause. So weit allerdings hat es noch kein Elwetritsche-Jäger gebracht. Zwar sind schon viele Menschen nachts mit Sack und Laterne durch den Wald gezogen (ein sehr beliebtes Spiel, das Gästeführer gern mit Touristen machen), aber gefangen hat noch keiner eine. Selbst nach stundenlangem Suchen nicht. Sinn und Zweck der Übung – Sie ahnen es vermutlich bereits – ist ja auch ein ganz anderer: Wenn die Jäger nach dem langen Herumstolpern im nächtlichen Wald zermürbt, müde, hungrig und vor allem durstig sind, dann wird die Jagd beendet und die Jäger werden für ihren tapferen Einsatz belohnt. Mit einem deftigen Essen, zum Beispiel einem dicken *Lewwerworschtebrot* (also einer ordentlichen Scheibe Schwarzbrot mit Hausmacher Leberwurst, Senf und Gewürzgurken oben drauf) und so vielen Schoppen Wein, wie die Jäger brauchen, um ihren jagdlichen Misserfolg zu verkraften. Und erstaunlicherweise beginnen die Jäger dann gern – mit ansteigendem Alkoholpegel –, von den Elwetritschen zu erzählen. Auf einmal fantasieren sie fachmännisch, wie Elwetritsche aussehen, welche Laute sie von sich geben, wie sie sich anfassen (vor allem die Weibchen …). Und wenn ein Jäger seinen

Jagdfrust derart gründlich ertränkt hat, dass er nur noch »Halali«
lallen kann, war die Jagd am Ende doch ein Erfolg ...

Weil die Pfälzer Fabelwesen tatsächlich
ein Thema für die Wissenschaft sind

Schaudichnichtum.
Murrmirnichtviel.
Kehrdichannichts.

Wer diese Zeilen langsam und laut liest, hört die Befehle: *Schau
dich nicht um ... Murr mir nicht viel ... Kehr dich an nichts ...* Klingt
ein bisschen bedrohlich, finden Sie nicht auch? Man fragt sich un-
willkürlich: Und was würde passieren, wenn ich mich umschauen
würde ...? Das haben sich Heimatforscher und Volkskundler auch
gefragt, als sie die Ruinen der Jagdschlösser im Pfälzerwald bei Bad
Dürkheim untersucht haben. Drei barocke Schlösschen gab es da,
und gebaut hat sie Graf Friedrich von Leiningen im 18. Jahrhundert. Er wollte wohl die Grenzen seiner Jagdreviere damit markie-
ren und absichern. Um jeden Wilderer, der da unbefugt eindringen wollte, gleich richtig abzuschrecken, nannte er seine Schlösser
Schaudichnichtum, Murrmirnichtviel und Kehrdichannichts. Diese
Namen hat er aber gar nicht selbst erfunden, die waren schon da.
Als Gemarkungsnamen, was bedeutet, dass die Leute in der Gegend
diese Gebiete schon viel länger so nannten, schon lange bevor es
den edlen Herrn von Leiningen überhaupt gab. Und jetzt wird's
spannend. Und ein bisschen gruselig.

Wie kamen die Menschen im Mittelalter oder gar noch früher
darauf, gerade diese Waldgebiete so zu nennen? Waren es Warnun-
gen? Hatten sie Angst? Wovor denn?

Ja, sie hatten Angst. Und zwar vor bösen Geistern. Diese Geister waren nicht nur böse, die waren auch noch frech und fies. Und zwar zu denen, die dort im Wald unterwegs waren. Das waren die Menschen früher ja zwangsläufig. Sie gingen in den Wald, um Holz zu sammeln, um zu jagen, und sie wohnten dort, in Walddörfern. Kamen sie in das Waldgebiet, wo Friedrich später die Schlösschen hinbaute, konnte es passieren, dass sie der Spuk erwischte, der dort umging: Wer nicht schweigend und auf schnellstem Weg durch das Gebiet lief, dem sprang ein Geist auf den Rücken, sagt die Legende. Der war nicht nur schwer wie ein Sack, der war auch an sich einfach unangenehm, wer will schon einen körperlich spürbaren Albtraum auf dem Buckel haben? Der Geist verließ seinen Träger erst, wenn der aus dem Gebiet wieder rauskam. Aber die Erinnerung daran, die Gänsehaut und der Grusel, die blieben dem armen Kerl oder dem Mütterchen noch lange.

Also was tun? – Die Leute mussten da eben ab und zu durch … Es gab nur eine Verhaltensregel, die einigermaßen Sicherheit versprach: Nicht umschauen, nichts sagen – also nicht murren oder murmeln –, und sich von gar nichts ablenken lassen – also sich an nichts kehren. Daher die Namen: Schau-dich-nicht-um, Murr-mir-nicht-viel und Kehr-dich-an-nichts.

Und wer waren nun diese Geister, woher kamen die denn? Sie kamen aus dem Reich der Toten. Da sind sich Pfälzer Historiker ziemlich sicher. Am besten belegen können sie das, wenn sie erklären, woher der Name Elwetritsche kommt. Dieses Fabelwesen hat einen bedeutend netteren und freundlicheren Ruf als die Auf-den-Rücken-Springer rund um Bad Dürkheim, aber es stammt offenbar aus der gleichen Familie. Der Sprachforscher hört das schon am Namen: Das »Elwe« von der Tritsche kommt vom althochdeutschen Wort »alb«, das so viel heißt wie Alb, Elfe, Dämon, kleines Naturwesen, Wicht, und so ein Wesen sei beweglich, munter und geschäftig. Das Wort »Tritsche« ist – so sagen die Forscher – ein Hinweis darauf, dass es sich tatsächlich um einen Totengeist handelt, denn er gehört ins »Trichland«. Und das ist das Stück Land außerhalb der Siedlung, wo die Menschen in grauer Vorzeit ihre Toten begraben haben. Am liebsten war es ihnen, wenn zwischen dem Trichland und dem Dorf ein Bach als Grenze verlief, da sich die Totengeister dann angeblich nicht trauten, ins Dorf herüberzukommen und in den Häusern herumzuspuken.

Heutzutage scheinen sich die Geister verzogen zu haben, schon lange hat kein Wanderer mehr über eine unheimliche Begegnung im Wald südlich von Bad Dürkheim berichtet. Wandern kann man da übrigens sehr schön, Sie finden sogar noch die Ruinen der Jagdschlösschen dort. In Kehrdichannichts können Sie heute sogar einkehren, da steht nämlich seit 1927 ein Forsthaus mit Gastwirtschaft, die diesen Namen trägt.

Und wenn Sie nun unbedingt einen Geist erleben wollen, können Sie es ja mal so probieren: Trinken Sie ein paar Schoppen Wein, dann sehen Sie vielleicht auch irgendwann einen …

KAPITEL 11

Pälzer Bolidik

Pfälzer Politik

Weil in Bergzabern die Jungfrauen
auf die Barrikaden gegangen sind

Alle Asterix-Hefte fangen damit an, dass im Jahre 50 n. Chr. ganz Gallien von den Römern besetzt war – nein, nicht ganz Gallien, ein von unbeugsamen Galliern bevölkertes Dorf hörte nicht auf, den Eindringlingen Widerstand zu leisten. In Bergzabern in der Südpfalz war es im Jahre 1792 n. Chr. sozusagen andersrum. Ganz Deutschland machte einen auf Revolution und Unabhängigkeit, aber ein von besonders begeisterten Demokraten bevölkertes Dorf wollte zu Gallien, pardon, zu Frankreich gehören. Das war schließlich das Land, in dem ein paar Jahre vorher die Französische Revolution für Mordsaufregung gesorgt hatte, da wollten sie auch hin, die Bergzaberner.

Um ihr Ziel ganz deutlich zu machen, beantragten die Bergzaberner Bürger am 10. November 1792 ganz offiziell in einem Brief den Anschluss ihrer Stadt an die Französische Republik. Und ein paar von ihnen fuhren persönlich nach Paris, um die Reunionsbitte beim Nationalkonvent abzugeben. Der Brief fängt so an:

Gesetzgeber!
Das aus mehr denn zehn Dörfern (nämlich Bergzabern, Kapellen, Drusweiler, Oberhausen, Dierbach, Hegersweiler, Barbelroth, Winden, Erlenbach, Steinweiler und Mühlhofen) bestehende, dem Herzoge von Zweibrücken bisher zugehörige Oberamt Bergzabern, müde, sich noch als Sklaven eines despotischen Fürsten und dessen grausamer Trabanten in Mitte eines freien und glücklichen Volkes zu sehen und durch die Siege der fränkischen Freiheitswaffen beherzt gemacht, hat plötzlich die Fesseln der schändlichen Knechtschaft, in der es seufzte, abgestreift und stellt sich den erhabenen Stellvertretern der fränkischen Nation frei dar, um ihnen für die

großen, den Völkern zubereiteten Wohltaten zu danken und die Vereinigung mit der Republik zu begehren.[22]

Und er endet mit der Beteuerung, *der feurigste Dank der Geschlechter wird euer Lohn sein.*

Sie klingen ganz schön engagiert, die Bergzaberner Männer. Waren sie auch, und nicht nur sie. Die Bergzaberner Damen standen den Herren in Sachen Demokratie in nichts nach. Und es gab 30 Jungfrauen – die nannten sich selbst so, waren es auch und stolz darauf! –, die trieben das radikale Ansinnen in einer Art und Weise auf die Spitze, das hätte das Zeug für eine griechische Komödie gehabt. Ganz im Stil der kampflustigen Lysistrata, mit der der griechische Dichter Aristophanes den Männern schon 400 vor Christus Angst gemacht hat, drohte jede der 30 Unterzeichnerinnen: Mein Körper soll nur einem Mann gehören, der für die Republik ist! Bei Lysistrata und ihren Genossinnen hieß das noch, kein Sex bis Frieden herrscht, aber die Wirkung auf die Männer war die gleiche. Sex als Machtspiel, und in Zeiten, wo Frauen noch nicht wählen durften, setzten die Damen vom Land diese Macht ausgesprochen eindrucksvoll ein. Listig und ein bisschen fies, wie Frauen manchmal sind, machten sie den braven Bergzabernern Dampf, indem sie noch dazusetzten: »Selbst die umliegenden freien Franken werden euch unterstützen.« Was nichts anderes heißt als: Jetzt haltet euch mal ran und zeigt, dass ihr ganze Kerle respektive echte Republikaner seid, sonst gehen wir lieber mit den Franzosen ins Bett.

Ob es nun an den Bergzaberner Frauen lag oder ob die Männer in der Gegend damals einfach selbst so radikal drauf waren, jedenfalls schlossen sich am 22. Januar 1793 etwa 30 kurpfälzische und zweibrückische Orte zu einem Freistaat zusammen. Und der wurde drei Wochen später tatsächlich per Dekret in die französische Nation aufgenommen. Die Urkunde nennt das Ganze »Vereinigung«. Wie passend. Die Bergzaberner Jungfrauen haben bekommen, was sie wollten.

Weil die Deutschlandflagge ohne die Pfälzer längs und nicht quer gestreift wäre

Oder vielleicht würde die deutsche Flagge überhaupt heute ganz anders aussehen, wenn es nicht 1832 das Hambacher Fest gegeben hätte. Und wenn damals nicht ein Neustadter Revoluzzer, Johann Philipp Abresch (1804 in Neustadt geboren und 1861 auch dort gestorben), mit dabei gewesen wäre. Und wenn der nicht verheiratet gewesen wäre. Und wenn seine Frau nicht so gut in Handarbeit gewesen wäre. Aber der Reihe nach, all diese Umstände haben sich folgendermaßen zusammengefügt:

Abresch war zunächst mal ein ehrenwerter Bürger, arbeitete fleißig als Landwirt und Kaufmann und lenkte die Geschicke seiner Stadt als verantwortungsvoller Stadtrat von Neustadt mit. Und er war ein Mann seiner Zeit, sehr interessiert am politischen Geschehen eben nicht nur in seiner Stadt, sondern auch überall sonst auf der Welt. Es war eine Zeit des Aufruhrs. Überall brodelte es, die Bürger lehnten sich auf gegen die Regierungen, die versuchten, altmodische Machtverhältnisse wie zu Kaisers oder Königs Zeiten wiederherzustellen. Überall Revolutionen, im Juli 1830 in Frankreich, im November 1830 in Polen und in Belgien, um nur ein paar zu nennen. Was wollten die denn, die da auf die Barrikaden gingen? Nationale Einheit wollten sie anstelle der kleinen Fürstentümer, Freiheit wollten sie und Volkssouveränität. »Wir sind das Volk«, skandierten in unserer jüngeren Geschichte die DDR-Bürger, dem hätten sich die Pfälzer damals sofort angeschlossen.

Die Pfalz stand damals unter bayerischer Regierung, unter strenger bayerischer Regierung. Und diese Regierung hat dann erst mal Versammlungen verboten. Das geht gar nicht, sagte sich Johann Philipp Abresch und rief zusammen mit ein paar anderen zum Widerstand auf. Dafür gab es einen Termin und einen Ort:

Am 27. Mai 1832 sollte auf dem Hambacher Schloss bei Neustadt das Hambacher Fest gefeiert werden, und alle Demokraten waren aufgerufen, zu kommen und mitzufeiern. Sie kamen auch, Zehntausende strömten, und mittendrin Abresch. Der sagte, Protest allein sei ja gut und schön, aber er brauche etwas in der Hand, ein Zeichen, groß, leuchtend und symbolkräftig. Er brauche eine Fahne. Wie soll die jetzt aussehen? Abresch, gebildet und politisch erfahren, erinnerte sich an die Befreiungskriege gegen Napoleon und an die Patrioten von damals. Die hatten auch eine Fahne, und die war schwarz, rot und golden, in Erinnerung an die Uniform des Lützowschen Freikorps. Die Soldaten aus diesem legendären Regiment kämpften in schwarz-roten Uniformen mit goldenen Knöpfen gegen Napoleon und waren darauf so stolz, dass sie auch später, als alles vorbei und Frieden war, immer noch ihre alten Uniformen anzogen. Also, sagte sich Abresch, Schwarz, Rot und Gold für eine deutsche Freiheitsfahne ist schon mal gut. Aber irgendwie fehlt noch was. Ein Schlagwort, irgendwas Treffendes, um dem Ganzen noch einen draufzusetzen, damit es auch der Letzte kapiert. Zündende Idee: *Deutschlands Wiedergeburt* sollte auf der Fahne stehen. An Laserdruck, Maschinenstickerei oder Trikotbeflockung war noch nicht zu denken, also bat Abresch seine Frau, die Schrift auf die Fahne zu nähen. Sie durfte sich auch noch ein paar Nachbarinnen einladen, schließlich war nicht viel Zeit, das gute Stück musste über Nacht fertig werden, das Fest war ja schon am nächsten Tag. Abresch selbst ging dann erst mal zu einer heimlichen Versammlung und dann ins Bett, er musste ja auch fit sein für den wichtigen nächsten Tag. Die fleißigen Frauen dagegen stickten und nähten die ganze Nacht, was das Zeug hielt, und am Morgen war die Fahne fertig. Und Abresch? War erst mal entsetzt!

»Frau, was habt ihr gemacht? Ihr habt die Fahne ja quer bestickt! Ich wollte sie doch längs haben!« Und die Frau? Sagte nüchtern, ruhig und klug in allerbester Hausfrauenlogik: »Mein lieber Johann

Philipp, dann hätte aber der von dir gewünschte Schriftzug nicht draufgepasst.«

So einfach war das. Duldete keine Widerrede, und zu ändern war jetzt auch nichts mehr. Also trug Abresch die Fahne genau so und nicht anders hinauf zum Schloss und pflanzte sie dort auf dem Turm auf.

Abresch ist nach der Aktion und auch später noch ein paar Mal verhaftet worden, aber er blieb seiner Mission treu und Stadtrat, und als solcher trug er die Fahne auch 1848, beim Festumzug zum Jubiläum des Hambacher Festes, noch einmal zum Schloss hoch. Und dort weht sie heute noch, bzw. eine Nachbildung. Und ohne Schrift, sondern so wie Deutschlandfahnen heute eben aussehen.

Seit Abreschs Zeiten haben sich zwar noch viele darum gestritten, ob die deutsche Nationalflagge tatsächlich die Farben Schwarz-Rot-Gold haben sollte, aber schließlich wurde sie nach dem Zweiten Weltkrieg offiziell als solche eingeführt. Und das Original kann man immer noch sehen und bewundern, das liegt als Prunkstück hinter Glas in der Dauerausstellung zum Hambacher Fest oben im Schloss. Die Familie Abresch hat sie schließlich zur Verfügung gestellt, nachdem sie sie über Generationen verwahrt hat und zur Zeit des Nationalsozialismus sogar verstecken musste. Das Rot in der Mitte ist mittlerweile ein bisschen verblasst, aber die Schrift kann man immer noch gut lesen.

97. GRUND

Weil in Hambach die Wiege der Demokratie steht

An diesem Kapitel kommt man nicht vorbei. Ein Pfalzbuch ohne das Hambacher Schloss geht gar nicht. Aber, ehrlich gesagt, uns Pfälzern kommt das Thema schon ein bisschen zu den Ohren raus. Ich bin ja in der Pfalz in die Schule gegangen, sogar in Neustadt, quasi mit Blick auf den extrem geschichtsträchtigen Sandsteinkasten oberhalb von Hambach. Alle paar Jahre mussten wir da hoch, um uns die Sachen in der Demokratie-Ausstellung anzuschauen und Referate darüber zu halten, weil sie ja die deutsche Geschichte so maßgeblich beeinflusst haben. Schon okay, man kann sich die Originalfahnen, die die 30.000 Freiheitskämpfer aus ganz Europa 1832 zum Schloss hochgetragen haben, ruhig ein paarmal im Leben anschauen. Und die ganzen Urkunden, Protestaufrufe, Freiheitslieder, Verhaftungsbefehle, und was da sonst noch in den Vitrinen liegt, auch. Das gilt nicht nur für Pfälzer Schüler, das gilt auch für die einflussreichsten Politiker der Welt. Wenn man ein Demokrat ist, kann man das ja prima beweisen, indem man einfach mit einem Riesen-Tamtam das Hambacher Schloss besucht, da muss man sonst gar nichts groß politisch machen.

Am 8. Mai 1985 war Ronald Reagan da. Der war damals Präsident der Vereinigten Staaten, und ich war in der 9. Klasse. Meine Altersgenossen und ich fanden den Besuch ausgesprochen aufregend, nicht nur, weil die GSG 9 das Schloss bewachte. Einige wenige ausgewählte Schülerinnen und Schüler aus Neustadt sollten die Ehre haben, mit Mister Reagan selbst einen Handshake tauschen zu dürfen. Ich war nicht unter den Auserwählten, das Los traf meine Banknachbarin. Da war ich beleidigt.

Gut, mittlerweile habe ich die Enttäuschung überwunden und bin selbstverständlich und aus vollem Herzen stolz auf die Patrioten, die vom 27. Mai bis zum 1. Juni 1832 beim Hambacher Fest so lautstark für Freiheit, nationale Einheit und Mitspracherecht der Bürger protestiert haben. Ohne sie hätten wir heute keine Demokratie, sondern wohl immer noch einen König in Deutschland.

Das alles lernen Sie ganz ausführlich in der Ausstellung und in den unzähligen Büchern, die Sie im Shop des Hambacher Schlosses kaufen können, da müssen Sie unbedingt mal hin.

Was Sie da allerdings nicht erfahren, sind die Geschichten, die die Gemüter der Hambacher in den vergangenen Jahren bewegt haben. Denen ist ihre »Maxburg« heilig. So nennen die Einheimischen das Hambacher Schloss schon seit Anfang des 19. Jahrhunderts. Da schenkten die Pfälzer ihr beliebtestes Ausflugsziel dem bayerischen Kronprinzen Maximilian zur Hochzeit und tauften es ihm zu Ehren in »Maxburg« um. Er wollte es damals gern umbauen, den schlichten Klotz in ein pfälzisches Neuschwanstein verwandeln, aber da wurde dann doch nichts draus.

Ach, die Umbaumaßnahmen auf dem Hambacher Schloss, das ist ein Kapitel für sich, aber das will ich gar nicht schreiben. Was haben sich darüber schon die Pfälzer Gemüter erhitzt! Jahrelang war der große Saal im Schloss mit der Balkendecke aus den 1970er-Jahren und dem robusten Holzfußboden aus der gleichen Renovierungsphase zwar nicht wirklich schön, aber praktisch ausgestaltet. Doch dann kam ein neuer Max. Max Dudler. Stararchitekt aus der Schweiz. Wieso man ausgerechnet einen Schweizer das deutsche Demokratiesymbol umbauen ließ, bleibt ein Rätsel. Immerhin, er heißt Max, das passt doch. Ob das, was er aus dem Schloss gemacht hat, passt, ist Geschmackssache und sorgt in der Pfalz immer noch für Gesprächsstoff. Max Dudler ist berühmt für seine rationale und minimalistische Art zu bauen. Dementsprechend karg wirkt die Burg jetzt auch. Der große Saal hat nun einen schwarzen Kirschholzfußboden. Der ist ziemlich empfindlich, aber es schlurfen ja nur jedes Jahr rund eine halbe Million Besucher drüber, die das Parkett zerkratzen. Die Fassade des neu gebauten Sandsteinriegels vor dem Schloss, in dem die Gastronomie untergebracht ist, wirkt wie ein Bunker. Aber die Burg diente ja im 13. Jahrhundert auch als Rückzugsort für die Bischöfe von Speyer, die dort Schutz suchten, dabei hat Herr Dudler sich schon was gedacht.

Das Hambacher Schloss ist so oft umgebaut worden und wirkt so schick, modern und sauber, dass es mit dem Flair der anderen alten Pfälzer Gemäuer nicht zu vergleichen ist. Und eine Besonderheit hat es, die unterscheidet es tatsächlich von allen anderen Burgen und Schlössern der Pfalz: Der Turm, auf dem der Fahnenmast einbetoniert ist, an dem die Deutschlandflagge weht, ist der Abortturm. Also das ehemalige Klo. Mein Geschichtslehrer hat sich darüber früher immer kaputtgelacht. Was das über die deutsche Demokratie aussagt, müssen Sie sich selbst zusammenreimen.

Weil Pfälzer manchmal auch fürs Trennen brennen

Der Valentinstag ist der Tag der Liebenden. Die feiern gern am 14. Februar, dass sie mit irgendjemand anderem zusammen ein Paar geworden sind. Aus Liebe, das muss noch mal extra gesagt werden. Wenn man nämlich zwei ganz unterschiedliche Partner, die sich nicht lieben, in die Einheit eines Paares zusammenzwingt, ist das alles andere als ein Grund zum Feiern. Im Gegenteil. Die feiern dann höchstens ihre Scheidung.

Genau so war es bei den Gemeinden Bundenthal und Bruchweiler-Bärenbach. Die liegen zwischen der Kleinstadt Dahn und der Grenze zum französischen Elsass in der Südwestpfalz. Und zwar nebeneinander, so nah, dass man, wenn man durchfährt, gar nicht merkt, wo Bruchweiler-Bärenbach aufhört und Bundenthal anfängt. Aber nur weil sie Nachbarn sind, heißt das ja noch lange nicht, dass sie sich auch gut leiden können. Konnten sie früher auch gar nicht. *Ums Verrecken nicht*, um den schönen Pfälzer Ausdruck zu verwenden. Hat aber nix genützt, sie wurden trotzdem verheiratet. Das war am 14. Februar 1969, und schuld war die rheinland-pfälzische Gebietsreform. Die wollte sparen und die kommunale Verwaltung vereinfachen, und deswegen legte sie 1969 verschiedene Orte in Rheinland-Pfalz zusammen. Aus Bundenthal und Bruchweiler-Bärenbach wurde der Ort Wieslautern, benannt nach dem Flüsschen Wieslauter, das dort idyllisch durch den Wasgau plätschert. Ungetrübt blieb aber nur das Wasser, die

Beziehung zwischen den Orten wurde ziemlich trüb und artete in etwas aus, was einen erschrocken an Krieg denken lässt, obwohl es ganz friedlich zuging.

»Bundenthal muss brennen!« – unter diesem Motto starteten die Bundenthaler eine einzigartige Protestaktion gegen die Fusion. Sie waren nämlich den Einwohnern aus Bruchweiler-Bärenbach gegenüber in der Minderzahl und hatten deshalb Angst, sich im Wieslauterer Gemeinderat nicht richtig durchsetzen zu können. Die aufgewühlten Bürger fackelten jetzt aber nicht etwa die Häuser der zwangsfusionierten Nachbarn ab, wie der schlimme Kriegsschrei vermuten lässt. Nein, sie zündeten in den Fenstern aller Bundenthaler Häuser Kerzen an, und sie liefen mit brennenden Kerzen in der Hand durch das Dorf. Einer der Aktivisten der ersten Stunde war Fritz Frankfurter. »Rebell von Bundenthal« haben sie ihn genannt. Als »Andreas Hofer der Pfalz« ist er in die Geschichte der Südwestpfalz eingegangen. Tagelang hat er sich im schwarzen Beerdigungsanzug und mit einem Zylinder auf dem Kopf an den Ortseingang von Bundenthalt unter das Ortsschild gestellt, in der Hand einen Kranz, auf dessen Schleife die Worte standen: *Freiheit für Bundenthal!*

Das war ihm und den Bundenthalern aber noch nicht genug, sie wandten sich auch an die Politiker der Zeit. Die Rettung kam in Form der FDP (ja, das ist lange her …). Liberalen-Chef Rainer Brüderle versprach den Bundenthalern, dass er die Zwangsfusion rückgängig machen würde, wenn sie ihn wählten. Sie haben ihn gewählt. Bei der Landtagswahl 1987 wählten 63 Prozent der Bundenthaler Bürger die FDP! Mit dieser sensationellen Zahl an Wählerstimmen schaffte es die Partei sogar auf die Titelseite der *BILD*-Zeitung. Die FDP kam dann zusammen mit der CDU an die Regierung, und Rainer Brüderle hat sein Wahlversprechen gehalten. Es stand sogar ganz offiziell im Koalitionsvertrag, dass Wieslautern wieder in die Einzelgemeinden Bundenthal und Bruchweiler-Bärenbach getrennt werden müsse. Am 17. Juni 1989 war es dann so weit – ausgerechnet am damaligen Tag der deutschen Einheit. Die Zwangsehe wurde geschieden. Fritz Frankfurter und seine Mitkämpfer riefen laut »Bundenthal ist frei!« und weinten vor Rührung.

Seitdem sind die Einwohner von Bundenthal und Bruchweiler-Bärenbach übrigens die friedlichsten Nachbarn, die man sich vorstellen kann. Es ist sogar schon vorgekommen, dass ein Bundenthaler Jüngling ein Mädel aus Bruchweiler-Bärenbach geheiratet hat. Fritz Frankfurter hat lächelnd gratuliert.

99. GRUND

Weil der dickste und ausdauerndste Bundeskanzler ein Pfälzer war

Sie können von der CDU halten, was Sie wollen. Sie können Sie wählen oder nicht, das ist mir vollkommen schnurz. Ich will hier überhaupt keine Werbung für irgendeine Partei machen, ich will nur mal sagen, dass Pfälzer auch die bundesdeutsche Politik beeinflusst haben. Fakt ist, keiner war länger dran als Birne. Helmut Josef Michael Kohl, geboren 1930 in Ludwigshafen, war 16 Jahre lang, von 1982 bis 1998, Bundeskanzler von Deutschland. Das ist einfach ein Haufen Holz. Leicht hat er es nicht gehabt, und daran war auch seine Pfälzer Herkunft schuld. Seinen pfälzischen Akzent ist er nie losgeworden, und dafür hat ihn ganz Deutschland verspottet. Er war und ist ein überzeugter Fan der deftigen Pfälzer Küche (Genaueres finden Sie im *Grund 21: Weil Saumagen bedeutend besser schmeckt, als er klingt*) und des Pfälzer Weins, und deshalb galt er nie als einer der schlanksten unseres Landes. Der Karikaturist Hans Traxler war der Erste, der ihn in den 1980er-Jahren als Körper mit Birnenkopf gezeichnet und damit ein gefundenes Fressen für alle Kritiker und Kabarettisten zubereitet hat. Als Birne ist Helmut Kohl um die Welt gegangen. Der deutsche Journalist Hermann L.

Gremliza hat mal über ihn gesagt: »Helmut Kohl ist kein Objekt der Satire. Er ist Satire.«

Politisch hat er trotzdem die Welt verändert. Die Wiedervereinigung Deutschlands 1989/90 geht zu großen Teilen auf sein Konto. Der Umgang mit Konten war sonst nicht so seins, vor allem mit Parteikonten. Irgendwie waren da auf einmal auf dem CDU-Konto ein paar Milliönchen drauf, von denen Birne gar nicht wusste, wie bzw. von wem sie dahinüberwiesen wurden. Zumindest hat er bis heute nicht verraten, wie die Spender hießen. Das hat seine politische Karriere schließlich endgültig beendet.

Für ihn war es fatal, den Mund zu halten, dagegen hatte es für einen anderen pfälzischen Politiker böse Folgen, dass er ihn aufgemacht hat. Kurti, oder *de Becke-Kurt* (was der Pfälzer eher wie »*Beggegurt*« ausspricht, was mancher Hochdeutsche schon mit »Beckengurt« zu übersetzen versuchte, was dann natürlich auf eine völlig falsche Fährte führt). Kurt Beck hat es nie zum deutschen Bundeskanzler gebracht, obwohl er sich auf den Weg dahin gemacht hatte. Er stammt aus der Südpfalz, geboren in Bergzabern, und lebt in Steinfeld, und er hat mal etwas Schönes über die Pfalz gesagt: »Meine Heimat gibt mir Kraft – egal für welche Aufgabe.«

Seine Kraft hat er hauptsächlich der SPD zur Verfügung gestellt, und hier will ich erneut dringend darauf hinweisen, dass mich auch mit dieser Partei keinerlei Vorliebe, Mitgliedsausweis oder Kontonummer verbindet. Es geht mir nur darum, am Beispiel von ein paar Pfälzer Politikern zu zeigen, welche Charaktereigenschaften Pfälzer haben. Die kann ein Politiker eben nicht verleugnen, irgendwann kommen sie raus. Bei Kurt Beck war es am Ende seiner Zeit als rheinland-pfälzischer Ministerpräsident (1994–2013). Da ging eines Tages der Gaul mit ihm durch, als er gerade ein öffentliches Interview gab. Einer der Zuschauer rief ihm laut etwas zu und kritisierte darin ihn und dazu noch Becks Lieblingsfußballverein, den 1. FC Kaiserslautern. Diesen armen Mann schnauzte *Becke-Kurt* in bester pfälzischer Wut an: »Können Sie mal das Maul halten, wenn ich ein Interview gebe? Einfach das Maul halten.« Auf die Antwort des Störers, er sei nur ehrlich, setzte Beck noch einen drauf: »Sie sind nicht ehrlich, Sie sind dumm.« So was kann einem Pfälzer schon mal rausrutschen. Kommt halt nur nicht so gut, wenn man gerade ein Land regiert. Aber da hatte Kurti ja auch schon selber angekündigt, dass er die längste Zeit MP gewesen war.

Im Grunde gilt für ihn das Gleiche wie für jeden anderen Politiker auch, und das hat Birne in seiner aktiven Zeit mal so treffend formuliert: »Entscheidend ist, was hinten rauskommt.« Allerdings.

100. GRUND

Weil: »Bayern und Pfalz, Gott erhalt's!«

Ein geflügeltes Wort, das die enge historische Verbindung zwischen den Pfälzern und den Bayern widerspiegelt. Von 1816 bis 1918 wurde die Pfalz von Bayern aus regiert. Für alle Korinthenkacker: Ja, auch nach 1918 gehörte die Pfalz noch zu Bayern – formal. Aber auch nur formal, denn tatsächlich waren wir ja nach beiden Weltkriegen erst mal von den Franzosen besetzt, und die haben sich einen Sch… um irgendwelche Anordnungen aus Bayern gekümmert. Auch im Dritten Reich kümmerte sich der Saarpfalz-Gau herzlich wenig um das, was München so meinte. Aber wenn man es ganz streng nimmt, war die Pfalz bis 1946, als das Bundesland Rheinland-Pfalz aus der Taufe gehoben wurde, bayerisches Hoheitsgebiet. Rein rechtlich. Egal. Die Pfälzer wurden über viele Jahrzehnte hinweg von Bayern aus regiert, manche meinen auch: drangsaliert. Die Pfälzer haben's überlebt, die Bayern auch.

Die Frage, die man sich stellen kann, wenn man diesen gereimten und immer wieder zu hörenden Ausspruch »Bayern und Pfalz, Gott erhalt's« analysiert, ist doch die, ob damit der oberste Himmelsherr um Unterstützung zum weiteren Erhalt zweier eigenständiger Bundesländer gebeten wird, oder ob der da oben gefälligst dafür sorgen soll, dass beide Länder wieder vereint sein mögen. Letzterer Fall könnte Komplikationen hervorrufen. Denn die Verbindung Bayern und Pfalz war über die 800 Jahre hinweg (es begann schon mit der Herrschaft des bayerischen Hauses Wittelsbach über die Pfalz) nicht immer unproblematisch. Vor allem im 19. Jahrhundert stand hier die fortschrittliche, französisch geprägte Pfalz, dort das erz-konservative, monarchisch regierte Bayern. Entschuldigung, liebe Bayern, aber was wahr ist, muss wahr bleiben. Das Hambacher Fest wäre ohne die reaktionäre Sturköpfigkeit von euch Bayern gar nicht zustande gekommen.

Dennoch scheinen uns die Bayern vielleicht nicht zu lieben, aber doch zu mögen. Zumindest liebäugelt der Freistaat mit der Pfalz. Das zeigt sich in der fast verdrängten Tatsache, dass Bayern nach der »Scheidung von der Pfalz« in den ersten Jahren nach dem Zweiten Weltkrieg mit Verve darauf drängte, die Pfalz zurückzu-bekommen, sie also dem neuen Gebilde Rheinland-Pfalz aus- und sich selbst wieder einzuverleiben. 1950 installierte der Münchner Landtag eigens einen Pfalz-Ausschuss, der sich um das – nach bay-erischer Lesart – noch nicht endgültig gelöste Problem der Neu-gliederung der Bundesländer kümmern sollte. Von da an startete der Münchner Landtag auch seine Pfalzfahrten, die einmal im Jahr stattfanden, was dem rheinland-pfälzischen Regierungschef Peter Altmeier einen dicken Hals machte. 1953 platzte Altmeier dann der Kragen. Wieder einmal hatte sich die bayerische Landtags-Delegation zu einer Weinreise durch die Pfalz angekündigt. Das veranlasste Altmeier zu einem geharnischten Brief an den bayeri-schen Landtagspräsidenten Alois Hundhammer. Der Brief schlug hohe politische Wellen. Die Bayern reisten trotzdem an. Auf dem Omnibus, mit dem sie durch Rheinland-Pfalz tourten, stand hinten zu lesen: *Bayern und Pfalz, Gott erhalt's*. Als Wiedergutmachung für diese subversive Provokation veranstaltete Bayern noch im sel-ben Jahr in München eine Pfälzer Weinwoche, zu der die Pfälzer

Weinkönigin aus Deidesheim anreiste. Das Thema war dann allerdings drei Jahre später ohnehin erledigt. In einem Volksbegehren erteilten die Pfälzer den Bayern endgültig eine Abfuhr. Weniger als zehn Prozent der Pfälzer wollten wieder zu Bayern gehören. Die Bayern brauchten aber etwas länger, um das zu kapieren. Erst Anfang der 1970er-Jahre gaben sie auch offiziell ihren Anspruch auf die Pfalz auf. Besser spät als nie.

Aber wie das so ist mit Verflossenen: So ganz kann man dann doch nicht voneinander lassen. Es gibt bis heute zahlreiche landsmannschaftliche und anderweitige Verflechtungen zwischen Bayern und der Pfalz. So sitzt beispielsweise der pfälzische Bischof von Speyer in der bayerischen Bischofskonferenz von Freising, weil das Bistum Speyer Teil der Kirchenprovinz Bamberg ist. Um das zu verstehen, muss man Katholik sein.

Leichter fassbar ist der Landesverband der Pfälzer in Bayern. Ein Verein, der in München schon seit vielen Jahrzehnten die »Pfälzer Residenz Weinstube« unterhält, um damit den Bayern mal zu zeigen, was pfälzische Gastlichkeit und Weinkultur sind. Der Landesverband hat sogar eine eigene Zeitschrift. *Die Pfalz* erscheint vierteljährlich. Darüber hinaus gibt es noch einen Bund der Pfalzfreunde in Bayern, dem traditionell der Landtagspräsident vorsteht – oder die Landtagspräsidentin (ja, die Gleichberechtigung im Zuge des gesellschaftlichen Fortschritts ist inzwischen sogar in Bayern angekommen). Nicht zu vergessen ist die gemeinnützige Bayern-Pfalz-Stiftung, die unter anderem junge Pfälzer unterstützt, die in Bayern eine Ausbildung machen. Und die Aufzählung wäre unvollständig, ohne zu erwähnen, dass die bayerische Staatskanzlei über einen Pfalzreferenten verfügt, der allerdings nur noch repräsentative Funktionen hat.

Was fehlt, ist das Gegenstück zum Landesverband der Pfälzer in Bayern, nämlich ein Landesverband der Bayern in der Pfalz. Vermutlich gibt es einfach zu wenige Bayern in der Pfalz. Und so scheint das Band zwischen Bayern und der Pfalz doch etwas einseitig geflochten zu sein. Der tolerante Pfälzer Menschenschlag findet Bayern als Urlaubsland und als Nettozahler im Bundesländer-Finanzausgleich durchaus angenehm. Aber die Pfälzer lässt das Gefühl nicht los, dass Bayern nur auf eine günstige Gelegenheit wartet, um die Pfalz wieder zu annektieren. Augenscheinlich wird dieser Verdacht im Bayerischen Staatswappen. Dort brüllt noch immer ein Pfälzer Löwe.

101. GRUND

Weil die Pfälzer ihr eigenes Parlament haben

Das nennt sich Bezirkstag. Dieser wird von den Pfälzern alle fünf Jahre direkt gewählt. Die 29 Abgeordneten arbeiten ehrenamtlich (was einer Erwähnung wert sein soll). Der Bezirkstag entscheidet, grob gesagt, in Angelegenheiten, die über die Ebene der pfälzischen Städte und Landkreise hinausgeht, die aber unter der Landesebene liegen. Der Bezirkstag ist für die Pfalz das, was der Bundestag für Deutschland ist – jedenfalls fast. Und so, wie die Bundesländer zusammen die Bundesrepublik ergeben, ergeben die kreisfreien Städte und Landkreise in der Pfalz (jeweils acht) den Bezirksverband. Dessen Entscheidungsorgan ist der Bezirkstag. Liest sich unspannend, ist es auch. Interessant ist das, was Bezirkstag und Bezirksverband so alles anstellen.

»Der Bezirksverband verkörpert das Selbstverwaltungsrecht der Pfälzer.« Damit brüstet sich der Bezirksverband selbst und das völlig zu Recht. Die Pfälzer haben mit ihm etwas, was die anderen Rheinland-Pfälzer nicht haben. Im Westerwald und der Eifel, im Hunsrück und in Rheinhessen gibt es keine Bezirkstage und keine Bezirksverbände. Die gibt es in der Form deutschlandweit nur noch in Bayern, das einen großen Anteil an der heutigen pfälzischen Selbstverwaltung hat; ebenso wie die Franzosen. Aber der Reihe nach.

Als ein kleiner Feldherr mit seinem großen Heer 1798 die Pfalz besetzt hatte, führte er, Napoleon, den Departementalrat (Conseil général) ein. Arg viel zu sagen hatten die Pfälzer in dem französischen Verwaltungsgremium damals nicht, aber immerhin gewährten ihnen die Besatzer verschiedene Rechte und Freiheiten, darunter das Rederecht und die Pressefreiheit.

Die große Stunde der Selbstverwaltung schlug erst 18 Jahre später. Da kam bekanntermaßen die Pfalz zu Bayern (oder umgekehrt, wie viele Pfälzer heute noch behaupten). An die Stelle des Conseil général trat der Landrath. Dieses Gremium war der Vorläufer des pfälzischen Bezirkstages. »Eine zwar bescheidene, aber dennoch erste Volksvertretung auf deutschem Boden«, urteilt der Bezirksverband stolz über seine Historie. Und weil das in der Pfalz so gut funktionierte mit der Selbstverwaltung, führte Bayern den Landrath im Jahre 1828 auch in seinem übrigen Königreich ein. »Obwohl sich die Bayern anfänglich heftig gegen diese freiheitlichen ›eigenthümlichen‹ Institutionen‹ gewehrt hatten, konnten die renitenten Pfälzer einige Erfolge für sich verbuchen: Beispielsweise wurde das metrische System beibehalten, eine Konsumsteuer abgewendet und die Maut verringert«, schreibt der Bezirksverband auf seiner Internetseite.

Nach dem Ersten Weltkrieg hieß der Landrath eine Zeit lang Kreistag, aber die Pfalz blieb weiterhin bayerisch. Das änderte sich erst nach dem Zweiten Weltkrieg, als die Alliierten das heutige Rheinland-Pfalz ausheckten. Heute noch stellt man sich die Frage, was der Koblenzer mit dem Kaiserslauterer gemein hat. Außer dass beide zwangsweise demselben Bundesland angehören. Es ist das suboptimale Resultat einer Reißbrett-Politik der Siegermächte. Nicht nur in Rheinland-Pfalz musste zusammenwachsen, was nicht zusammengehörte. Die Pfälzer haben es aber bei der Gründung des Landes fertiggebracht, dass ihr einzigartiger Kommunalverband – von nun an Bezirksverband – Verfassungsrang genießt. Wer den Bezirksverband abschaffen wollte, müsste folglich die Landesverfassung ändern.

Aber wer wollte das schon? Denn der Bezirksverband ist eine segensreiche Einrichtung. Unter seinen Fittichen sind zahlreiche Einrichtungen herangewachsen, die die pfälzischen Städte und Kreise für sich alleine nie hätten finanzieren und betreiben können: Das Museum Pfalzgalerie und das Pfalztheater, die Meisterschule für Handwerker, das Institut für pfälzische Geschichte und Volkskunde, eine Lehr- und Versuchsanstalt für Viehhaltung oder auch das Pfalzklinikum für Psychiatrie und Neurologie. Außerdem verwaltet der Bezirksverband den Naturpark Pfälzerwald, und er beteiligt sich an vielen weiteren Projekten und Einrichtungen, wie etwa dem Deutschen Schuhmuseum in Hauenstein, dem Hambacher Schloss oder dem Mitmach-Museum Dynamikum in Pirmasens.

Der Bezirksverband ist für die 1,4 Millionen Pfälzer identitätsstiftend. Trotzdem gibt es nicht wenige Pfälzer, die mit dem Bezirksverband und dem Bezirkstag nichts anzufangen wissen. Aber ist das bei anderen wichtigen und sinnvollen Einrichtungen nicht auch so? Oder kennen Sie XC30? Vermutlich nicht. Aber ohne den Superrechner des Deutschen Wetterdienstes wäre das Wetter noch unberechenbarer, als es ohnehin schon ist.

KAPITEL 12

Des aa noch

Das auch noch

Weil Pfälzer alles besser wissen (wollen)

Man kann behaupten, der Pfälzer (inklusive des ihm anvertrauten weiblichen Pendants) ist *dischbedierfreudisch* – er diskutiert gerne und lange und gnadenlos, wenn nötig, bis das Gegenüber die Flucht ergreift. Eine gewisse geistige Unbeeindrucktheit ist den Pfälzern nicht abzuleugnen. Dieses extreme Beharrungsvermögen liegt wohl im pfälzischen Blut. Einmal von etwas überzeugt, ist der Pfälzer nur unter Aufbietung sämtlicher Argumentationshilfen, die die Dialektik kennt, vom Gegenteil zu überzeugen oder zumindest davon, dass er wenigstens die rein theoretische Möglichkeit anerkennen sollte, dass ein von ihm verinnerlichter Sachverhalt vielleicht doch in Nuancen vom tatsächlichen Sachverhalt abweichen könnte. Mannomann, kann ein Pfälzer stur sein!

Ja, ja. Es gibt auch andere. Gemeint sind keineswegs Saarländer oder Nicht-EU-Ausländer. Gemeint sind Pfälzer (und -innen), die anders sind. Sie lauschen gewissenhaft den ihnen vorgetragenen Argumenten, wägen das Für und Wider ab, sind neuen Erkenntnissen gegenüber aufgeschlossen und entscheiden sich am Ende aus guten Gründen dafür, ihre ursprüngliche Meinung beizubehalten. Das sind die anderen Pfälzer. Sonst gibt es keine, oder es sind keine richtigen Pfälzer.

Nicht verschwiegen werden soll, dass es durchaus vorkommen kann, dass von Herzschmerz getriebene junge Menschen – aus Germersheim etwa oder aus Waldmohr – dem geliebten Objekt ihrer Begierde recht geben, obwohl sie definitiv wissen, dass dem nicht so ist. Das liegt im spezifischen Fall an den Hormonen. Die machen ja sowieso mit einem, was sie wollen. Also auch mit uns Pfälzern, vor allem in jungen Jahren. Da ist man noch unerfahren, das Gehirn kapituliert schon frühzeitig vor dem Testosteron oder den Östrogenen – sogar schon vor dem Betreten des Raumes, in dem sich der/

die Angebetete befindet, und ohne dass die Angebeteten überhaupt etwas sagen, zu welchem Thema auch immer. Das sind Fälle, die nicht zählen. Sie sind mehr oder minder krankhafte Anomalien, die das wahre Wesen des Pfälzers verschleiern. Und auch das nur auf Zeit. Fragen Sie mal dieselben jungen Leute nach der Hochzeit.

Oder der Pfälzer hat Gäste. Die will er nicht verprellen. Auch da gibt der Pfälzer gerne mal nach – wider besseres Wissen. Zu einer gefühlten vollständigen Kapitulation lässt er es aber nicht kommen. Über seine Lippen käme nie: »Ach, so ist das? Gut, dass ich das endlich weiß.« Nein, er sagt schulterzuckend: »*Wonn de määnscht – alla hopp.*« Begleitet wird die leicht gepresst ausgesprochene Entgegnung von einem Kopfschütteln, das klarmacht: Ich bin ein guter Gastgeber und du hast trotzdem unrecht. Wenn es so weit kommt, ist dem Gast dringend zu empfehlen, kein weiteres Wort mehr über die soeben besprochene Angelegenheit zu verlieren – weil der Gast dann auch noch andere Dinge verlieren könnte …

Ansonsten sind Pfälzer aber sehr umgänglich, sofern man ihrer Meinung ist. Man muss aber ehrlich ihrer Meinung sein. Nur zu sagen: »Ja, klar, du hast recht«, reicht bei Weitem nicht aus. Man muss, um in den Augen eines Pfälzers tatsächlich ein Bruder im Geiste zu sein, den geschilderten Sachverhalt noch mit bestätigenden Ausschmückungen versehen. Beispiel gefällig? Der Pfälzer behauptet, die Klimaerwärmung sei reine Propaganda von Naturschützern und der Solaranlagenindustrie. Dann reicht es nicht zu sagen: »Ja, genau, das hab ich mir auch schon gedacht.« Man muss darüber hinaus etwas sagen wie: »Und die Windrad-Lobby steckt auch dahinter.« Oder: »Die Chinesen kümmert das Klima auch nicht.« Dann wird noch ein *Schoppe* bestellt, und alle sind glücklich. Vor allem die Pfälzer.

Weil wir zehn Top-Eigenschaften haben

Es ist gar keine Frage, dass Pfälzer mehr als zehn gute Eigenschaften haben. Fast auf jeder Seite in diesem Buch stößt der geneigte Leser auf positive Eigenschaften dieser Spezies Mensch. Der Pfälzer ist ein Gesamtkunstwerk – seelisch intakt, moralisch integer und körperlich vollkommen. Dennoch verfügt er oder auch sie über einige Eigenschaften, die es herauszuheben gilt. Hier also die Top-Ten der Pfälzer Eigenschaften:

Platz 10
Erfinderisch: Wir sind um Ausreden nie verlegen.

Platz 9
Beherrscht: vom Gedanken,
dass Pfälzer die besseren Menschen sind.

Platz 8
Anhänglich: Pfälzer ohne Anhang sind quasi nicht existent.
Wir treten meist in Gruppen auf.

Platz 7
Kritikfähig: Wir sind zu jeder Art von Kritik fähig.

Platz 6
Aufregend: Wenn jemand über Pfälzer lästert,
können wir uns dermaßen aufregen!

Platz 5
Glaubensfest: Wir glauben fest daran,
dass die Pfalz das letzte Paradies auf Erden ist.

Platz 4

Leutselig: Je mehr Leute um uns herum sind,
desto seliger sind wir Pfälzer.

Platz 3

Ausgelassen: Bei Wein- und Bierproben
wird keine Sorte ausgelassen.

Platz 2

Makellos: Die Pfalz ist den Makel los,
zu Bayern gehört zu haben.

Und die Krönung ist (Trommelwirbel, lang anhaltend) …
Platz 1

Aufgeschlossen: Falls wir bei der Heimkehr nach einem Fest die
Haustür finden, kriegen wir sie auch aufgeschlossen.

104. GRUND

Weil Pfälzer nicht (alle) aus Mackenbach sind

»Meinst du vielleicht, ich bin aus Mackenbach?«, werde ich gelegentlich von meiner Arbeitskollegin gefragt. Und zwar immer,
wenn sie denkt, dass ich denke, dass man ihr alles haarklein erklären müsse. Dahinter steckt, dass sie denkt, dass ich denke, ihr
Intelligenzquotient würde irgendwo zwischen einem Orang-Utan
und einer toten Ente liegen. Dem ist aber nicht so. Weder vermutet
noch tatsächlich.

Es stimmt zwar, dass ich manchmal im Streben nach Genauigkeit
übers Ziel hinausschieße und Dinge erkläre, nur weil ich gerade
so schön dabei bin; also sozusagen en passant *vum Kuchebacke uff*

Arschbacke komme (für Nichtpfälzer: vom Hundertste ins Tausendste). Ich nenne das aber Streben nach Perfektion. Deswegen käme es mir nie in den Sinn, anzunehmen, meine Arbeitskollegin komme tatsächlich aus Mackenbach. Schließlich weiß ich genau, dass sie aus Kaiserslautern kommt.

Daher begann ich mich mit der Frage zu beschäftigen, warum Mackenbach – zumindest in den Augen meiner Arbeitskollegin – als westpfälzisches Synonym für Begriffsstutzigkeit gilt – von einfacher Blödheit angefangen bis hin zu grenzdebilem Trotteltum. Nur weil Mackenbach an die »Macke« erinnert, die man hat oder auch nicht? Und wer von uns hat keine? Der sprichwörtliche Lückenschluss von Macke zu Mackenbach ist jedenfalls nicht beweisbar und obendrein ziemlich profan. Man fragt ja auch nicht, ob jemand aus Trosdorf sei, nur weil er vielleicht nicht ganz bei Trost sein könnte. Nun liegt Trosdorf nicht in der Pfalz, aber auch in Franken soll es ja geistige Tiefflieger geben.

Auf der Suche nach einer Erklärung für die Redewendung hilft das Internet, und zwar auf der Homepage der Ortsgemeinde Mackenbach. Der insgeheim gehegte Verdacht wurde sofort ausgeräumt: Nein, Mackenbach ist kein Standort einer stationären Psychiatrie. Nirgendwo ein Hinweis auf eine im Volksmund unter völligem Verzicht politischer Korrektheit so genannte »Irrenanstalt«. Eine landauf, landab bekannte Psychiatrie gibt es dagegen seit Mitte des 19. Jahrhunderts im pfälzischen Klingenmünster, nahe der Burg Landeck. Wenn in der Pfalz getuschelt wird, jemand sei »nach Klingenmünster« oder – was keinen Unterschied macht – »nach Landeck« gebracht worden, dann weiß jeder Pfälzer, was damit gemeint ist. Von Klingenmünster nach Mackenbach sind es aber stolze 85 Kilometer. Eindeutig zu viel für den gesuchten Lückenschluss.

Auch sonst gibt es nichts, was Mackenbach in irgendeiner Weise mit einer intellektuellen Minderbemittelung (oder heißt es Minderbemitteltheit?) in Verbindung bringen könnte. Im Gegenteil: Die

Gemeinde ist als Musikantendorf bekannt, sogar ein Musikanten-museum gibt es. Nun mögen Musikanten trinkfest, liederlich oder gar lasterhaft sein, aber mit Orang-Utans und toten Enten haben sie nun wirklich nichts gemein (mehr dazu im *Grund 88: Weil die Pfälzer Wandermusikanten die USA gerockt haben*).

Mackenbach hat ein Bürgerhaus, das nicht alle der 2.200 Ein-wohner fassen kann. Es hat mehr als 20 Vereine, die zumindest theoretisch allen Einwohnern Unterschlupf bieten könnten. Und es hat einen 362 Meter hohen Hügel mit dem zungenbrecherischen Namen Hebenhübel. Dort entspringt auch der namensgebende Ma-ckenbach. Klingt alles nicht spektakulär. Ist es auch nicht. Macken-bach ist also keineswegs ein stillschweigend geduldeter Hort von Verrückten, nicht einmal eine Ansammlung von mehr oder minder schillernden Charakteren mit einem klitzekleinen Hau.

Die Mackenbacher sind so was von normal, dass der alljährli-che Seniorennachmittag völlig zu Recht im Veranstaltungskalender des Ortes als (geriatrischer) Höhepunkt aufgeführt wird. Ich muss es jetzt einfach mal sagen, zur Ehrenrettung der Mackenbacher: Was die Redensart angeht, sind die Mackenbacher eben nicht aus Mackenbach.

Am Ende ist es vielleicht doch die bloße Namensaffinität, die Mackenbach in den Augen der Arbeitskollegin zu einer Heimstatt für intellektuell chronisch überforderte Mitmenschen werden ließ. Da hat Bledesbach bei Kusel echt noch mal Glück gehabt!

105. GRUND

Weil Pfälzer Matrosen auch ohne Meer glücklich sind

… Wir lagen vor Madagaskar und hatten die Pest an Bord …
… What shall we do with the drunken sailor …
… Junge, komm bald wieder …

Sie kennen die Lieder, oder? Sie erwarten sie nur nicht in einem Pfalzbuch. Wer soll denn in der Pfalz auch ein Seemannslied singen, hier gibt's ja höchstens den Lingenfelder Baggerweiher, den Gelterswoog bei Kaiserslautern oder die Altrheinarme bei Speyer, wo annähernd genug Wasser zusammenkommt, dass ein Shanty halbwegs Sinn machen würde.

Ach was, Pfälzer Matrosen können auch ohne Meer glücklich sein. Und echt! Bester Beweis: Die Marinekameradschaft Hassloch und der Shantychor mit dem klingenden Namen »Leisböhler Seemöven«. Lauter Männer mit tiefen Stimmen und hohen Zielen, und das höchste ist, die Seemannskultur im Flachland lebendig werden zu lassen. Es gibt ja in der Pfalz nicht viele Orte, wo es wirklich flach ist, der Pfälzerwald und das Haardtgebirge sorgen normalerweise für Höhen und Tiefen in der Landschaft, in Hassloch allerdings ist es flach. So flach, dass Hassloch als Paradies für Radfahrer gilt. Und dass sich eben Menschen, die das Meer lieben, hier wohlfühlen, auch ohne Meer. Bis auf das große Wasser haben die Sänger der Leisböhler Seemöven ansonsten so ziemlich alles, was man als gestandener Seemann braucht: ein blau-weiß gestreiftes Fischerhemd oder einen dunkelblauen Strick-Troyer, eine weiße Hose, eine Helgoländer Lotsenmütze, wie Helmut Schmidt sie immer trug, ein Akkordeon (nicht für alle Sänger, aber für einen) und ein zünftiges Schiff.

Ja, Schiff. Wie, ein Schiff und kein Meer? Genau. Im Industriegebiet in Hassloch steht ein Haus, das sieht aus wie ein Schiff, darum heißt es ja auch Seemannsklause. Es hat vorne einen spitz zulaufenden Bug und runde Fenster, also Bullaugen. Drinnen hat es unter anderem ein Kameradschaftsdeck, da trifft sich die Marinekameradschaft immer. Und außerdem beherbergt es noch ein Lokal, da steht sogar ein bisschen Fisch auf der Speisekarte, der Inhaber ist nämlich Grieche. Für die Hasslocher Landratten ist das ein schöner Ort, um sich nach dem Meer zu sehnen. Manchmal fährt die ganze Mannschaft aber auch richtig an die See. Ein paar

Mal im Jahr gehen sie auf große Fahrt, natürlich mit Seemannsliedern im Gepäck, die sie dann gern bei Konzerten oder bei anderen Shantychören zum Besten geben.

Das Publikum ist immer begeistert. Da wird mitgesungen und geschunkelt, bis einer seekrank wird. Und die Seemännersänger singen nicht nur, sie spinnen auch Seemannsgarn und erzählen Geschichten vom Klabautermann. Legendär ist laut Vereinschronik der Bericht von Chormitglied Harald T., der in wohlgesetzten selbst gereimten Worten den Bericht vom Zuzug des Küstenvogels nach Hassloch vortrug.

Die Marinekameradschaft Hassloch ist übrigens Mitglied im Deutschen Marinebund, der es sich zur Aufgabe gemacht hat, das maritime Bewusstsein in Deutschland zu fördern. Da helfen die Leisböhler Seemöven tüchtig mit. Statt im Meer segeln sie im Internet, und wer sie da erreichen will, klickt einfach auf das E-Mail-Fach »Flaschenpost«. Was die Stimmung angeht, kennen die Seemöven aus Hassloch keine Flaute. Na denn: Pfalz ahoi!

106. GRUND

Weil ein Pfälzer das Arbeiterlied zum Weltkulturerbe gemacht hat

Wir sind Pfälzer, wir lieben die Gemeinschaft, wir teilen auch gern einen Schoppen, aber wir sind keine Kommunisten. Wenn wir in Gemeinschaft mit anderen einen oder mehrere Schoppen geteilt haben, kann es durchaus passieren, dass wir mal zusammen ein Trinklied schmettern, aber bestimmt kein Arbeiterlied. Obwohl sich das möglicherweise in Zukunft ändert. Wer weiß, vielleicht wird das Arbeiterlied gerade in der Pfalz wieder populär. Es gibt nämlich einen Pfälzer, der legt sich dafür mächtig ins Zeug. Der war früher ein echter Kommunist, so richtig mit Parteimitgliedschaft.

Er heißt Bernd Köhler und stammt aus Ludwigshafen. Heutzutage lebt er allerdings in Mannheim.

Ja, in Mannheim. Hüstel. Das ist der Moment, wo ich einen Exkurs machen muss. Es ist für einen Pfälzer nämlich immer ein bisschen schwer zu akzeptieren, wenn einer aus Ludwigshafen nach Mannheim zieht, weil das ja schon zu einem anderen Bundesland, nämlich zu Baden-Württemberg, gehört. Und weil sich Ludwigshafen so arg bemüht hat, seinen Ruf von der grauen und nicht besonders hübschen Arbeiter- und Industriestadt zu verbessern, indem es zum Beispiel die grandiose Idee hatte, eine Werbekampagne mit Plakaten für die Stadt zu starten. Auf den Plakaten stand die Zeile *Sag Du zu LU*, ein Meilenstein in der Kunst des Werbetextens … Die vertraute Anrede wirkt allerdings ziemlich fehl am Platz in einer Stadt, die von sanierungsbedürftigen und zum Teil einsturzgefährdeten Hochstraßen zerrissen wird. Und die einen Bahnhof hat, der weiter weg von einem »Du« nicht sein könnte, weil er meilenweit von der nächsten menschlichen Siedlung zu liegen scheint. Und mit seinen elend langen grauen Betonunterführungen jedem Reisenden die Tränen in die Augen treibt. Und den Damen und Herren vom Ludwigshafener Stadtmarketing auch. Einen davon habe ich einmal während einer Sendung über Ludwigshafen interviewt und ihn gefragt, was man mit diesem Bahnhof machen könnte, um Ludwigshafen aufzuwerten, und er sagte nur: sprengen. Vielleicht beantwortet dieser kleine Exkurs die Frage, warum Bernd Köhler nicht mehr in Ludwigshafen, sondern in Mannheim wohnt.

Aber ihm sind ja ganz andere Sachen wichtig. Nämlich das Arbeiterlied. Als alter Kommunist und Liedermacher hat er selbst viele Arbeiterlieder geschrieben, komponiert und gesungen. Und hatte Spaß dabei. Das hat ihm aber noch nicht gereicht. Er hat 2014 zusammen mit ein paar anderen Leuten, unter denen ein weiterer Pfälzer war, nämlich der Pirmasenser Volkssänger Oss Kröher, den offiziellen Antrag bei der UNESCO gestellt, das Arbeiterlied, genau gesagt, die Lieder der Arbeiterbewegung, in die Liste des schützenswerten immateriellen Kulturerbes der Menschheit aufzunehmen. (Zeitgleich wurden dort Anträge zum Schutz des Chorsingens, der Morsetelegrafie, der Flößerei und der Orgelbautradition eingereicht, um nur mal kurz das Spektrum anzudeuten, mit dem es die Jury da zu tun hat.) Zur großen Überraschung von Bernd Köhler und dem Rest der Welt hat die UNESCO zugestimmt! Die Expertenkommission hat das damit begründet, dass die Arbeiterlieder veranschaulichen würden, wie benachteiligt lohnabhängig Beschäftigte seien und wie lebendig sie dank der Arbeiterlieder während Streiks und anderer gewerkschaftlicher Auseinandersetzungen wirkten. Außerdem seien Arbeiterlieder ein Ausdruck von grenzüberschreitender Solidarität und vom Streben nach Frieden zwischen den Völkern. Und da wird doch eins ganz klar: Die Idee, das Arbeiterlied zum Weltkulturerbe zu erheben, kann ja nur von einem echten Ludwigshafener kommen. Und niemals von einem aus Mannheim!

Weil Karneval woanders ist

In der Pfalz ist kein Karneval. Karneval ist woanders – in Venedig oder in Rio, vielleicht auch am Niederrhein. In der Pfalz gibt es keinen Karneval. Da heißt die närrische Zeit auch nicht Fasching, sondern Fasnacht. Und es heißt auch nicht Fas-t-nacht, sondern einfach nur Fasnacht.

In der Pfalz schlängelt sich der größte närrische Lindwurm durch Ludwigshafen. Allerdings nur alle zwei Jahre, denn die Nachbarstädte Ludwigshafen und Mannheim wechseln sich mit dem Fasnachtsumzug ab. Bekanntermaßen aber liegt Mannheim rechts des Rheins und damit im (mehr oder minder) befreundeten baden-württembergischen Ausland.

Ist gerade mal Mannheim mit dem Lindwurm dran, rollt der größte Fasnachtsumzug durch das westpfälzische Ramstein-Miesenbach. Doch selbst dieser recht imposante närrische Lindwurm ist – verglichen mit den Rosenmontagszügen in Mainz oder Köln – eher eine fasnachtliche Ringelnatter. Trotzdem: Wer Pappnasen, Guggemusik und kamellenwerfende Tollitäten mag, kommt auch in der Pfalz auf seine Kosten. Wer's nicht mag, kann ja wegbleiben.

Nun gibt es auch in der Pfalz den »Fetten Donnerstag« und die Altweiber-Fasnacht, aber mit Scheren bewaffnete *Möhnen* auf der Suche nach unbewaffneten Männern mit Krawatten sind doch eher die Ausnahme. Auch der damit einhergehende Ausnahmezustand ist nicht ganz so ausnehmend närrisch. In der Pfalz scheint der Anteil der Fasnachtsmuffel etwas höher zu sein als weiter rheinabwärts. Wissenschaftliche Untersuchungen, die diese Behauptung stützen, gibt es zugegebenermaßen nicht.

Auch scheint es, wer als Pälzer in der Fasnacht etwas werden will, der muss nach Mainz auswandern, wie etwa Ramon Chormann. 2006 verkündete er bei der Prunksitzung der Mombacher Bohnebeitel: *»Kennt ich do mol mitmache? Ich kumm extra aus de Palz.«* Genauer gesagt aus Bischheim nahe des Donnersberges.

Die Bohnebeitel ließen Chormann mitmachen und haben's nicht bereut. Chormann kann, wie man so sagt, den Saal zum Kochen bringen. Er machte sich unter den Fasnachtern schnell einen Namen und ist inzwischen als »Der Pälzer« auch über die närrische Szene hinaus weithin bekannt.

Die wohl bekanntesten Fasnachts-Pfälzer erblickten aber 1977 das Licht der Bütt. Was den Wein angeht, ein eher mäßiger Jahrgang. Die Stadt Lambrecht feierte ihr 1.000-jähriges Bestehen und die Schleiereule war Vogel des Jahres. In jenem Jahr also betraten bei der Fernsehsitzung *Mainz bleibt Mainz* die Tramps von der Pfalz die Bühne des kurfürstlichen Schlosses: Als treudoofe Olympioniken mit Plastik-Lorbeerkränzen lieferten sie einen der Fasnachtshits ab, der auch heute noch in aller Ohr ist – vergleichbar nur

mit *Heile Heile Gänsje* von Ernst Neger oder Margit »s'Margittsche«
Sponheimers *Am Rosenmontag bin ich geboren*. Sogar Tony Marshall, bundesdeutscher Stimmungsmacher und bekennender Fan
von *Mainz bleibt Mainz*, hat den Fasnachtshit gecovert (wie es neu-
deutsch heißt), also nachgesungen – oder auf Pfälzisch: *nogsunge*.

Verantwortlich für diesen Triumphzug sind die eingängige Melodie und ein Refrain wie aus dem Lehrbuch für Gassenhauer:

Wir sind die Tramps, Tramps, Tramps vun de Palz,
uns steht es Wasser immer bis zum Hals,
mir schaffe nix, nix, nix wird gedoh'
krie ma a nix abgezo.

Die Schattenseite: Das Lied suggerierte allen Rest-Deutschen ein
nicht sehr schmeichelhaftes Bild von uns Pfälzern: Lustig, aber etwas beschränkt. Sogar Bundesarbeitsminister a.D. Norbert Blüm
fühlte sich bemüßigt, diesem Vorurteil entgegenzutreten: »So doof
sind die Pfälzer nicht ...« Ach? Ganz so nicht, aber ein bisschen
schon?

Doch will ich Norbert Blüm daraus keinen Strick drehen. Hauptsache unsere Rente ist sicher. Vor allem aber: Die Tramps von der
Pfalz kamen gar nicht aus der Pfalz. Es waren zwei Rheinhessen, als
Pfälzer getarnt. Aus gutem Grund, denn ein Refrain, der anfängt
mit:

Wir sind die Tramps, Tramps, Tramps vun Rheinhesse
den kann man getrost vergesse!
Heeee-lau!

Weil die schönsten Frauen aus der Pfalz kommen

Dass die schönsten Frauen in der Pfalz leben, ist mir schon lange klar. Aber wie bring ich's einem Sauerländer bei oder einem Ostfriesen oder einem Westfranken, also allen anderen, die vielleicht gar keine Vorstellung davon haben, wie schön die Mädchen in der Pfalz sind. Kurzerhand hab ich im Internet nachgesehen und einfach mal in der Textsuche bei Google *schöne Frauen Pfalz* eingegeben. Ich dachte, die Schönheit unserer Frauen müsste sich auch im weltweiten Netz herumgesprochen haben.

Ganz oben in der Trefferliste landete ein Landesschau-Film des Südwestrundfunks mit dem Titel *Schöne Frauen, malerische Kulissen und wilde Tiere*. Wie gut, dass der Titel nicht *Wilde Frauen, malerische Kulissen und schöne Tiere* lautet, sonst hätte ich diesen Zufallstreffer vermutlich nicht gelandet, denn Google wühlt sich zwar in Millisekunden durch Myriaden von Daten, aber die Suchmaschine ist – wie alle Maschinen – genauso dumm wie schnell und hätte den Film höchstens unter ferner liefen gebracht, obwohl er genau das ist, was ich gesucht habe: ein Beleg dafür, dass man die schönsten Frauen in der Pfalz findet.

Der Film begleitet einen Foto-Workshop von Harald Kröher aus Pirmasens. Kröher ist ein freier Fotograf und seines Zeichens künstlerischer Leiter der Pirmasenser Fototage. Seine »Location« für den Workshop ist der Pfälzerwald. Und wie man sehen kann, hat Kröher ein Auge für schöne Frauen. Sein atemberaubendes Model steht auf einem Felsvorsprung und reckt als Schlangengöttin zwei lebende Vertreter dieser Schuppenkriechtiere lasziv in die Höhe. Ein Sinnbild der Verführung, denn die junge Dame hat nicht nur ein faszinierendes Gesicht, sondern auch einen nicht minder faszinierenden Körper, kaum verhüllt von einem durchscheinenden, wallenden Umhang, den man nur mit viel Wohlwollen als

Bekleidung bezeichnen kann. James Bond beschreibt das in dem Streifen *Diamantenfieber* gegenüber seiner Gespielin als »ein hübsches kleines Nichts, das Sie da fast anhaben«.

Natürlich sind Kröhers Fotomodelle nicht alle aus der Pfalz, aber einige schon. Ich hab ja auch nie behauptet, dass ALLE schönen Frauen aus der Pfalz kommen. Nehmen wir zum Beispiel Karin Wadle. Auch sie kommt aus Pirmasens und ist zweimal zur Misses Rheinland-Pfalz gekürt worden. Im Gegensatz zu einer Miss darf eine Misses verheiratet sein, Kinder haben und älter als 27 Jahre sein. Und dabei auch noch gut aussehen. Kommt vielleicht von der guten Pfälzer Luft. Aber nicht nur die verheirateten Pfälzerinnen sehen gut aus, die unverheirateten auch. Zur Miss Rheinland-Pfalz 2014 ist eine Ludwigshafenerin namens Nadja Dewitt gewählt worden. Die Liste mit offiziellen Schönheiten aus der Pfalz ließe sich erweitern. Schade, dass keine Miss Pfalz gewählt wird. Die Qual der Wahl wäre schier grenzenlos, und ein Fest fürs Auge wär's allemal.

Doch eigentlich geht es mir gar nicht um die offiziellen Schönheiten, mehr um die inoffiziellen. Solche, die man auf dem Speyerer Brezelfest treffen kann, auf der Schokoladenmesse in Neustadt, auf dem Hutmacherfest in Kusel, vielleicht auch beim Grumbeere-Markt in Wallhalben, bei der Langen Nacht der Kultur in Kaiserslautern oder beim Grasbahnrennen in Zweibrücken. Sie sind überall, die propperen Pfälzer Frauen, auch *Määd* genannt. Sie gehen in Stöckelschuhen genauso elegant wie in Wanderschuhen, sie tragen Gucci-Taschen ebenso anmutig wie einen Rucksack, und sie trinken genauso gern Prosecco aus dem Kelch wie eine Schorle aus dem Schoppenglas. Und falls es nottut, können Pfälzer Frauen ein Schoppenglas viel weiter und genauer werfen als Nichtpfälzerinnen.

Aber nicht nur äußerlich machen unsere *Määd* etwas her. Ihre inneren Werte sprechen für sich: Sie sind charmant, ausgeglichen und gewitzt. Sie passen in die Welt und können mit einem einzigen Augenaufschlag einen Mann dazu bringen, auf die Knie zu sinken und an die wahre Liebe zu glauben – oder daran, dass er jetzt besser das Weite sucht.

Jetzt werden Sie sagen: Hoppla! Der Mann ist doch verheiratet, was soll denn seine Gattin denken, wenn der von anderen Frauen schwärmt? Nun, verheiratet heißt ja nicht, blind zu sein. Der Ring am Finger drückt meines Wissens nicht auf den Sehnerv. Und auch nicht aufs Gemüt oder aufs ästhetische Empfinden. Schöne Frauen schaut man gerne an. Wer's nicht macht, lügt entweder oder hat irgendein anderes Problem oder ist zumindest selbst schuld. Anschauen heißt ja auch nicht anfassen. Zudem ist Schönheit bekanntermaßen relativ. Sie liegt im Auge des Betrachters. Nur so kann jedes Töpfchen sein Deckelchen finden, und mag das Töpfchen in Wahrheit ein *Hawe* sein (pfälzischer Ausdruck für einen größeren Topf).

Weil dasselbe auch für die Männer gilt

… dachte ich, als ich mir beim ersten Brainstorming überlegte, welche Kapitel dieses *111-Gründe*-Buch über die Pfalz haben müsste. Schöne Pfälzer Frauen? Ja, aber sicher, sagte Heinz Moosmann und freute sich schon darauf, das Kapitel zu schreiben. Schöne Pfälzer Männer? Ja, aber sicher, sagte Kerstin Bachtler und freute sich ebenfalls auf den zu erwartenden Genuss bei der Recherche. Tja. Zu früh gefreut.

Heinz Moosmann war mit seinem Kapitel zuerst fertig und das hat er mit viel Spaß gerade mal so runtergeschrieben. Hat einfach im Internet nach dem Stichwort *schöne Frauen Pfalz* gegoogelt, zack, da waren sie.

Kann ich auch, denke ich mir und google *schöne Männer Pfalz*. Und dann? Meine Damen, meine Herren, was soll ich sagen? Da kommt nix! Kein Ergebnis! Das unermesslich große Internet hat nicht einen einzigen schönen Mann aufgespürt, den es mir in Verbindung mit »Pfalz« präsentieren kann!

Schöne Weihnachtsmärkte, ja, die gibt es zuhauf, schöne Vereine, schöne Kirchenlieder, solche Sachen ploppen auf meinem Computerbildschirm auf, wenn ich nach schönen Pfälzer Männern suche. Na, prost Mahlzeit! Da kann doch was nicht stimmen.

Was ist denn mit den ganzen gut gebauten Sportlern, den knackigen Bauarbeitern, den angenehm molligen Köchen, den coolen Motorradfahrern, den nach Tannenwald duftenden Förstern, den nach Hefezopf duftenden Bäckern, den schick beschuhten Pirmasenser Lederwarenhändlern, den elegant gewandeten Oberbekleidungsspezialisten in den Zweibrücker Style-Outlets, den ätherischen Kirchenorganisten mit den schlanken Händen, den freundlich lächelnden Altenpflegern, den drahtigen Mountainbike-Fahrern, den muskulösen Automechanikern, den durchtrainierten Feuerwehrmännern, den sonnengebräunten Winzern, ja sogar den Krawatte tragenden Bankangestellten? Da sind doch überall immer wieder Schnittchen dabei, die das Auge der Pfälzerin erfreuen. Oder des Pfälzers, je nach persönlicher Vorliebe.

Ich behaupte sogar, ich kenne einige Herren persönlich, die ich sofort in die Liste der absolut vorzeigbaren Hingucker aufnehmen würde. Aber das ist mein persönlicher Geschmack, ich erspare Ihnen die Namen. Außerdem will ich die Jungs ja nicht in Verlegenheit bringen.

Wenn ich darüber nachdenke, ob es irgendein Merkmal gibt, das die schönen Männer, die ich da vor Augen habe, vereint, dann ist es weder die Haarfarbe, noch der Umfang des Bizeps, noch die Größe. Es ist schlicht und einfach die eine Tatsache: Sie leben in der Pfalz. Sie atmen Pfälzer Luft, sie bewegen sich in der Pfälzer Natur, sie trinken Pfälzer Wasser, Pfälzer Wein und Pfälzer Bier, sie essen Pfälzer Butterbrot, Pfälzer Sahnetorte und Pfälzer Rollbraten. Scheint schön zu machen, diese Art von Pfälzer Diät.

Eine Pfälzerin allerdings gibt es, die es wagt, die schönen Pfälzer Männer in einem Ort zu lokalisieren: im Neustadter Ortsteil Gimmeldingen. Die musikalisch begabte Gimmeldinger Ortsvorsteherin Claudia Albrecht hat diese Tatsache sogar in einer von ihr selbst komponierten Hymne festgehalten, deren Refrain so geht:

Alle schlecken sich die Finger
nooch me Gimmeldinger!
(Alle schlecken sich die Finger
nach einem Gimmeldinger.)

Ich werde die Augen offenhalten, wenn ich das nächste Mal in Gimmeldingen bin …

110. GRUND

Weil Pfälzer noch träumen können

Wir Pfälzer sind im Prinzip zuversichtliche Menschen. Zukunftsängste sind uns zwar nicht fremd, aber wir lassen nicht zu, dass sie uns beherrschen. Wenn ein Pfälzer von der Zukunft träumt, dann kann das nur ein schöner, ein optimistischer Traum sein. Und wenn uns dieser Traum ins Jahr 2050 entführt, dann könnte er folgenden Inhalt haben:

Physiker der Technischen Hochschule Kaiserslautern haben das Energieproblem dieser Welt gelöst. Sie haben einen Kernfusionsreaktor entwickelt (Kernfusion ist wie Kernspaltung, nur umgekehrt). Dank der sicheren, entsorgungsfreien und vor allem unerschöpflichen Energiequelle können alle Fotovoltaikanlagen und Windräder im Pfälzerwald verschrottet werden. Freie Sicht für freie Pfälzer!

Der FCK wird Deutscher Meister (mit 12 Punkten Vorsprung auf Bayern München).

Die US-Air Force hat einen völlig lautlosen Militärtransporter entwickelt. Die Anwohner des US-Flughafens Ramstein feiern dies mit einer spontanen Drei-Tage-Dauergrill-Party. Einige Anwohner entdecken sogar ihren Garten.

Die Pfälzerwald-Hütten sind jeden Tag und rund um die Uhr geöffnet.

Ein *Schobbe* kostet nur noch die Hälfte.

Die erste cholesterin- und kalorienfreie *Pälzer Lewwerworscht* wird zum Verkaufsschlager.

In Neustadt heiratet eine Mountainbikerin einen Wanderer, den sie im Wald erst umgefahren und dann kennengelernt hatte.

Ein Saarländer hat in der Nähe von Dahn die erste Elwetritsch gefangen. Der Zoo Kaiserslautern hat das Tier aufgenommen und kann sich seitdem nicht mehr vor Besuchern retten.

In Brücken wird ein Diamantlager entdeckt. Der zuständige Kreis Kusel präsentiert umgehend erste Pläne für ein Fritz-Wunderlich-Opernhaus.

Beim 2.745. Versuch gelingt es mir, das Bœuf Stroganoff so hinzukriegen wie bei Luigi.

Bayern gehört zur Pfalz.

Das Saarland nicht.

An dieser Stelle erwacht der Pfälzer aus seinem Traum. Er weiß: Besser kann's nicht mehr werden.

Weil wir dichten können, dass es ein Gedicht ist

Die Pfalz und die Pfälzer

So groß, so klein
so derb, so fein
macht süchtig, ist wichtig
gerade richtig
auch der Letzte schnallt's
das ist die Pfalz!

Die Wurst auf dem Weck
die Kneipe ums Eck
es lässt sich leben
deswegen
das Dubbeglas am Hals
ein Hoch der Pfalz!

Mit Ecken und Kanten
kennt keine Verwandten
von der Lunge
auf die Zunge
nur wenn's sein muss moderat
das ist Pfälzer Art!

Kein Spaß an der Freud',
nichts übrig für die Leut'
sich und andre beinah hassen
fünfe nicht mal grad sein lassen
vor Gram gebeugt und gar nicht froh
Pfälzer sind mitnichten so!

Hand aufs Herz
groß ist der Schmerz
den wir empfinden
für all die Blinden
die das nicht sehen wollen
die Dollen!

Uns nicht zu kennen – und nicht das Land
Ist eine Schand!
Alle Vorzüge in Worte gehüllt
ein Buch würd' gefüllt
dick wie ein Wälzer
die Bibel für Pfälzer!

Das Werk wär' ein Renner
der gemeinsame Nenner
für alles und jeden
im Garten Eden
hier auf Erden jener Flecken
wo die Pfalz tut sich erstrecken

Ihr runzelt die Stirn
zerfurcht euer Hirn
die Idee bricht sich Bahn:
das Buch ist kein Wahn!
es ist schon geschrieben
111 Gründe, die Pfalz zu lieben!

Weil wir einfach froh sind, Pfälzer zu sein

Geschafft! 111 Gründe, die Pfalz zu lieben, da stehen sie schwarz auf weiß. Wenn wir es mit diesen Geschichten, Anekdoten, Fakten und Legenden geschafft haben, dass Sie sich ein klein wenig in die Pfalz verlieben, dann würde uns das riesig freuen. Vielleicht waren Sie ja auch schon in die Pfalz verliebt, und wir konnten diese Liebe jetzt noch ein bisschen vertiefen. Uns Autoren ist es jedenfalls genauso ergangen, wir lieben die Pfalz jetzt noch mehr, zu unserer großen Überraschung!

Wir, als gebürtige Pfälzer und Journalisten seit Jahrzehnten mit Freude in jedem Winkel dieser Region unterwegs, haben am Anfang großspurig gedacht, wir wüssten so viel über die Pfalz. Stimmte ja auch, aber dann sind wir bei der Arbeit an den einzelnen Kapiteln zusätzlich reich beschenkt worden. Mit immer neuen interessanten Einzelheiten zu wirklich jedem Thema. Und mit einer ganzen Menge spannender Begegnungen mit Menschen, die uns diese Einzelheiten erzählt oder uns darauf aufmerksam gemacht oder uns (selten, kam aber auch vor) korrigiert haben. Oder die uns einfach eine gute Flasche Wein verkauft haben, mit der die langen Abende am Computer sehr angenehm wurden. Mit diesen schönen Erfahrungen hatten wir zuerst gar nicht gerechnet, als wir mit dem Buch angefangen haben, da haben wir nur einen Berg Arbeit vor uns gesehen, den es zu erklimmen galt. Und siehe da: Natürlich kommt auch ein Pfälzer mal ins Schwitzen, aber auch das kann er genießen …

Und wir haben dabei vor allem eins gemerkt: Wenn wir von der Pfalz und den Pfälzern und Pfälzerinnen schwärmen, dann saugen wir uns das nicht aus den Fingern, und wir übertreiben auch nicht. Die Pfalz ist tatsächlich eine überaus schöne Gegend, und die

Menschen, die hier leben, ob sie nun hier aufgewachsen sind oder nicht, sind ausgesprochen liebenswerte, interessante und individuelle Persönlichkeiten. Wir sind froh, so viele von euch zu kennen!

Und wir sind stolz, zwei der knapp 1,4 Millionen Pfälzerinnen und Pfälzer zu sein. Es macht uns Spaß, hier zu leben, zu genießen und zu arbeiten. Und es hat uns einen Mordsspaß gemacht, dieses Buch für Sie zu schreiben. Ach was, Spaß. *Bassemoluff*, jetzt ganz am Schluss werden wir zwei Pfälzer doch noch pathetisch: Es war uns eine Ehre!

Anmerkungen

1 Münch, Paul: »Mer Pälzer un die Weltachs«, www.waldleiningen.de/
Natur-erleben/Die-Weltachs/die-weltachs.html (3.1.2015).

2 Pfälzer Wind, »Volkslied«, www.pfalz-lieder.de/106-pfaelzer-wind.html
(3.1.2015).

3 Jost, Eduard: »Das Pfälzerlied«, www.de.wikipedia.org/wiki/pfaelzerlied /
(3.1.2015).

4 Becker, Anni: »Die Krott«, www.pfalz-lieder.de/80-die-krott.html
(3.1.2015).

5 »Der Harthäuser Krautstreit«, www.heck-theater.de (3.1.2015).

6 Schmidt, Felix: www.regionalgeschichte.net/pfalz/staedte-doerfer/orte-z/
zweibruecken/einzelaspekte/zweibruecken-1815-1848-ein-zentrum-der-
deutschen-demokratiebewegung.html (3.1.2015).

7 »Die Weinbruderschaft der Pfalz e.V.«, www.weinbruderschaft-der-pfalz.
com/ (3.1.2015).

8 Max Slevogt in einem Brief an Johannes Guthmann vom 8.8. 1920,
in: Paas, Sigrun, »Max Slevogt und die Pfalz«, Halle 2013, S. 32.

9 Friedrich Ludwig von Skell, Zitat, www.de.wikipedia.org/wiki/Karlstal
(3.1.2015).

10 Paas, Sigrun: »Max Slevogt und die Pfalz«, Halle 2013, S. 30 – 35.

11 Ball, Hugo: Die Karawane, in: Ball, Hugo, »Zinnoberzack, Zeter und
Mordio«, hg. von Faul, Eckhard, Göttingen 2011. S. 83 ff.

12 Ball, Hugo: Eröffnungsmanifest, in: »Ball, Hugo: Zinnoberzack, Zeter und
Mordio«, hg. Von Faul, Eckhard, Göttingen 2011, S. 12.

13 Wunderlich, Fritz: »Das Kusellied«, www.fritz-wunderlich-ges.com/
kusellied/ (3.1.2015).

14 Kerstin Bachtler, www.swr.de/swr4/rp/programm/emmerich-smola-ist-
tot-ich-habe-nie-etwas-gewollt-als-zum-rundfunk-und-musik-machen/-/
id=263196/nid=263196/did=8474902/9lg0pq/index.html (3.1.2015).

15 Ebd.

16 Ebd.

17 Ebd.

18 Liselotte von der Pfalz, Briefe, in: van der Cruysse, Dirk, »›Madame
sein ist ein ellendes Handwerck‹. Liselotte von der Pfalz – eine deutsche
Prinzessin am Hof des Sonnenkönigs«, München 1997, 4. Auflage.

19 Zitat im Jahreskalender für Mitarbeiter, Jahreskalender 2015 der
   BASF, S. 1
20 Benjamin Franklin, Zitat über die Pfälzer Auswanderer, URL:
   www.queichtalmuseum.de/Ausstellungshistorie/Elvis-Auswanderung.
   htm (3.1.2015)
21 Joachim Übel, www.glanrind.de/glanrind/zucht.html (Februar 2015).
22 Reunionsbitte der Bergzaberner Bürger vom 10.11. 1792, in: Klapheck/
   Dumont: »Als die Revolution an den Rhein kam: Die Mainzer Republik
   1792/93. Jakobiner – Franzosen – Cisrheanen.«; Verlag der Rheinhessischen Druckwerkstädte: Mainz, 1994, S. 103.

KERSTIN BACHTLER und HEINZ MOOSMANN sind waschechte Pfälzer, sie aus der Vorder- und er aus der Hinter-, Verzeihung, Westpfalz. Beide arbeiten seit vielen Jahren als Radio- und Fernsehjournalisten beim SWR und haben dadurch nicht nur die Pfalz, sondern ganz Rheinland-Pfalz bis in den letzten Winkel kennengelernt. Sie standen schon oft gemeinsam auf der Bühne, um das Publikum mit witzigen Texten zu unterhalten. Zusammen bringen sie die besten Voraussetzungen für ein umfassendes Buch mit, das die Pfalz mit einem Augenzwinkern aus vielen neuen Blickwinkeln zeigt.

Kerstin Bachtler und Heinz Moosmann
111 GRÜNDE, DIE PFALZ ZU LIEBEN
Eine Liebeserklärung an die schönste Region der Welt

ISBN 978-3-86265-462-8
© Schwarzkopf & Schwarzkopf Verlag GmbH, Berlin 2015
1. Auflage März 2015
2. Auflage September 2015

KATALOG
Wir senden Ihnen gern kostenlos unseren Katalog.
Schwarzkopf & Schwarzkopf Verlag GmbH
Kastanienallee 32, 10435 Berlin
Telefon: 030 – 44 33 63 00
Fax: 030 – 44 33 63 044

INTERNET | E-MAIL
www.schwarzkopf-schwarzkopf.de
info@schwarzkopf-schwarzkopf.de